KB179318

고등학생이
꼭 알아야 할
개정판
Point up
영단어

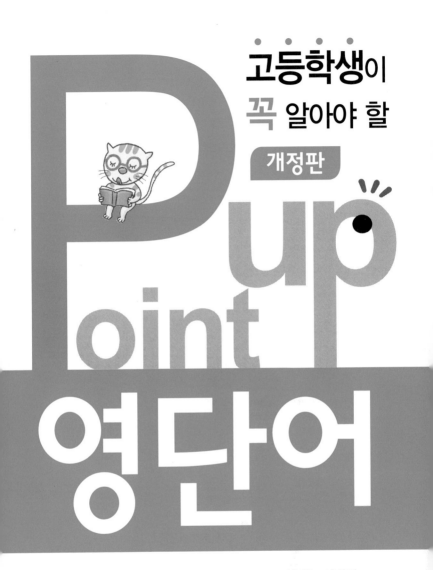

고등학생이 꼭 알아야 할

개정판

Point up 영단어

이승원 · 이해정 감수

국립중앙도서관 출판시도서목록(CIP)

(고등학생이 꼭 알아야 할) point up 영단어 / 감수자:
이승원, 이해정. ―개정판. ―서울 : 창, 2013 p.; cm
본문은 한국어, 영어가 혼합수록됨
ISBN 978-89-7453-214-7 53740 : \10000
영어 단어[英語單語]
영어(교과과목)[英語]
744-KDC5 CIP2013026563

고등학생이 꼭 알아야 할
고등 Point Up 영단어(개정판)

2014년 1월 15일 개정판 1쇄 발행
2020년 1월 25일 개정판 4쇄 발행

감수자 | 이승원 · 이해정
펴낸이 | 이규인
편 집 | 박선영
펴낸곳 | 도서출판 **창**
등록번호 | 제15-454호
등록일자 | 2004년 3월 25일

주소 | 서울특별시 마포구 대흥로4길 49, 1층(용강동, 월명빌딩)
전화 | (02) 322-2686, 2687 / **팩시밀리** | (02) 326-3218
홈페이지 | http://www.changbook.co.kr
e-mail | changbook1@hanmail.net

ISBN 978-89-7453-214-7 53740

정가 10,000원

간편하고 효율적인 학습을 위해...

F · o · r · e · w · o · r · d

고등학생 여러분은 지금 국제화 시대에 살고 있습니다. 여러분과 영어는 뗄래야 뗄 수 없는 불가분의 관계입니다.

고등학교 수준의 어휘, 독해, 문법 실력을 갖춘 후에 수능 수준의 실력이 되는 것입니다. 그런 후에 토익이나 토플을 위한 공부를 해나가는 것이 영어학습의 지름길인 것입니다.

또한 영어공부에서 가장 걸림돌이 되는 것은 어휘 즉, 단어입니다. 문법과 독해는 그리 오래 걸리는 공부가 아닙니다. 어휘에 투자해야 할 부분이 전체 영어 학습 시간의 반 이상을 차지합니다. 그러한 어휘학습 효과를 높이기 위해 이 책에서는 고교 교과서 60여 종 및 각종 시험자료에서 1,800개의 단어를 엄선하여 예비고교생들을 비롯하여 고교1, 2년생들의 기본 영단어에서 최고 수준의 영단어까지 완전 정복할 수 있도록 재구성하여 '고등 point up 영단어(개정판)' 을 내게 되었습니다. 또한 연상작용을 통해 연관된 단어들을 함께 묶어 암기 효과를 극대화하였으며, 단어를 암기한 후 바로 예문만 보고도 학습 효과를 높일 수 있도록 하였을뿐만 아니라, 수능 수준의 영단어를 뛰어넘어 고3 이상 수준의 영단어까지 완벽하게 마스터할 수 있도록 편집했습니다. 그리고 중요한 단어는 'tip' 을 만들어 강조했습니다. 또 실질적으로 사용하는 대표적이고 참신한 예문만을 엄선하여 최신의 주요 영영사전과 인터넷의 자료를 총망라하여 참조해 실었으며, 단어의 뜻도 영영사전에서 직접 옮겨 왔습니다.

이 책의 특징을 살펴보면,

1. 복잡한 영단어의 세계를 체계적이고 객관적인 연상법을 채택하였다.
2. 하루에 30개씩 단어를 60일 완성으로 구성하였다.
3. 최신 실용 예문을 영영사전, 최신 인터넷 영어 자료에서 엄선하였다.
4. 체크 박스를 통해 단어 확인 학습을 위해 적절히 고안되었다.
5. 부록으로 시험에 자주 나오는 알찬 내용으로 구성된 필수 영어속담과 불규칙 동사 · 조동사 변화표, 필수 영숙어, 핵심 동의어, 혼동하기 쉬운 어휘, 다의어, 반대부정 등등를 실었다.
6. 참고로 이 책을 공부하는 데 필요한 사용기호를 알아보면,
   명 명사, 동 동사, 형 형용사, 부 부사, 전 전치사, 접 접속사, 비슷한 말(=), 반대말(↔), 파생어는 주요단어문장 하단에 표시, □ 번호 순서대로 체크하면서 외우도록 표시했다.
7. 어디에서나 들으면서 암기할 수 있도록 원어민의 정확한 발음으로 제공되는 MP3 파일로 한층 학습효과를 높일 수 있다.
   무료다운 → http://WWW.changbook.co.kr

C · o · n · t · e · n · t · s

차례

Part I

반드시 외워야 할 중요단어

-명사편-

Day01 ~ Day27

Part I 01일 Point up

1
□ **study** ㊔ 서재, 공부, 연구

[stʌ́di]

❖ study hour 공부 시간

❖ He is devoted to his study.
그는 연구에 여념이 없다.

2
□ **engagement** ㊔ 약혼, 약속

[engéidʒmənt]

❖ make an engagement 약속하다

❖ a previous engagement 선약

㊖ engage 약속하다

㊔ engagement ring 약혼반지

3
□ **species** ㊔ 인류, 종(류)

[spíːʃiːz/-siːz]

❖ birds of many species 많은 종의 새

❖ It is a rare species of roses.
그것은 희귀한 장미종이다.

4
□ **dictator** ㊔ 독재자, 절대권력자

[díkteitər]

❖ under the rule of a dictator
독재자의 지배하에

❖ Down with the dictator!
독재자를 타도하라!

㊔ dictatorship 독재

5
□ **constitution** ㊔ 헌법, 체격

[kɑ̀nstətjúːʃən / kɔ̀nstitjúːʃən]

❖ a written constitution 성문 헌법

❖ a good constitution 좋은 체격

㊖ constitute 성립시키다

6
□ **fame** ㉮ 명성, 명예 ㉯ 평판하다

[feim]

- be eager for fame 명성을 얻으려고 열심이다
- He is famed as a poet.
  그는 시인으로서 평판이 나 있다.

7
□ **expression** ㉮ 표현, 표정

[ikspréʃən]

- a doubtful expression 의심스런 표정
- freedom of expression 표현의 자유

8
□ **air** ㉮ 모양, 태도, 뽐내는 모습, 야외, 비행기

[ɛər]

- have a haughty air 불손한 태도를 취하다
- How much would it cost by air?
  항공 우편으로 하면 얼마지요?

9
□ **review** ㉮ 복습, 재검토, 평론 ㉯ 복습하다

[rivjúː]

- write a review for the newspaper
  신문에 비평을 쓰다
- Let's review what you learned.
  배운 것을 복습해 보자.

10
□ **headache** ㉮ 두통

[hédèik]

- a beastly headache 심한 두통
- Do you have a headache?
  두통이 있니?

11
□ **tradition** ㉮ 전통, 전설, 관습

[trədíʃən]

- true to tradition 전통에 따라서
- The Korean are lovers of tradition.
  한국인은 전통을 사랑하는 민족이다.

12
□ **fury** ㉮ 격분, 격노

[fjúəri]

- the fury of the elements 맹렬한 폭풍우
- fly into a fury 격노하다

13
□ **ray** ⓜ 광선, 희망의 빛, 방사선

[rei]

❖ Roentgen [X] rays 뢴트겐선
❖ There is not a ray of hope.
한 가닥의 희망도 없다.

14
□ **source** ⓜ 원천, 출처

[sɔːrs]

❖ a news source 뉴스의 출처
❖ Beauty is everywhere and it is a source of joy.
아름다움은 도처에 있고, 그것은 기쁨의 원천이 된다.

15
□ **architecture** ⓜ 건축, 건축학

[ɑ́ːrkətèktʃər]

❖ civil architecture 보통 건축
❖ I like plain architecture.
나는 단순한 건축물이 좋다.

16
□ **curiosity** ⓜ 호기심, 진기한 물건

[kjùəriɑ́səti / -ɔ́s-]

❖ out of curiosity 호기심에서
❖ Satisfy my curiosity.
내 호기심을 채워 줘.
ⓗ curious 호기심 있는

17
□ **mischief** ⓜ 장난, 손해

[místʃif]

❖ out of pure mischief 순전히 장난기로
❖ full of mischief 장난기로 가득찬

18
□ **twilight** ⓜ 황혼, 희미한 빛 ⓗ 박명의

[twáilàit]

❖ the twilight of life 인생의 황혼
❖ We took a walk in the twilight.
우린 황혼녘에 산책을 했다.

19
□ **fund** ⓜ 자금, 축적

[fʌnd]

❖ a retirements fund 퇴직 기금

❖ a fund of knowledge 지식의 축적

20
□ **rank** ㉠ 열, 지휘, 계급, 사병 ㉡ 자리잡다
[ræŋk]
❖ a rank of pillars 기둥의 열
❖ What is that soldier's rank?
저 군인의 계급은 무엇입니까?

21
□ **prose** ㉠ 산문, 평범
[prouz]
❖ in prose 산문으로
❖ a writer of prose 산문 작가
㉢ prosy 산문의

22
□ **score** ㉠ 이유, 득점, 다수 ㉡ 기록하다
[skɔːr]
❖ on the score of poverty 가난 때문에
❖ score 10 in all 총득점 10점을 얻다

23
□ **crop** ㉠ 농작물, 수확
[krɑp / krɔp]
❖ harmful to the crops 농작물에 해로운
❖ Grasshoppers harm crops.
메뚜기는 농작물에 해를 끼친다.

24
□ **benefactor** ㉠ 은인, 후원자
[bénəfæ̀ktər]
❖ a benefactor of mankind 인류의 은인
❖ He is looked up to as their benefactor.
그는 그들의 은인으로서 앙모를 받고 있다.

25
□ **behalf** ㉠ 위함, 이익
[bihǽf / -hɑ́ːf]
❖ in behalf of ~을 위하여
❖ He spoke on behalf of his colleagues.
그는 동료들의 이익을 대변해서 말했다.

26
□ **extent** ㉠ 범위, 정도
[ekstént]
❖ the extent of one's knowledge
지식의 범위

❖ To some extent I agree with you.
나는 어느 정도 너에게 동의한다.

27
□ art ⓜ 기술, 방법, 예술

[ɑːrt]

❖ practice an art 기술을 연마하다
❖ I don't know much about art.
나는 예술에 대해 많이 알지는 못해요.

28
□ patriotism ⓜ 애국심

[péitriətìzəm]

❖ an example of patriotism 애국심의 본보기
❖ Their hearts burn with patriotism.
그들의 마음은 애국의 정열로 끓고 있다.

29
□ moisture ⓜ 습기

[mɔ́istʃər]

❖ retain moisture 습기를 잘 간직하는
❖ Moisture rots lumber.
습기는 재목을 썩힌다.

30
□ temperature ⓜ 온도, 기온

[témpərətʃər]

❖ have a temperature 열이 있다
❖ the mean temperature of the month of May 5월의 평균기온
ⓗ temperate 온화한

Tip

patriotism 참고 show patriotism 애국심을 발휘하다
world patriotism 세계애 lofty patriotism 고귀한 애국심
유의어 nationalism

Part I 02일 Point up

31
□ **religion** 명 종교

[rilídʒən]

- believe in religion 종교를 믿다
- It is the primary form of religion.
  그것은 종교의 초기 형태이다.
  명 religionist 광신자

32
□ **fever** 명 열

[fíːvər]

- an attack of fever 발열
- scarlet fever 성홍열
- yellow fever 황달
  형 feverish 열이 있는

33
□ **solitude** 명 고독

[sálitjùːd / sɔ́li-]

- in solitude 혼자서, 외롭게
- She is fond of solitude.
  그녀는 고독을 사랑한다.
- in solitude 외로이

34
□ **promise** 명 가망, 약속

[prámis / prɔ́m-]

- give a promise 약속하다
- There is not much promise of good weather.
  날씨가 좋아질 가망은 적다.

35
□ **drought** 명 가뭄, 한발

[draut]

- financial drought 재정 궁핍
  형 droughty 가뭄의

36
□ **picture** 명 사진, 꼭 닮은 것, 영화

[píktʃər]

- a picture postcard 그림 엽서
- She is the picture of her dead mother. 그녀는 돌아가신 어머니를 꼭 닮았다.

37
□ **bait** 명 미끼, 유혹 동 미끼로 꾀다

[beit]

- bait up 낚시에 미끼를 꿰다
- A fish snapped at the bait. 물고기가 덥석 미끼를 물었다.

38
□ **endeavor** 명 노력 동 노력하다

[endévər]

- endeavor after happiness 행복을 얻으려고 노력하다
- endeavor to do one's duty 의무를 다하려고 노력하다

39
□ **generalization** 명 일반화, 보편화

[dʒènərəlizéiʃən]

- be hasty in generalization 속단하다
- Don't make a hasty generalization. 섣불리 일반화하지 말라.

40
□ **gratitude** 명 감사

[grǽtətjùːd]

- express one's gratitude to ~에게 감사의 마음을 표시하다
- out of gratitude 은혜의 보답으로

41
□ **suburb** 명 교외, 변두리

[sʌ́bəːrb]

- in a suburb of Seoul 서울 교외에
- Does Mr. Kim commute from the suburbs? 김 씨는 교외에서 출퇴근하나요?

42
□ **glacier** 명 빙하

[gléiʃər / glǽisjər]

- the margin of a glacier 빙하의 끝
- a continental glacier 대륙성 빙하

형 glacial 빙하의

43
□ departure ㊔ 출발, 떠남

[dipɑ́ːrtʃər]

- take one's departure 출발하다
- What are the departure days?
  출발일은 무슨 요일인가요?

  ㊐ depart 출발하다

44
□ efficiency ㊔ 능률, 효력

[ifíʃənsi]

- efficiency wages 능률급
- an efficiency test 능률 시험

  ㊕ efficiently 능률적으로

45
□ disorder ㊔ 무질서, 혼란 ㊐ 혼란시키다

[disɔ́ːrdər]

- be in a state of disorder 혼란 상태에 있다
- The troops fled in disorder.
  그 군대는 무질서하게 달아났다.

46
□ genius ㊔ 천재

[dʒíːnjəs/-niəs]

- an infant genius 신동
- I allow that he is a genius.
  과연 그는 천재다.

47
□ apology ㊔ 사과, 변명

[əpɑ́lədʒi / əpɔ́l-]

- in apology for ~에 대한 사과로
- Make an earnest apology for your mistake.
  네 실수를 진지하게 사과하거라.

  ㊖ apologetic 변명의

48
□ conscience ㊔ 양심, 도의심

[kɑ́nʃəns / kɔ́n-]

- for conscience's sake
  양심에 거리낌이 없도록, 제발
- Everyone has a conscience.
  누구에게나 양심은 있다.

  ㊖ conscientious 양심적인

49
☐ **cast** ㊔ 형(붕대), 주조, 배역 ㊖ 던지다, 주조하다

[kæst / kɑːst]

❖ cast a dice 주사위를 던지다
❖ cast a stone at
~에게 돌을 던지다

50
☐ **prairie** ㊔ 대초원

[prέəri]

❖ Prairies stretch as far as the eyes can see. 대초원이 끝없이 펼쳐져 있다.
❖ the vast prairies 광막한 초원

51
☐ **skin** ㊔ 피부, (동물의)가죽

[skin]

❖ a fair skin 흰 살결
❖ skin an onion 양파 껍질을 벗기다

52
☐ **candidate** ㊔ 지원자, 후보자

[kǽndədèit/-dit-]

❖ ballot for a candidate
후보자에게 지지 투표를 하다
❖ The man was a candidate for the office of mayor. 그 남자는 시장 후보였다.
❖ presidential candidate 대통령 후보자

53
☐ **damage** ㊔ 손해, 손상

[dǽmidʒ]

❖ claim damages 손해 배상을 요구하다
❖ How badly was it damaged?
얼만큼 손상됐어요?

54
☐ **sin** ㊔ 죄, 죄악

[sin]

❖ commit a sin 죄악을 범하다
❖ sin against good manners
예절 없음, 예의에 벗어남

55
☐ **relief** ㊔ 구제, 안심, 제거

[rilíːf]

❖ feel a sense of relief 안도감을 느끼다
❖ a relief fund 구제 기금

56
□ **purchase** ㊔ **구입물, 획득**
[pə́ːrtʃəs]
- a purchase report 구매 보고서
- At last they purchased freedom with blood.
마침내 그들은 피를 흘려 자유를 획득했다.

57
□ **surface** ㊔ **표면** ㊕ **표면의**
[sə́ːrfis]
- the surface of the earth 지표면
- The surface of the road is rough.
길 표면이 울퉁불퉁하다.

58
□ **range** ㊔ **열, 산맥** ㊖ **늘어놓다, 뻗다**
[reindʒ]
- the Alpine range 알프스 산맥
- The wolf ranged across the field. 늑대가 들판을 가로질러 갔다.

59
□ **nightmare** ㊔ **악몽, 공포감**
[náitmɛ̀ər]
- have a nightmare 가위 눌리다
- wake up from a nightmare
악몽에서 깨어나다

60
□ **proposal** ㊔ **제의, 신청**
[prəpóuzəl]
- accept a proposal 신청을 받아 들이다
- make a proposal to a woman
여자에게 청혼하다

Tip

damage ※damage는 가해진 손해, loss는 잃은 것에 의한 손해 · 손실을 가리킨다.
참고 brain damage 뇌손상 repair damage 손해를 메꾸다 **유의어** damage, harm, damage, injure

Part I 03일 Point up

61
□ orientation ⓜ 동쪽으로 향함, 지도, 안내
[ɔ̀:rientéiʃən]
❖ an orientation course 오리엔테이션 과정

62
□ cradle ⓜ 요람, 발상지
[kréidl]
❖ the cradle of civilization 문명의 발상지
❖ A baby is sleeping in the cradle.
아기가 요람에서 자고 있다.
❖ from the cradle to the grave
요람에서 무덤까지

63
□ intellect ⓜ 지성, 지능
[íntəlèkt]
❖ the intellect(s) of the age 당대의 지성인들
❖ Man's intellect distinguishes him from beasts.
인간은 지성이 있음으로써 짐승과 구별된다.
㉻ intellectual 지적인

64
□ cancer ⓜ 암
[kǽnsər]
❖ breast cancer 유방암
❖ die of cancer 암으로 죽다
㉻ cancered 암에 걸린

65
□ funeral ⓜ 장례식(= burial) ㉻ 장례의
[fjú:nərəl]
❖ a funeral procession 장의 행렬
❖ attend a funeral 장례식에 참석하다
❖ funeral hall 장례식장 funeral home 영안실

66
□ horizon ⓜ 지평선, 수평선
[həráizn]
❖ below the horizon 지평선 아래에
❖ The sun rose above the horizon.

태양이 수평선 위로 떠올랐다.
㉫ horizontal 수평의

67
□ environment ㊐ 환경

[inváiərənmənt]

- pleasant environment 쾌적한 환경
- She adapts herself to her environment.
  그녀는 환경에 잘 적응한다.
  ㉫ environmental 환경의

68
□ crime ㊐ 범죄, 죄

[kraim]

- commit a crime 죄를 저지르다
- He is guilty of the crime.
  그는 죄를 지었다.
  ㉫ criminal 범죄의 / ㊐ criminal 범죄자

69
□ scale ㊐ 체중계, 저울, 규모, 음계, 비늘

[skeil]

- weigh salt on the scales
  소금을 저울에 달다
- He scales 150 pounds.
  그는 체중이 150파운드 나간다.

70
□ oracle ㊐ 신탁(神託)

[ɔ́ːrəkl / ɑ́r-]

- deliver the oracle 신탁을 내리다
- he asked the oracle at Delphi.
  그는 델피신전에 신탁을 요청했다.

71
□ quarter ㊐ 지역, 방면, 숙소, 분의

[kwɔ́ːrtər]

- one quarter 사분의 일
- The man is inspecting the living quarters.
  남자는 거주 구역을 점검하고 있다.

72
□ refuge ㊐ 피난, 보호, 위안물

[réfjuːdʒ]

- a house of refuge 빈민 수용소
- People sought refuge in a neighboring country.
  사람들이 이웃 나라로 피난했다.

73
□ **bone** 명 뼈

[boun]

❖ set the bone 뼈를 잇다

❖ The bone is all right.
뼈에는 이상이 없다.

74
□ **elegance** 명 고상함, 우아함

[éligəns]

❖ It's about elegance and having fun.
그것은 우아함과 즐거움에 관한 것입니다.

❖ She was the picture of elegance in her plain grey clothes. 수수한 회색 옷을 입은 그녀는 우아함 그 자체였다.

형 elegant 기품 있는

75
□ **ignorance** 명 무지

[ígnərəns]

❖ Ignorance delays progress.
무지가 진보를 늦춘다.

❖ He revealed his ignorance.
그는 자신의 무지를 드러냈다.

동 ignore 무시하다

76
□ **race** 명 인종, 민족, 경주

[reis]

❖ the Korean race 한국 민족

❖ He came in second in the race.
그는 그 경주에서 2위로 들어왔다.

77
□ **strategy** 명 전략, 전술

[strǽtədʒi]

❖ map out a strategy 전략을 세우다

❖ His strategy worked.
그의 전략은 맞아떨어졌다.

형 strategic 전략의

78
□ **degree** 명 정도, 학위

[digríː]

❖ take a degree 학위를 취득하다

❖ They cooperated to a degree.
그들은 어느 정도까지는 협력했다.

79
□ **interest** 명 이자율, 이익, 관심
[íntərist/-rést]
❖ arouse interest in ~에 흥미를 일으키다
❖ Do you have any interest in the opera?
오페라에 관심 있어요?

80
□ **well-being** 명 복지, 행복
[wélbíːiŋ]
❖ It makes for the well-being of the people.
그것은 국민의 복지를 증진시킨다.
❖ Transportation is essential to our well-being. 교통은 우리의 복지에 필수적이다.

81
□ **experiment** 명 실험 동 실험하다
[ikspérəmənt]
❖ prove by experiment 실험으로 증명하다
❖ a new experiment in education
교육상의 새로운 시도

82
□ **benefit** 명 이익, 은혜 동 이익이 되다
[bénəfit]
❖ benefit from the new method
새로운 방법으로 이익을 얻다
❖ benefit by the medicine
약에서 이익을 얻다
명 benefiter 수익자
형 beneficial 이로운, 유익한

83
□ **culture** 명 교양, 문화
[kʌ́ltʃər]
❖ a man of culture 교양 있는 사람
❖ Greece is the source of European cultures.
그리스는 유럽 문화의 근원이다.
형 cultural 문화의

84
□ **society** 명 회(會), 단체, 사교계, 사회
[səsáiəti]
❖ a member of society 사회의 일원
❖ go into society 사회에 나가다

85
□ destiny ㉠ 운명(=fate), 숙명, 운

[déstəni]

❖ decide the destiny 운명을 결정하다
❖ Destiny appointed it so.
그렇게 될 운명이었다.
❖ by destiny 운명적으로

86
□ incident ㉠ 사건 ㉡ 흔히 있는

[ínsidənt / ínsədənt]

❖ a daily incident 일상사
❖ I will account for the incident.
내가 그 사건에 대해 설명하겠다.
㉮ incidentally 말하자면, 우연히

87
□ heir ㉠ 상속인, 후계자

[ɛər]

❖ an heir to property 유산 상속인
❖ an heir to the throne 왕위 계승자

88
□ phase ㉠ 국면, 양상

[feiz]

❖ enter upon a new phase
새로운 국면에 접어들다
❖ The war now entered on its new phase.
전쟁의 국면이 일변했다.

89
□ popularity ㉠ 인기, 유행

[pɑ̀pjulǽrəti]

❖ win popularity 인기를 얻다
❖ enjoy popularity 인기가 있다

90
□ disillusion ㉠ 환멸 ㉢ 환멸을 느끼게 하다

[dìsilú:ʒən]

❖ be disillusioned 환멸을 느끼다
❖ He falls into deep disillusion.
그는 환멸에 빠졌다.

91
□ **spell** ⓜ 한차례, 한동안, 주문(呪文) ⓓ 철자하다

[spel]
- answer after a spell 한동안 있다가 대답하다
- chant a spell 주문을 외우다

92
□ **reign** ⓜ 통치, 군림 ⓓ 군림하다, 통치하다

[rein]
- reign over people 국민을 통치하다
- hold the reigns of government 정권을 잡다

93
□ **hindrance** ⓜ 방해

[híndrəns]
- without let or hindrance 아무런 장애 없이
- He was more of a hindrance than a help. 그는 도움이 되기보다는 오히려 방해가 되었다.

94
□ **civilization** ⓜ 문명, 문화, 도시

[sìvəlizéiʃən / -lai-]
- the benefits of civilization 문명의 혜택
- He studies ancient civilization. 그는 고대 문명을 연구한다.
- Western civilization 서양문명

95
□ **heritage** ⓜ 유산

[héritidʒ]
- bestow a heritage 유산을 주다
- We should preserve our national heritage. 우리는 국가적 유산을 보존해야 한다.

96
□ **masterpiece** ⓜ 명작, 걸작

[mǽstərpìːs]
- a masterpiece of improvisation 즉흥시의 걸작

❖ This picture counts as a masterpiece.
이 그림은 걸작으로 간주된다.

97
□ **expense** ⓜ 지출(=expenditure), 비용(=cost), 희생

[ikspéns]

❖ school expenses 학비
❖ Repairing a house is an expense.
집수리에는 돈이 든다.

98
□ **applause** ⓜ 박수갈채, 칭찬

[əplɔ́ːz]

❖ greet a person with applause
~을 박수로 맞다
❖ Her performance elicited wild applause.
그녀의 연기는 요란한 박수갈채를 끌어냈다.
㊍ applaud 성원하다

99
□ **tongue** ⓜ 말, 말씨, 혀

[tʌŋ]

❖ loll out its tongue (개가) 혀를 내려뜨리다
❖ Watch your tongue. 말조심하시오.

100
□ **limit** ⓜ 제한 ㊍ 제한하다, 한정하다

[límit]

❖ set the limits 구역을 제한하다
❖ The speed limit is 30 miles per hour.
제한 속도는 시속 30마일이다.
ⓜ limitation 제한

101
□ **folly** ⓜ 어리석음, 어리석은짓

[fáli / fɔ́li]

❖ to a folly 어리석을 정도로
❖ youthful follies 젊었을 때의 바보짓

102
□ **turn** ⓜ 회전 ㊍ 돌리다

[təːrn]

❖ make a turn to the left 좌회전하다
❖ He turned suspicious eyes upon her.
그는 그녀에게 의심의 눈을 돌렸다.

103
□ relish [réliʃ]
㊔ 맛, 흥미
- find no relish in one's work 일에 흥미가 없다
- have no relish 맛이 없다
- have no relish for ~에 흥미가 없다

104
□ heredity [hirédəti]
㊔ 유전
- heredity from way back 내림
- What vegetable did Mendel use to explain his law of heredity? 멘델이 그의 유전법칙을 설명하는데 사용했던 식물은 무엇입니까?

105
□ election [ilékʃən]
㊔ 선거
- carry an election 선거에 이기다
- stand for election 입후보하다
- ㊔ election campaign 선거운동
- ㊕ elective 선거하는

106
□ stature [stǽtʃər]
㊔ 키, 신장, 도덕적 발달
- small in stature 몸집이 작은
- moral stature 도덕 수준

107
□ reliance [riláiəns]
㊔ 신뢰, 믿음
- place great reliance 태산같이 믿다
- I place complete reliance on his judgment. 나는 그의 판단을 전적으로 신뢰한다.

108
□ devil [dévl]
㊔ 악마, 악령, 앞잡이
- a child of the Devil 악마의 아들
- He seemed to be possessed by a devil. 그는 악마에게 홀린 것 같았다.

109
□ anarchy ⓜ 무정부 상태

[ǽnərki]

❖ be in a state of anarchy 무정부 상태이다
❖ Anarchy prevailed in Russia at that time. 당시 러시아는 무정부 상태였다.

110
□ strife ⓜ 투쟁

[straif]

❖ party strife 파벌 경쟁
❖ cause strife 싸움을 일으키다

111
□ pace ⓜ 걸음, 걷는 속도 ⓢ 보조를 맞추어 걷다

[peis]

❖ at a brisk pace 활발한 걸음으로
❖ He advanced twenty paces.
그는 20보 전진했다.
❖ a quick pace 속보

112
□ ruin ⓜ 파멸, 폐허 ⓢ 파멸시키다

[rúːin]

❖ the ruin of the country 국가의 멸망
❖ Alcohol was his ruin.
그는 술 때문에 몸을 망쳤다.

113
□ field ⓜ 분야, 들판

[fiːld]

❖ a wheat field 밀밭
❖ My other field is flooded.
나의 다른 분야는 꽉 찼어요.

114
□ prejudice ⓜ 편견(= bias), 선입관

[prédʒudis]

❖ without prejudice 편견 없이
❖ Ignorance breeds prejudice.
무지는 편견을 낳는다.
❖ have a prejudice against
~을 괜히 싫어하다

115
□ haste ⓜ 급함, 서두름

[heist]

❖ in hot haste 몹시 서둘러

❖ More haste, less speed.
급할수록 천천히.

116
□ property 명 재산, 소유물(= possessions)

[prápərti / prɔ́p-]
❖ confiscate property 재산을 몰수하다
❖ This car is the property of our family.
이 차는 우리 가족 재산이다.

117
□ regard 명 안부 동 간주하다

[rigáːrd]
❖ without regard to ~을 고려하지 않고
❖ Take care of yourself, and give my best regards to your parents.
건강하고 부모님께 안부 전해줘.

118
□ merchandise 명 상품

[mə́ːrtʃəndàiz]
❖ a merchandise bond[coupon] 상품권
❖ The man is examining the merchandise.
남자가 상품을 들여다보고 있다.

119
□ instinct 명 본능, 직감 형 넘치는, 가득찬

[ínstiŋkt]
❖ an instinct for survival 생존 본능
❖ Animals act on instinct.
동물은 본능에 따라서 행동한다.
형 instinctive 본능적인

120
□ factor 명 요인, 인자, 요소(= element)

[fǽktər]
❖ a principal factor 주요인
❖ a common factor 공통 인수, 공약수

Tip

factor **어원** fact((일을)하다, (물건을) 만들다) + or(사람) → 행위자
참고 factor something in ~을 고려하다
유의어 element, ingredient, divisor

Part I 05일 Point up

121
□ **gesture** 명 몸짓, 손짓, 동작

[dʒéstʃər]

❖ a comical gesture 우스운 몸짓
❖ He is awkward in his gestures.
그는 몸짓이 어색하다.
동 gesticulate 몸짓(손짓) 으로 말하다

122
□ **retort** 명 말대꾸 동 말대꾸하다

[ritɔ́:rt]

❖ a bold retort 건방진 말대꾸
❖ He retorted saying I was to blame. 그는 내가 나쁘다고 말대꾸했다.

123
□ **grief** 명 큰 슬픔(= sorrow), 비탄

[gri:f]

❖ ineffable grief 말할 수 없는 슬픔
❖ Time will heal your grief.
당신의 슬픔은 세월이 낫게 해 줄 것이다.
동 grieve 몹시 슬퍼하다

124
□ **pollution** 명 불결, 오염, 파괴

[pəlú:ʃən]

❖ environmental pollution 환경 오염
❖ pollution control facilities 공해 방지 시설
동 pollute 오염시키다

125
□ **motive** 명 동기 동 동기가 되다

[móutiv]

❖ mixed motives 잡다한 동기
❖ I suspect his motives.
나는 그의 동기를 의심한다.

126
□ **barbarian** 명 야만인 형 야만의, 잔인한

[ba:rbɛ́əriən]

❖ make to act like a barbarian

야만인처럼 굴려고 하다
- The country was conquered by the barbarians.
그 나라는 야만인들에게 정복당했다.

127
□ scrutiny ⓜ **면밀한 조사, 응시**
[skrú:təni]
- make a scrutiny into ~을 자세히 조사하다
- Their defense policy did not stand up under scrutiny. 그들의 방위 정책은 세밀히 살펴보면 허점이 드러난다.

128
□ increase 명 **증가** 동 **증가하다**
[inkrí:s]
- an explosive increase 폭발적인 증가
- Agricultural produce has increased.
농업 생산물이 증가했다.

129
□ summary 명 **요약** 형 **요약한, 즉석의**
[sʌ́məri]
- summary justice 즉결 재판
- I'd read the plot summary before I saw the play.
나는 그 연극을 보기 전에 줄거리 요약을 읽었다.

130
□ stuff 명 **재료, 물건** 동 **채워넣다**
[stʌf]
- nasty stuff 싫은 물건
- His room is full of old stuff.
그의 방은 낡은 물건들로 가득 차 있다.

131
□ space 명 **공간, 우주**
[speis]
- time and space 시간과 공간
- vanish into space 공간 속으로 사라지다

132
□ decrease 명 **감소** 동 **감소하다**
[dí:kri:s, dikrí:s]
- a decrease in population 인구의 감소
- The population is projected to decrease.
인구가 감소할 것으로 예상된다.

133
□ effect ㉮ 결과, 효과 ㉯ 초래하다

[ifékt]

❖ cause and effect 원인과 결과

❖ The laws have had a definite effect.
그 법률은 분명한 효과를 가져왔다.

134
□ sculpture ㉮ 조각, 조소, 조각품 ㉯ 조각하다

[skʌ́lptʃər]

❖ ancient sculpture 고대 조각

❖ sculpture a statue in stone
석상을 조각하다

135
□ train ㉮ 행렬, 연속, 열차 ㉯ 훈련하다

[trein]

❖ a through train 직행 열차

❖ You're a very talented swimmer. How often do you train?
정말 수영을 잘 하시네요. 연습을 얼마나 하시나요?

136
□ nature ㉮ 대자연, 성질

[néitʃər]

❖ the laws of nature 자연의 법칙

❖ the nature of love 사랑의 본질
㉱ natural 자연스러운

137
□ vocation ㉮ 직업(occupation), 소질

[voukéiʃən]

❖ mistake one's vocation 직업을 잘못 택하다

❖ He has little vocation to literature.
그에게는 문학에 대한 소질이 별로 없다.
㉱ vocational 직업상의

138
□ metropolis ㉮ 수도, 중심지

[mitrɑ́pəlis/-trɔ́p-]

❖ a metropolis of religion 종교의 중심지

❖ the middle schools in the metropolis
수도의 각 중학교

139
□ industry ㉮ 산업, 근면

[índəstri]

❖ a key industry 주요 산업

❖ I hope to work in the travel industry.
저는 여행 산업에 종사하고 싶습니다.
형 industrious 산업의

140
□ **warfare** 명 전쟁, 교전
[wɔ́ːrfὲər]
❖ chemical warfare 화학전
❖ economic warfare 경제 전쟁

141
□ **privilege** 명 특권 동 특권을 주다
[prívilidʒ / prívəlidʒ]
❖ give a privilege 특권을 부여하다
❖ The privilege has been conceded to him. 그 특권이 그에게 주어졌다.

142
□ **predecessor** 명 전임자, 선배, 선조
[prédisèsər]
❖ share the fate of its predecessor
전철을 밟다
❖ Our new doctor is younger than his predecessor.
우리의 새 의사는 전임자보다 젊다.

143
□ **adventure** 명 모험
[ædvéntʃər/əd-]
❖ a story of adventure 모험 소설
❖ Sailors usually like adventures.
선원들은 보통 모험을 좋아한다.
형 adventurous 모험적인

144
□ **contract** 명 계약 동 계약하다
[kántrækt/kɔ́n-]
❖ cancel a contract 계약을 취소하다
❖ Is it an avoidable contract?
그거 취소 가능한 계약인가요?

145
□ **order** 명 명령, 주문 동 명령하다
[ɔ́ːrdər]
❖ a written order 명령서
❖ The doctor ordered the patient to rest.
의사는 환자에게 안정을 명하였다.

146
□ **scope** ⓜ 범위, 시야
[skoup]
❖ a mind of wide scope 시야가 넓은 사람
❖ the scope of science 과학이 미치는 범위

147
□ **impulse** ⓜ 충동, 추진력
[ímpʌls]
❖ on impulse 충동적으로
❖ He bought the car on impulse.
그는 충동적으로 그 차를 샀다.
ⓗ impulsive 충동적인

148
□ **layer** ⓜ 층
[léiər]
❖ under layers 하층
❖ The ozone layer is being destroyed.
오존층은 파괴되고 있다.

149
□ **scheme** ⓜ 계획, 기획, 설계
[skiːm]
❖ adopt a scheme 계획을 채택하다
❖ Their scheme of building the road has failed. 그들의 도로 건설 계획은 실패로 돌아갔다.

150
□ **plot** ⓜ 음모, 계획, 줄거리
[plɑt / plɔt]
❖ hatch a plot 음모를 꾸미다
❖ There are many twists to the plot.
그 줄거리는 많은 반전을 가지고 있다.

Tip

impulse 어원 im(~에 대하여)+pulse (떠밀다) → 밀어서 가게 하기
참고 a man of impulse 충동적인 사람
유의어 urge, caprice, whim

Part I 06일 Point up

151
□ courtesy ㊞ 예절, 공손

[kɔ́:rtəsi]

❖ habitual courtesy 평소의 예의바름

❖ He doesn't have one dram of courtesy.
그는 예절이라곤 전혀 없다.

152
□ notion ㊞ 생각, 개념

[nóuʃən]

❖ the first notion 일차적 일반 개념

❖ I have no notion of going there.
나는 그 곳에 갈 생각이 없다.

153
□ note ㊞ 문서, 주의 ㊞ 적어두다

[nout]

❖ a diplomatic note 외교 문서

❖ I will note it lest I should forget (it).
잊어버리지 않도록 그것을 적어 두어야겠다.

154
□ defect ㊞ 결점, 단점

[dífekt]

❖ conceal a defect 결점을 감추다

❖ He pointed out several defects in the new law.
그들은 그 새로운 법의 결점 몇 개를 지적했다.

155
□ diplomacy ㊞ 외교(술)

[diplóuməsi]

❖ cultural diplomacy 문화 외교

❖ Skillful diplomacy helps to avert war.
능숙한 외교가 전쟁을 피하는 데 도움이 된다.

156
□ habit ㊞ 습관, 버릇

[hǽbit]

❖ break off a habit 습관을 깨뜨리다

❖ She will grow out of the bad habit in time.
그녀는 때가 되면 나쁜 버릇을 고치게 될 것이다.

157
□ **resort** ㉮ 피서지, 휴양지 ㉯ 의지하다

[riːsɔ́ːrt]

❖ a resort hotel 행락지의 호텔
❖ resort to violence 폭력에 호소하다
❖ summer resort 피서지

158
□ **relic** ㉮ 유물, 유적

[rélik]

❖ relics of antiquity 고대의 유물
❖ the Roman relics 로마 유적

159
□ **sincerity** ㉮ 성실, 진심

[sinsérəti]

❖ a man of sincerity 성실한 사람
❖ in all sincerity 거짓 없이

160
□ **welfare** ㉮ 복지

[wélfὲər]

❖ child welfare 아동 복지
❖ on welfare 생활 보호를 받아

161
□ **virtue** ㉮ 미덕, 장점

[vɚ́ːrtʃuː]

❖ the virtue of modesty 겸양의 미덕
❖ He praised the virtue of his car.
그는 자기 차의 장점을 칭찬했다.

162
□ **utmost** ㉮ 최대한도 ㉱ 최상급의, 최대한도의

[ʌtmòust/-məst]

❖ with the utmost effort 최대로 노력하여
❖ a matter of the utmost importance
최고로 중요한 문제

163
□ **theory** ㉮ 이론, 학설

[θíəri]

❖ scientific theory 과학 이론
❖ Where is your theory now?
자네의 이론은 어찌 된 건가?

164
□ **calling** ㉮ 소명, 부르심, 직업, 천직

[kɔ́ːliŋ]

❖ a suitable calling 적당한 직업

❖ Let every man stick to his calling.
각자는 그의 직업에 착실해야 한다.

165
□ **drink** ⓜ 음료 ⓓ 축배를 들다, 마시다
[driŋk]
❖ food and drink 음식과 음료
❖ Don't drink too much soft drink.
음료수를 너무 많이 마시지 말아요.

166
□ **volume** ⓜ 책, 권(卷), 다량
[vɑ́ljuːm / vɔ́l-]
❖ the volume of traffic 교통량
❖ This book is in six volumes.
이 책은 여섯 권으로 되어 있다.

167
□ **legislation** ⓜ 법률 제정, 입법행위
[lèdʒisléiʃən]
❖ have a voice[say] in legislation
입법에 참여하다
❖ Congress has the power of legislation.
의회는 입법권을 가진다.
ⓜ legislator 입법자

168
□ **soil** ⓜ 흙, 땅, 나라
[sɔil]
❖ rich soil 기름진 땅
❖ on foreign soil 이국에서

169
□ **medium** ⓜ 중간, 매개 ⓗ 중간의, 보통의
[míːdiəm]
❖ by the medium of ~의 매개로
❖ She has a medium height.
그녀는 중간키이다.

170
□ **defense** ⓜ 방어, 변호
[diféns, díːfens]
❖ zone defense 지역 방어
❖ He made good his title defense.
그는 타이틀 방어에 성공했다.
ⓓ defend 방어하다

171
□ **testimony** ㊔ 증거, 증명

[téstəmòuni / -məni]

❖ present testimony 증거를 제출하다
❖ I can bear testimony to his good character.
그가 훌륭한 인물임을 나는 입증할 수 있다.

172
□ **community** ㊔ 사회, 공동사회

[kəmjú:nəti]

❖ an orderly community 질서 있는 사회
❖ It would be nice to do something for the community.
지역사회를 위해서 무엇인가를 하는 것은 좋을 거야.

173
□ **piety** ㊔ 경건, 신앙심

[páiəti]

❖ They live in piety.
그들은 경건하게 살고 있다.
❖ She was eminent for her piety.
그녀는 신앙심이 깊기로 유명했다.

174
□ **symmetry** ㊔ 균형, 조화

[símətri]

❖ bilateral symmetry 좌우 대칭
❖ I can feel the delicate symmetry of a leaf.
나는 나뭇잎의 섬세한 균형미를 느낄 수 있다.

175
□ **situation** ㊔ 위치, 사태

[sìtʃuéiʃən]

❖ a good situation for a camp
야영하기에 좋은 곳
❖ The situation developed rapidly.
사태는 급속히 진전됐다.

176
□ **decade** ㊔ 10년

[dékeid/dəkéid]

❖ for several decades 몇 십년 동안
❖ Ramsey lived for another decade.
램지는 10년을 더 살았다.

177
□ hospitality ⓜ 환대

[hàspitǽləti]

❖ give a person hospitality
~을 후대하다

❖ He enjoyed the hospitality of Mr.Kim.
그는 김 씨의 환대를 받았다.

178
□ mine ⓜ 광산, 나의 것 ⓓ 채굴하다

[main]

❖ an abandoned mine 폐광

❖ mine for coal 석탄을 채굴하다

ⓜ miner 광부

179
□ vice ⓜ 악덕(↔virtue), 결점

[vais]

❖ be tainted with vice 악에 물들다

❖ Miseries are attendant on vice.
악덕에는 불행이 따른다.

180
□ right ⓜ 권리, 정의 ⓗ 옳은 ⓓ 바로잡다, 고치다

[rait]

❖ give up one's right 권리를 포기하다

❖ He sees it right to do that.
그는 그렇게 하는 것이 옳다고 생각한다.

Tip

symmetry **참고** symmetry 양적 균등성, 형식적 대칭성이고, balance 균형으로 어느 한 쪽으로 치우치지 않는다.
반의어 asymmetry **유의어** correspondence, balance

Part I 07일 Point up

181
□ bronze ⓜ 청동

[brɑnz/brɔnz]

- a bronze statue 동상
- The church bell is made of bronze.
  교회의 종은 청동으로 만들어졌다.

182
□ aviation ⓜ 비행(술), 항공(술)

[èiviéiʃən/æv-]

- civil aviation 민간 항공
- Pilots of large aircraft are masters of aviation.
  대형 항공기의 조종사들은 비행술의 달인이다.

183
□ faith ⓜ 신앙(= belief), 신용, 성실

[feiθ]

- give faith 믿다
- I have lost faith in him.
  나는 그를 신용하지 않는다.

184
□ haven ⓜ 항구, 피난처, 안식처

[héivn]

- haven of peace 안식처, 은둔지
- Their home was a haven for stray animals.
  그들의 집은 길 잃은 동물을 위한 안식처였다.

185
□ adolescence ⓜ 청년기, 청춘기

[æ̀dəlésns]

- become adolescent 사춘기에 달하다
- an adolescent boy 사춘기의 소년

186
□ emigrant ⓜ (타국으로의)이주자 ⓗ 이주하는

[émigrənt]

- an emigrant company 이민 회사
- The number of emigrants is increasing.
  이주민의 수가 증가하고 있다.

187
□ reason ㉻ 이유, 까닭, 동기(= cause) ㉾ 추리하다

[ríːzn]

❖ for certain reason 어떤 이유로
❖ The reason is very simple.
그 이유는 간단합니다.

188
□ status ㉻ 지위, 현상

[stéitəs/stǽtəs]

❖ social status 사회적 신분
❖ maintain the status quo 현상을 유지하다

189
□ principle ㉻ 원리, 원칙

[prínsəpl]

❖ hold fast[stick] to one's principle
원칙을 고수하다
❖ I approve of his opinion in principle.
나는 원칙적으로는 그의 의견에 찬성한다.

190
□ trait ㉻ 특색, 특징, 버릇

[treit]

❖ culture traits 문화 특성
❖ make the best of traits 특색을 살리다

191
□ side ㉻ 측, 자기편, 옆구리 ㉾ 편들다

[said]

❖ a pain in the side 옆구리의 통증
❖ My mother always sided with me.
어머니는 늘 내 편을 드셨다.

192
□ revolution ㉻ 혁명, 변혁, 회전

[rèvəlúːʃən]

❖ a revolution breaks out 혁명이 일어나다
❖ The revolution of the Earth causes day and night. 지구의 자전이 낮과 밤을 가져온다.
㉾ revolve 회전하다

193
□ witness ㉻ 증거, 증인, 목격자 ㉾ 목격하다

[wítnis]

❖ call a witness 증인을 소환하다
❖ Who had the witness called?
목격자는 누구에게 전화를 했는가?

194
□ pomp ㊔ 화려

[pamp / pɔmp]

❖ with pomp 화려하게

❖ the pomps and glories of the world
속세의 영화

195
□ respect ㊔ 관점, 관계 ㊕ 존경하다

[rispékt]

❖ in all respects 모든 점에서

❖ I respect him as my senior.
그를 선배로서 존경하고 있다.

196
□ historian ㊔ 역사가

[histɔ́ːriən]

❖ an art historian 미술사가

❖ One of the notable historians of the period is Adam Ulam.
아담 울람은 그 시대에 손꼽힐 만한 역사가들 중 한 명이다.

197
□ mystery ㊔ 신비, 수수께끼 ㊖ 불가사의한

[místəri]

❖ be wrapped in mystery
신비에 싸여 있다

❖ the mystery of mysteries
불가사의 중의 불가사의

㊖ mysterious 신비한

198
□ phenomenon ㊔ 현상, 사건

[finámənàn]

❖ a natural phenomenon 자연 현상

❖ It's quite a phenomenon.
매우 놀랄만한 현상이다.

199
□ thermometer ㊔ 온도계, 한란계

[θərmámitər]

❖ a sensitive thermometer 예민한 온도계

❖ The thermometer dropped to 30° F.
기온이 화씨 30°로 하강했다.

200
□ antiquity ㊔ 고대(인)

[æntíkwəti]

- in antiquity 고대에는
- a city of great antiquity
  아주 오래된 도시

201
□ shortcoming ㊔ 결점, 단점

[ʃɔ́ːrtkʌ̀miŋ]

- have many shortcomings 결점 투성이다
- I am well aware of my shortcomings.
  내 자신의 결점은 내가 잘 알고 있다.

202
□ toll ㊔ 통행료 ㊕ 종을 울리다

[toul]

- toll gate 통행료 징수소
- tunnel tolls 터널 통행료

203
□ stimulus ㊔ 자극

[stímjuləs]

- give a stimulus to ~에게 자극을 주다
- Light is a stimulus to growth in plants.
  빛은 식물을 성장하게 하는 자극이다.
  ㊕ stimulate 자극하다

204
□ propaganda ㊔ 선전, 주장

[prɑ̀pəgǽndə]

- antiwar propaganda 반전 선전
- propaganda film 선전 영화

205
□ navigation ㊔ 항해(술), 항공(술)

[næ̀vəgéiʃən]

- aerial navigation 항공
- Navigation is an application of astronomy.
  항해술은 천문학을 응용한 것이다.

206
□ traitor ㊔ 배반자, 반역자

[tréitər]

- a traitor to the nation 매국노
- turn traitor to ~을 배반하다

207
□ **literate** ⓜ 글을 읽고 쓸 줄 아는(사람), (특정 분야에 관해) 지식이 있는

[lítərit]

❖ literate in computer usage
컴퓨터 사용 기술을 가진

❖ Only half of the children in this class are literate.
이 학급 어린이들의 절반만이 글을 읽고 쓸 수 있다.

208
□ **safe** ⓜ 금고 ⓗ 안전한

[seif]

❖ a safe position 안전한 자리

❖ He stashed away the jewels in a safe.
그는 보석류를 금고에 두었다.

209
□ **ambition** ⓜ 대망, 야심

[æmbíʃən]

❖ realize one's ambition 야망을 실현하다

❖ I have no political ambition.
나는 정치적 야심 따위는 없다.

ⓗ ambitious 야심 있는

210
□ **malice** ⓜ 악의, 원한

[mǽlis]

❖ from malice 악의에서

❖ I bear them no malice.
나는 그들에게 아무런 악의도 품고 있지 않다.

Tip

ambition 어원 ambi(주위를)+it(돌아다니다)+ion(일)
유의어 aspiration, dream, ambitiousness
참고 be full of ambition 야심만만하다

Part I 08일 Point up

211
□ **puzzle** [pʌ́zl]
명 수수께끼 동 당황하게 하다
- a puzzle ring 수수께끼 고리
- The question puzzled me.
  나는 그 문제로 당황했다.

212
□ **creature** [kríːtʃər]
명 피조물, 생물
- creatures from outer space
  우주에서 온 수수께끼의 생물
- Animals are natural and beautiful creatures.
  동물들은 자연스럽고 아름다운 피조물이다.
  동 create 창조하다
  형 creatural 생물의

213
□ **crisis** [kráisis]
명 위기, 고비
- get through a crisis 위기를 벗어나다
- The economy remains wallowed in crisis.
  경제는 위기에 처해있습니다.

214
□ **resource** [ríːsɔːrs/-zɔːrs]
명 자원, 수단
- be at the end of one's resources
  수단이 다하다
- Conserve our valuable natural resources!
  귀중한 우리들의 천연자원을 보존해라!

215
□ **spot** [spɑt / spɔt]
명 장소, 반점 동 반점 찍다
- spot out the stain 얼룩을 빼다
- The tablecloth has many spots.
  식탁보는 얼룩투성이다.

216
□ **thrift** ㉯ 절약, 검약

[θrift]

❖ a thrift shop 중고품 할인 판매점
❖ A bank account encourages thrift.
은행 거래를 하면 절약하게 된다.

217
□ **usage** ㉯ 용법, 어법, 습관

[júːsidʒ/-zidʒ]

❖ traditional usage 재래의 습관
❖ Grammar is based on usage.
문법은 관용 어법에 기초한다.

218
□ **treason** ㉯ 반역죄, 배신

[tríːzən]

❖ high treason 대역죄
❖ They were condemned of treason.
그들에게 반역죄가 선고되었다.

219
□ **sport** ㉯ 농담, 스포츠, 운동경기

[spɔːrt]

❖ make sport of 놀리다, 조롱하다
❖ a strenuous sport 격렬한 스포츠

220
□ **multitude** ㉯ 다수, 군중

[mʌ́ltitjùːd]

❖ a multitude of girls 다수의 소녀들
❖ the stars in multitude 무수한 별들

221
□ **melancholy** ㉯ 우울 ㉳ 우울한(= dismal)

[mélənkɑ̀li / -kɔ̀li]

❖ melancholy expression 우울한 표현
❖ When she left, he sank into melancholy.
그녀가 떠나자 그는 우울해졌다.

222
□ **plant** ㉯ 공장, 설비, 식물

[plænt / plɑːnt]

❖ a waterpower plant 수력 발전소
❖ The plants are being watered.
식물에 물을 주고 있다.

223
□ victim [víktim]
명 희생자, 피해자
- a victim of circumstances 환경의 희생자
- a victim of disease 병든 사람

동 victimize 희생시키다

224
□ institution [ìnstətjúːʃən]
명 기관, 시설, 설립, 창립
- a charitable institution 자선 단체
- a public institution 공공 기관

225
□ vanity [vǽnəti]
명 허영심, 덧없음
- feed one's vanity 허영심을 만족시키다
- Perhaps he did it from his vanity.
  그는 아마 허영심에서 그렇게 했을 것이다.

형 vain 허영심이 강한, 헛된

226
□ trifle [tráifl]
명 사소한 일, 조금
- a trifle of sugar 소량의 설탕
- stick at trifles 사소한 일에 구애되다

227
□ riddle [rídl]
명 수수께끼
- solve a riddle 수수께끼를 풀다
- Here is a riddle for you.
  수수께끼를 하나 낼게.

228
□ dawn [dɔːn]
명 시작, 단서, 새벽 동 알기 시작하다
- before dawn 날이 새기 전에
- The truth began to dawn on me.
  나는 진실을 알기 시작했다.

229
□ policy [pάləsi / pɔ́l-]
명 정책, 방침
- marketing policy 판매 정책
- We've changed our policy.
  저희가 정책을 바꿨습니다.

230
□ cruelty ㉮ 잔인, 잔학

[krúːəlti, krúəl-]

- an act of cruelty 잔학 행위
- He is famed for his cruelty.
  그는 잔인하기로 유명하다.

231
□ seed ㉮ 씨, 종자

[siːd]

- raise up seed 아이를 낳다
- grow a plant from seed
  씨를 뿌려 식물을 키우다

232
□ emphasis ㉮ 강조, 역설

[émfəsis]

- speak with emphasis 역설하다
- dwell on a subject with emphasis
  되풀이 강조하다
  ㉯ emphasize 강조하다

233
□ negligence ㉮ 태만, 자유분망, 부주의

[néglidʒəns]

- an accident due to negligence
  부주의로 인한 사고
- His failure is due to his negligence.
  그의 실패는 태만으로 말미암은 것이다.

234
□ drudgery ㉮ 고된 일, 고역(苦役)

[drʌ́dʒəri]

- be inured to drudgery 거친 일에 익다
- a hole-and-corner existence of daily drudgery
  매일 고된 일을 하는 시원찮은 생활

235
□ exertion ㉮ 노력, 전력

[igzə́ːrʃən]

- use exertions 노력하다
- He made great exertions to pass the test.
  그는 그 시험에 합격하기 위해 굉장히 노력했다.

236
□ temper 명 기질, 기분, 노여움

[témpər]

❖ an equal temper 차분한 성미
❖ in a bad temper 기분 나쁜

237
□ trend 명 경향, 추세 동 향하다, 기울다

[trend]

❖ a universal trend 일반적 경향
❖ What trend does the graph show?
도표는 어떤 추세를 나타내고 있는가?

238
□ pass 명 통로, 샛길 동 건네주다, 지나가다, 죽다

[pæs / pɑːs]

❖ Would you please pass me the sugar?
설탕 좀 건네줄래요?
❖ Please pass by. 지나가십시오.

239
□ proportion 명 비례, 비율

[prəpɔ́ːrʃən]

❖ in just proportions 적정한 비율로
❖ direct proportion 정비례

240
□ solace 명 위안(= comfort), 위로 동 위로하다

[sάləs / sɔ́l-]

❖ solace the heart 마음을 위로하다
❖ seek solace in religion
종교에서 위안을 구하다

Tip

trend **참고** 옷 등의 유행에서 지금은 fashion보다 많이 쓴다. the trend of public opinion 여론의 추세
유의어 tendency, course, drift

Part I 09일 Point up

241
□ contrast 명 대조, 대비 동 대조하다, 대비하다

[kɑ́ntræst/kɔ́n-]

- contrast A with B A와 B를 대조시키다
- The snowcapped peak contrasted with the blue sky.
  눈 덮인 산봉우리가 푸른 하늘과 아름다운 대조를 이루고 있었다.

242
□ affection 명 애정

[əfékʃən]

- have affection 애정을 가지다
- They were closely knit by affection.
  그들은 애정으로 굳게 맺어져 있었다.

243
□ bent 명 경향 형 구부러진, 열중한

[bent]

- a man bent with age 늙어 허리가 굽은 사람
- The river bent toward the west.
  강은 서쪽으로 굽어 있었다.

244
□ store 명 저장, 가게 동 저장하다

[stɔːr]

- a general store 잡화점
- This store is one of my favorite places.
  이 가게는 내가 가장 좋아하는 곳 중 하나야.

245
□ delight 명 기쁨, 즐거움 동 즐겁게 하다

[diláit]

- take delight in ~을 즐거움으로 삼다
- Dancing is her delight.
  춤이 그녀의 낙이다.

246
□ envy 명 질투, 시기, 부러움 동 부러워하다

[énvi]

- in envy of ~을 부러워하여

❖ I envy her golden hair.
나는 그녀의 금발 머리가 부럽다.
㉻ envious 질투심이 강한

247
□ spectacle ㉮ 광경, 장관

[spéktəkl]

❖ a gruesome spectacle 참담한 광경
❖ The tourists admired the magnificent spectacle.
관광객들은 그 장려한 광경에 탄복했다.
㉻ spectacular 볼만한

248
□ vision ㉮ 시력, 통찰력, 환상

[víʒən]

❖ in a vision 허깨비로
❖ What is your vision?
당신의 시력은 어떻습니까?

249
□ succession ㉮ 연속, 계승

[səkséʃən]

❖ the law of succession 상속법
❖ in succession 잇달아서

250
□ decay ㉮ 부패, 쇠퇴 ㉯ 부패하다, 쇠퇴하다

[dikéi]

❖ the decay of civilization 문명의 쇠퇴
❖ This potato is decayed.
이 고구마는 부패했다.

251
□ passage ㉮ 통과, 한구절

[pǽsidʒ]

❖ the passage of a cold front
한랭 전선의 통과
❖ transcribe a passage from a letter
편지의 한 구절을 발췌하다
㉯ pass 지나가다

252
□ rumo(u)r ㉮ 소문 ㉯ 소문을 내다

[rúmər]

❖ start a rumor 소문을 내다
❖ It is rumored that he is ill.
그는 앓고 있다는 소문이다.

253
☐ **creed** ⓜ 신조, 주의

[kriːd]

❖ adhere to a creed 주의를 신봉하다

❖ That is an article of my creed.
그것은 내 신조 중의 하나이다.

254
☐ **jealousy** ⓜ 질투, 시샘

[dʒéləsi]

❖ from jealousy 질투한 나머지

❖ This case originated in jealousy.
이 사건은 질투에서 시작되었다.
㉮ jealously 질투하여

255
☐ **reverence** ⓜ 존경 ⓢ 존경하다

[révərəns]

❖ at the reverence of ~을 존경하여

❖ make a profound reverence
정중히 경례하다

256
☐ **bliss** ⓜ 더없는 행복, 환희

[blis]

❖ domestic bliss 가정의 행복

❖ It was a sheer bliss.
더할 나위 없는 행복이었다.

257
☐ **homage** ⓜ 경의

[hámidʒ / hɔ́m-]

❖ liege homage 신하로서의 충성

❖ We pay homage to the genius of Mozart.
우리는 모차르트의 천재성에 경의를 표한다.

258
☐ **finance** ⓜ 재정, 재무

[finǽns/fáinæns]

❖ public finance 국가재정

❖ adjust[order] finances 재정을 관리하다
㉻ financial 재정(상)의

259
☐ **conceit** ⓜ 자부심 ⓢ 우쭐대다

[kənsíːt]

❖ be full of conceit 자부심이 강하다

❖ She has a great conceit regarding her own beauty.
그녀는 자신의 미모에 큰 자부심을 가지고 있다.

260
□ **statue** ㉮ 조각상
[stǽtʃuː]
❖ a statue (done) in marble
대리석으로 만든 조상
❖ He is staring at the statues.
그는 조각상을 쳐다보고 있다.
㉻ statuary 조소의

261
□ **antipathy** ㉮ 반감
[æntípəθi]
❖ rouse antipathy 반감을 사다
❖ Toads are his antipathy.
그는 두꺼비가 질색이다.

262
□ **treachery** ㉮ 배신, 반역
[trétʃəri]
❖ masked treachery 감춰진 음모
❖ I prefer poverty to treachery.
배반보다 가난이 더 낫다.

263
□ **fatigue** ㉮ 피로, 피곤
[fətíːg]
❖ physical fatigue 육체의 피로
❖ He was suffering from fatigue.
그는 피로에 지쳐 있었다.
❖ chronic fatigue 만성피로

264
□ **summit** ㉮ 정상
[sʌ́mit]
❖ the summit of one's ambition 야망의 정점
❖ At last we saw the summit of the mountain. 마침내 우리는 산 정상을 보았다.

265
□ **delay** ㉮ 연기, 지체 ㉯ 늦추다, 미루다
[diléi]
❖ delay writing to a person
~에게 편지 쓰는 것을 미루다

❖ We must delay our holidays until next month.
휴가를 다음 달까지 미뤄야 한다.

266
□ procedure ㊔ **수속, 진행**

[prəsíːdʒər]

❖ legal procedure 법적 절차
❖ I have gone through the entry procedure.
나는 입국 수속을 다 마쳤다.

267
□ significance ㊔ **의의, 중요성**

[signífikəns]

❖ a matter of significance 중대 사건
❖ with a look of great significance
매우 의미심장한 표정으로

268
□ faculty ㊔ **능력, 재능, 학부**

[fǽkəlti]

❖ a faculty for making friends
친구를 사귀는 재주
❖ the faculty of hearing 청각 능력
㊖ facultative 능력의
㊔ faculty of law 법학부, faculty meeting 교수회

269
□ gift ㊔ **천부적인 재능, 선물**

[gift]

❖ birthday gifts 생일 선물
❖ have a gift for music
음악에 재능이 있다

270
□ admiral ㊔ **해군대장, 제독**

[ǽdmərəl]

❖ Vice Admiral 해군 중장
❖ Admiral Yi Sun-shin reverberates still in the heart of Korean people.
이순신 장군은 한국인의 마음속에 여전히 생생하게 살아있다.

gift **어원** give(주다)+t(것) **참고** a free gift 경품 **유의어** present

Part I 10일 Point up

271
□ disguise ㊔ 변장 ㊌ 변장시키다, 가장하다

[disgáiz]

❖ disguise oneself with a wig
가발로 변장하다
❖ horseflesh disguised as beef
쇠고기로 꾸며 속인 말고기
㊔ disguisement 변장

272
□ pasture ㊔ 목장, 목초지

[pǽstʃər/pɑ́ːs-]

❖ turn cows out to pasture
소를 목장으로 내보내다
❖ The ox arrives at the pasture.
황소가 초원에 도착해요.

273
□ hostility ㊔ 적의, 적개심

[hɔstíləti/ has-]

❖ have hostility 적의가 있다
❖ meet with hostility 적의에 부닥치다

274
□ image ㊔ 상(像), 꼭 닮은 사람(물건)

[ímidʒ]

❖ make an image 상을 만들다
❖ He carved an image in wood.
그는 나무에 초상을 새겼다.

275
□ education ㊔ 교육, 훈육

[èdʒukéiʃən]

❖ get education 교육을 받다
❖ commercial education 상업 교육

276
□ colony ㊔ 식민지, 거류지

[kɑ́ləni/kɔ́l-]

❖ exploit a colony 식민지를 착취하다
❖ The American colonies formed a union.
미국 식민지들이 연방을 결성했다.
㊒ colonial 식민지의

277
□ **crust** ⑲ (빵)껍질, 파이껍질

[krʌst]

❖ the crust of the earth 지구의 표층

❖ I like the crust on French bread.
나는 프랑스 빵 껍질을 좋아합니다.

278
□ **advance** ⑲ 진보, 발전, 향상 ⑤ 전진하다, 진보하다

[ədvǽns/-vɑ́ːns]

❖ advance in life 출세하다

❖ He has been advanced from lieutenant to captain. 그는 중위에서 대위로 승진했다.

⑲ advancement 진출

279
□ **passion** ⑲ 정열

[pǽʃən]

❖ burn with passion 정열에 불타다

❖ As years go by, passion lessens.
세월이 감에 따라 정열은 쇠한다.

⑱ passionate 정열적인

280
□ **cliff** ⑲ 절벽, 낭떠러지

[klif]

❖ a precipitous cliff 험한 절벽

❖ The sea thrashes against the cliffs.
사나운 파도가 절벽에 부딪친다.

⑱ cliffy 험준한

281
□ **congress** ⑲ 회의, 의회

[kɑ́ŋgris / kɔ́ŋgris]

❖ lay a bill before the Congress
의안을 의회에 제출하다

❖ Congress passed the bill.
의회가 그 법안을 가결했다.

282
□ **suffrage** ⑲ 참정권, 투표

[sʌ́fridʒ]

❖ popular suffrage 보통 선거권

❖ She cried loudly for female suffrage.
그녀는 여성 참정권을 외쳤다.

283
□ **frustration** 명 좌절, 차질

[frʌstréiʃən]

❖ work off one's frustration
욕구 불만을 해소하다

❖ Frustration can occur in a number of different ways.
좌절은 여러 다양한 방식으로 일어날 수 있다.

동 frustrate 좌절시키다

284
□ **world** 명 세계, 세상, ~계, 세상사람, 다수(의)

[wəːrld]

❖ a journey around the world
세계 일주 여행

❖ the end of the world 세상의 마지막 날

285
□ **rage** 명 격노, 대유행 동 격노하다

[reidʒ]

❖ in a rage 화를 벌컥 내어

❖ I remember when long hair was all the rage. 긴머리가 유행이었던 것을 기억한다.

286
□ **famine** 명 기아, 굶주림

[fǽmin]

❖ perish with[by] famine 기근으로 죽다

❖ Famine threatens the district.
기근이 그 지방을 위협하고 있다.

287
□ **trap** 명 덫, 함정 동 덫을 놓다

[træp]

❖ a mouse trap 쥐덫

❖ trap the wood 숲에 덫을 놓다

288
□ **philosophy** 명 철학, 사상

[filάsəfi / -lɔ́s-]

❖ empirical philosophy 경험 철학

❖ the philosophy of Spinoza
스피노자의 철학

289
□ boredom
ⓜ 지루함

[bɔ́ːrdəm]

❖ without any sense of boredom
지루한 줄 모르게

❖ They began to chat to relieve the boredom of the flight.
그들은 비행의 지루함을 달래기 위해 잡담을 하기 시작했다.

㉻ bored 지루한

290
□ poison
ⓜ 독약, 독물

[pɔ́izn]

❖ a deadly poison 극약

❖ Pornography is poison to young minds.
포르노는 젊은이의 마음에 해독이 된다.

㉻ poisonous 독이 있는

291
□ germ
ⓜ 병균, 세균

[dʒəːrm]

❖ a germ disease 세균병

❖ a germ carrier 보균자

292
□ boss
ⓜ 우두머리, 사장

[bɔːs/bɑs]

❖ a dummy boss 허수아비 사장

❖ The boss is returning tomorrow.
사장은 내일 돌아올 것이다.

293
□ renown
ⓜ 명성

[rináun]

❖ win one's renown 명성을 얻다

❖ be highly renowned 명성이 자자하다

294
□ doctrine
ⓜ 교리, 학설, 주의

[dɑ́ktrin / dɔ́k-]

❖ Catholic doctrines 가톨릭 교리

❖ the Monroe Doctrine 먼로주의

295
□ prey ⓜ 먹이, 희생 ⓢ 잡아먹다

[prei]

❖ in search of prey 먹이를 찾아

❖ Lions are pursuing their prey.
사자들이 먹이를 쫓고 있다.

296
□ calamity ⓜ 재난, 불행

[kəlǽməti]

❖ escape a calamity 재난을 면하다

❖ A miserable calamity befell him.
처참한 재난이 그에게 닥쳤다.

297
□ agony ⓜ 고민, 고뇌, 고통

[ǽgəni]

❖ in agony 고민하여, 괴로워서

❖ The man cries in great agony.
그 남자는 고통의 몸부림을 치며 소리쳤다.

ⓢ agonize 번민하다

298
□ algebra ⓜ 대수(학)

[ǽldʒəbrə]

❖ solve in algebra 대수로 풀다

❖ I'm beyond my depth in algebra class.
내게는 대수 공부가 너무 어렵다.

299
□ victory ⓜ 승리

[víktəri]

❖ win a victory 승리를 쟁취하다

❖ His victory is secure.
그의 승리는 확실하다.

300
□ device ⓜ 고안, 장치

[diváis]

❖ a safety device 안전 장치

❖ a nuclear device 핵폭발 장치

ⓢ devise 고안하다

Part I 11일 Point up

301
□ tumult 명 소동, 법석

[tʒúːmʌlt/-məlt]

❖ the tumult subsides 법석이 가라앉다
❖ Presently the tumult died down.
이윽고 소동은 가라앉았다.

302
□ thirst 명 목마름, 갈망 동 갈망하다

[θəːrst]

❖ a thirst for knowledge 지식욕
❖ He has a thirst for adventure.
그는 모험을 갈망한다.

303
□ pity 명 연민, 유감, 동정

[píti]

❖ Nobody wants pity from others.
남의 동정을 받고 싶어할 사람은 없다.
❖ Pity is akin to love.
연민은 애정으로 통한다.

304
□ state 명 상태, 형편, 정세

[steit]

❖ a gravity-free state 무중력 상태
❖ Their idea is called the "steady state" theory. 그들의 생각은 '안정적 상태' 이론이라고 불려 집니다.

305
□ treasure 명 보물 동 소중히 하다

[tréʒər]

❖ art treasures 귀중한 미술품
❖ Treasure friendship. 우정을 소중히 해라.

306
□ awe 명 경외심, 두려움

[ɔː]

❖ be in awe of ~을 두려워하다
❖ They are in awe of their teacher.
그들은 선생님을 무서워한다.

㉠ awful 두려운
㉠ awed 경외심에 휩싸인

307
□ **sermon** 명 **설교, 잔소리**
[sə́ːrmən]
❖ a marathon sermon 지루하게 계속되는 설교
❖ The preacher delivers a sermon every Sunday.
목사는 매주 일요일 설교를 한다.

308
□ **vessel** 명 **(큰)배, 그릇**
[vésəl]
❖ a merchant vessel 상선
❖ a weak vessel 약한 그릇

309
□ **notice** 명 **통지, 예고** 동 **알아차리다**
[nóutis]
❖ send a notice 통지를 내다
❖ They noticed me and told me to come in. 그들은 나를 알아본 후 들어오라고 했다.

310
□ **wisdom** 명 **지혜, 현명함**
[wízdəm]
❖ the wisdom of the ancients 옛사람의 지식
❖ He showed great wisdom in the act.
그는 정말 총명하게 행동했다.
형 wise 현명한

311
□ **commodity** 명 **일용품, 필수품**
[kəmɑ́dəti]
❖ staple commodities 중요한 상품
❖ Which commodity cost $5 three years ago?
3년 전 가격이 5달러였던 용품은?

312
□ **surrender** 명 **항복** 동 **항복하다**
[səréndər]
❖ unconditional surrender 무조건 항복
❖ He surrendered voluntarily to the police.
그는 자진해서 경찰에 자수했다.

313
□ **nutrition** 명 영양섭취(↔malnutrition 영양실조)
[njuːtríʃən]
❖ taking nutrition 영양섭취
❖ Good nutrition is important for good health.
충분한 영양섭취는 건강에 중요하다.

314
□ **greed** 명 탐욕, 욕심
[griːd]
❖ one's greed of gain 이득에 대한 욕심
❖ There are no limits to man's greed.
사람의 욕심은 한없기 짝이 없다.
형 greedy 욕심 많은

315
□ **triumph** 명 승리(= victory) 동 승리를 거두다
[tráiəmf]
❖ a shout of victory[triumph] 승리의 함성
❖ It was the triumph of right over might.
그건 힘에 대한 정의의 승리였다.

316
□ **imagination** 명 상상력
[imæ̀dʒənéiʃən]
❖ idle imaginations 망상
❖ a man of remarkable imagination
상상력이 뛰어난 사람
동 imagine 상상하다

317
□ **specimen** 명 표본, 실례(實例)
[spésəmən]
❖ specimens in spirits 알코올에 담근 표본
❖ ask for a specimen 견본을 청구하다

318
□ **geometry** 명 기하학
[dʒiːάmətri]
❖ plane geometry 평면 기하학
❖ solid geometry 입체 기하학
형 geometric 기하학의

319
□ **admiration** 명 감탄, 칭찬
[æ̀dməréiʃən]
❖ in admiration of ~을 찬미하여

❖ struck with admiration 감탄하는 마음 금할 수 없이

320
□ unprecedented ⓜ 전례가 없는, 공전(空前)의

[ʌ̀nprésədèntid]

❖ an unprecedented event
지금까지 없던 사건
❖ an achievement of unprecedented magnitude 공전의 위업

321
□ infancy ⓜ 유년 시대, 초기

[ínfənsi]

❖ in one's infancy 어릴 적에
❖ I wanted to be a designer from my infancy.
나는 어릴 적부터 디자이너가 되고 싶었다.

322
□ consult ⓜ 상의 ⓢ 상담하다

[kənsʌ́lt]

❖ be consulted by ~ about ~
~에게 ~대해 상의를 받다
❖ consult with a person about a matter
어떤 일에 대해 남과 상의하다

323
□ emotion ⓜ 정서, 감정

[imóuʃən]

❖ betray one's emotion 감정을 드러내다
❖ Anger and love are emotions.
노여움과 사랑은 감정이다.

324
□ flesh ⓜ 살, 육체

[fleʃ]

❖ a man of dark flesh 살갗이 거무스름한 사람
❖ The thorn went deep into the flesh.
가시가 살 속 깊이 박혔다.

325
□ omen ⓜ 전조, 조짐

[óumən]

❖ an evil omen 흉조
❖ be of good omen 징조가 좋다
ⓗ ominous 불길한

326
□ trace ㊔ 자국 ㊕ 자국을 밟아가다

[treis]

- traces of an ancient civilization
  옛 문명의 자취
- No traces of his steps are left.
  그의 발자국은 하나도 없다.

327
□ obligation ㊔ 책임, 은혜

[ɑ̀bləgéiʃən/ɔ̀b-]

- repay an obligation 은혜에 보답하다
- sense of obligation 책임의식

328
□ reputation ㊔ 평판, 세평

[rèpjutéiʃən]

- of great reputation 평판이 높은
- lose one's reputation 신용을 잃다
  ㊕ repute ~라고 평하다

329
□ contagion ㊔ 전염(병)

[kəntéidʒən]

- a contagion ward 전염 병동
- Cholera spreads by contagion.
  콜레라는 접촉 전염으로 퍼진다.

330
□ sojourn ㊔ 체류 ㊕ 묵다

[sóudʒəːrn]

- a week's sojourn in Paris
  일주일간의 파리 체류
- We sojourned at the beach for a month.
  우리는 한 달 동안 해변에 머물렀다.

Tip

reputation **어원** re(다시)+put(생각하다)+ation(~하는 것)
참고 ruin one's reputation 평판을 떨어뜨리다
of reputation 평판이 있는 an evil reputation 악평
유의어 repute, report

Part I 12일 Point up

331
□ **part** ㉠ 역할, 부분 ㉡ 헤어지다
[paːrt]
- the rear part of the house 집 뒷부분
- part from one's friends
  친구들과 헤어지다

332
□ **hatred** ㉠ 증오, 몹시 싫음
[héitrid]
- incur hatred 증오를 사다
- Dislike easily rises into hatred.
  혐오는 곧 증오로 변한다.

333
□ **adoration** ㉠ 숭배, 동경
[æ̀dəréiʃən]
- in adoration 예찬하여, 열애하여
- Adoration of the Magi 동방박사의 경배

334
□ **propriety** ㉠ 예의바름, 교양
[prəpráiəti]
- a breach of propriety 예절에 어긋남
- with propriety 예법에 따라
  ㉦ proper 적당한

335
□ **distress** ㉠ 고통 ㉡ 괴롭히다
[distrés]
- be distressed 고민하다, 괴로워하다
- moan in distress 고통으로 신음하다

336
□ **conduct** ㉠ 행위, 지도 ㉡ 행동하다, 인도하다
[kɑ́ndʌkt / kɔ́n-]
- honorable conduct 훌륭한 행위
- His wanton conduct irritates me.
  그의 방자한 행동에 화가 난다.
  ㉠ conductor 안내자

337
□ landscape ㊔ 풍경(= scenery), 경치

[lǽndskèip]

❖ a landscape 지상의 풍경
❖ She took a picture of the beautiful landscape.
그녀는 그 아름다운 풍경을 사진에 담았다.

338
□ satire ㊔ 풍자, 빈정거림

[sǽtaiər]

❖ a satire on politics 정치에 대한 풍자
❖ a satire on modern civilization
현대문명에 대한 풍자

339
□ discourse ㊔ 강화, 이야기 ㊕ 이야기하다

[dískɔːrs]

❖ a tedious discourse 따분한 이야기
❖ Sweet discourse makes short days and nights.
재미있는 이야기는 밤과 낮을 짧게 한다.

340
□ party ㊔ 당파, 일행, 당사자, 모임

[pɑ́ːrti]

❖ a social party 사교 모임
❖ The rest of the party will leave.
그 일행의 나머지는 떠날 것이다.

341
□ reward ㊔ 보답, 보상 ㊕ 보답하다

[riwɔ́ːrd]

❖ in reward for ~에 보답하여
❖ They received rewards for their efforts.
그들은 노력한 보답을 받았다.

342
□ purpose ㊔ 목적, 의도(= aim)

[pə́ːrpəs]

❖ hold to one's purpose
자기의 목적을 고수하다
❖ What's the purpose of your visit?
방문 목적이 무엇입니까?

343
□ **insult** ⓜ 모욕 ⓢ 모욕하다
[ínsʌlt]
❖ be insulted 모욕을 당하다
❖ He dares to insult me.
그는 거리낌 없이 나를 모욕한다.

344
□ **evolution** ⓜ 진화, 발전
[èvəlúːʃən/ ìːvə-]
❖ human evolution 인류의 진화
❖ That's the theory of evolution.
그것이 진화론이다.
ⓢ evolve 발전시키다

345
□ **slumber** ⓜ 잠 ⓢ 잠자다
[slʌ́mbər]
❖ sink into a slumber 잠들어 버리다
❖ The baby slumbers peacefully for hours.
아기는 몇 시간이고 평화스럽게 잠잔다.

346
□ **physics** ⓜ 물리학
[fíziks]
❖ nuclear physics 핵물리학
❖ a physics theater 물리학 교실

347
□ **diameter** ⓜ 직경, 지름
[daiǽmitər]
❖ 3 inches in diameter 지름이 3 인치
❖ The diameter measures twice the radius.
지름의 치수는 반지름의 두 배이다.
ⓜ radius 반지름

348
□ **expedition** ⓜ 탐험대
[èkspədíʃən]
❖ go on an expedition 탐험길에 오르다
❖ an exploring expedition 탐험여행
ⓢ expedite 일을 신속히 처리하다

349
□ **posterity** ⓜ 자손, 후세사람들
[pɑstérəti / pɔs-]
❖ leave one's name to posterity
후세에 이름을 남기다

❖ hand down ~ to posterity
~을 자손에 전하다

350
□ **definition** ㉠ 정의
[dèfəníʃən]
❖ give a definition 정의를 내리다
❖ Is that definition accurate?
그 정의는 정확합니까?

351
□ **hypocrisy** ㉠ 위선
[hipákrəsi/-pɔ́k-]
❖ hate hypocrisy 위선을 미워하다
❖ She is annoyed by their hypocrisy.
그녀는 그들의 위선에 화가 났다.

352
□ **peer** ㉠ 귀족, 동료 ㉡ 응시하다
[piər]
❖ a hereditary peer 세습 귀족
❖ I peered into every window to find a clue.
나는 단서를 얻기 위해 모든 창 안을 자세히 보았다.

353
□ **function** ㉠ 기능, 역할 ㉡ 작용하다
[fʌ́ŋkʃən]
❖ the function of the heart 심장의 기능
❖ The telephone was not functioning.
전화가 고장나 있었다.
❖ function key 기능 키
㉢ functional 기능적인

354
□ **practice** ㉠ 연습, 실행 ㉡ 연습하다(= exercise)
[prǽktis]
❖ practice speaking English
영어 회화 연습을 하다
❖ everyday practice 평소의 연습

355
□ **hypothesis** ㉠ 가설
[haipáθəsis]
❖ form a hypothesis 가설을 세우다
❖ Let's start with this hypothesis.
이 가설에서부터 시작합시다.

356
□ aspect
[ǽspekt]

명 양상, 관점, 면

❖ assume a new aspect 새로운 양상을 띠다
❖ He has a gentle aspect.
그에게는 정중한 면이 있다.

357
□ effort
[éfərt]

명 노력, 수고(= attempt)

❖ by effort 노력으로
❖ make an effort 애쓰다
형 effortless 쉬운

358
□ timber
[tímbər]

명 재목, 목재(= lumber)

❖ cut timber 재목을 자르다
❖ Heavy timbers supported the floor above.
굵은 목재들이 위층을 지탱하고 있었다.

359
□ fantasy
[fǽntəsi/-zi]

명 공상, 환상

❖ live in a fantasy world
상상의 세계에 살다
❖ A talking dictionary is no longer a fantasy.
말하는 사전은 더 이상 공상이 아니다.

360
□ epidemic
[èpədémik]

명 유행병 형 전염병의

❖ be attacked with an epidemic
유행병에 걸리다
❖ There are signs of the prevalence of epidemics. 전염병이 널리퍼질 징조가 있다.
❖ a flu epidemic 유행성 독감
명 endemic 풍토병

Tip

effort 어원 e(밖으로)+fort(강한) → 힘을 내다
참고 without(any) effort (아무런) 수고도 없이
유의어 effort, endeavor, effort

Part I 13일 Point up

361
□ harvest ㊔ 수확(기) ㊕ 거두어들이다

[há:rvist]

❖ an abundant harvest 풍작
❖ an oyster harvest 굴 채취

362
□ press ㊔ 누름, 신문, 보도진

[pres]

❖ freedom of the press 출판의 자유
❖ Press the POWER button.
전원 버튼을 누른다.

363
□ fallacy ㊔ 오류, 잘못된 생각

[fǽləsi]

❖ a popular fallacy 흔히 있는 오류
❖ I will not subscribe to popular fallacies.
세상의 잘못된 생각에 동참할 생각은 없다.

364
□ controversy ㊔ 논쟁(= debate), 논의

[kάntrəvə̀:rsi]

❖ fuel a controversy 논쟁에 기름을 붓다
❖ The controversy is unlikely to die down.
논쟁의 기세가 죽을 것 같지 않다.

365
□ reach ㊔ 범위, 능력 ㊕ 집어주다, 도착하다

[ri:tʃ]

❖ reach at London 런던에 도착하다
❖ He has a wonderful reach of imagination.
그는 놀라운 상상력을 갖고 있다.

366
□ offspring ㊔ 자손, 소산(所産)

[ɔ́:fsprìŋ / ɔ́f-]

❖ the offspring of an inventive mind
창의력이 풍부한 마음에서 생겨난 성과
❖ That girl is my pretty offspring.
저 소녀는 사랑스러운 나의 자식이다.

367
□ planet ㊔ 행성, 혹성
[plǽnit]
❖ primary planets 행성
❖ secondary planets 위성
㊕ planetary 행성의

368
□ anniversary ㊔ 기념일
[æ̀nəvə́ːrsəri]
❖ one's wedding anniversary 결혼기념일
❖ It's their anniversary.
그들의 기념일입니다.

369
□ proposition ㊔ 명제, 제의
[prɑ̀pəzíʃən]
❖ an affirmative proposition 긍정 명제
❖ I made a proposition to buy the shop.
나는 그 가게를 사들이자고 제의했다.

370
□ adversity ㊔ 역경
[ædvə́ːrsəti/əd-]
❖ wrestle against adversity 역경과 싸우다
❖ be in adversity 역경에 처하다

371
□ analogy ㊔ 유사, 유추
[ənǽlədʒi]
❖ by analogy 유추하여
❖ have some analogy with
~와 약간 비슷하다

372
□ tact ㊔ 재치, 요령
[tækt]
❖ a man of tact 재치 있는 사람
❖ He is the personification of tact.
그는 재치 덩어리다.

373
□ legacy ㊔ 유산
[légəsi]
❖ leave a legacy 유산을 남기다
❖ They are quarreling over their legacy.
그들은 유산을 갖고 싸우고 있다.

374
□ **issue** ㉺ 논쟁, 논점, 문제(=question) ㉿ 발행하다

[íʃuː/ísjuː]

❖ today's issue of a paper 오늘 발행의 신문
❖ bring a matter to an issue
문제의 결말을 짓다

375
□ **character** ㉺ 특징, 인격, 문자

[kǽriktər]

❖ a character without spot
하나도 흠잡을 데가 없는 성격
❖ Exactly. It's a character thing.
그렇습니다. 그것은 성격적인 것입니다.

376
□ **nuclear** ㉺ 핵의, 핵무기의

[njúːkliər]

❖ nuclear submarine 원자력 잠수함
❖ nuclear division 핵분열

377
□ **violence** ㉺ 폭력, 맹렬

[váiələns]

❖ the violence of passion 감정의 열렬함
❖ crimes of violence 폭행죄
㉻ violent 난폭한

378
□ **dispute** ㉺ 논쟁 ㉿ 논쟁하다(=argue)

[dispjúːt]

❖ a labor dispute 노동 쟁의
❖ a point in dispute 논쟁점

379
□ **ethics** ㉺ 윤리, 윤리학

[éθiks]

❖ practical ethics 실천 윤리학
❖ Christian ethics disapprove of suicide.
기독교 윤리는 자살을 반대한다.

380
□ **snare** ㉺ 덫, 유혹 ㉿ 덫으로 잡다, 유혹하다

[snɛər]

❖ set a snare 덫을 놓다
❖ be caught in one's own snare
자신이 놓은 덫에 자신이 걸리다

381
□ debt ⓜ 빚, 부채(↔asset)

[det]

- debt to one's parents 어버이의 은혜
- He paid his debt. 그는 빚을 갚았다.
- get out of debt 빚을 갚다

382
□ laboratory ⓜ 실험실, 연구소

[lǽbərətɔ̀ːri]

- a language laboratory 어학 연습실
- He studies in the chemical laboratory. 그는 화학 실험실에서 연구한다.

383
□ design ⓜ 디자인, 계획

[dizáin]

- design a dress 드레스를 디자인하다
- I'm not fond of the design either. 나는 그 디자인 역시 좋아하지 않는다.

384
□ material ⓜ 물질, 재료(= substance)  형 물질적인

[mətíəriəl]

- material civilization 물질문명
- They were good quality materials. 재료들은 모두 훌륭했다.
  - 명 materialism 물질주의

385
□ element ⓜ 요소, 원소

[éləmənt]

- a vital element 필수적 요소
- It resolves into its elements. 그것은 원소로 분해된다.

386
□ method ⓜ 방법, 방식

[méθəd]

- a correct method 적확한 방법
- I have no other method than this. 내게는 이외의 다른 방법이 없다.

387
□ growth ㊔ 성장, 발전

[grouθ]

- industrial growth 산업의 발달
- rapid growth 고도성장

388
□ access ㊔ 접근 ㊕ 정보를 호출(입력)하다

[ǽkses]

- a man of difficult access
  접근하기 어려운 사람
- an access of anger 발노
- internet access 인터넷 접속

  ㊒ accessible 접근하기 쉬운

389
□ perfume ㊔ 향수, 향기(=fragrance)

[pə́ːrfjuːm]

- an aromatic perfume 향기로운 향수
- put on perfume 향수를 바르다

390
□ conflict ㊔ 충돌, 대립, 투쟁(=fight) ㊕ 싸우다

[kɑ́nflikt/kɔ́n-]

- in conflict with ~와 충돌하여
- a conflict of opinion 의견의 대립
- Our interests conflict with theirs.
  우리의 이해는 그들의 이해와 상충된다.

  ㊔ confliction 싸움

Tip

access 어원 ac(~에)+cess(나아가다)
참고 be easy of access 접근하기 쉽다
유의어 entree, accession, admission

Part I 14일 Point up

391
□ **appetite** ㊔ 식욕, 욕구

[ǽpitàit]
- give an appetite 식욕을 돋우다
- Exercise gives you a good appetite.
  운동을 하면 식욕이 생긴다.

392
□ **orbit** ㊔ (천체의) 궤도

[ɔ́ːrbit]
- the earth's orbit round the sun
  태양을 도는 지구의 궤도
- It was drawing a circular orbit.
  그것은 원 궤도를 그리고 있었다.
  ㊕ orbital 궤도의

393
□ **pang** ㊔ 심한 고통, 양심의 가책

[pæŋ]
- the pang of conscience 양심의 가책
- the pang of death 죽음의 고통

394
□ **satisfaction** ㊔ 만족

[sæ̀tisfǽkʃən]
- give[afford] satisfaction 만족을 주다
- Your satisfaction is guaranteed.
  만족을 보장합니다.

395
□ **cell** ㊔ 세포, 작은 방, 독방

[sel]
- a condemned cell 사형수 독방
- Cancer begins as a single cell.
  암은 단일 세포에서 시작된다.

396
□ **miniature** ㊔ 축소지도, 축소모형 ㊕ 소형의

[míniətʃər/-tʃùər]
- a miniature railway 꼬마 철도
- a miniature of the White House
  백악관 모형

397
□ **contempt** ㊂ 경멸, 모욕

[kəntémpt]
- in contempt of ~을 경멸하여
- show contempt 경멸하다
- She showed him contempt.
  그녀는 그를 경멸했다.

398
□ **analysis** ㊂ 분석, 분해

[ənǽləsis]
- a careful analysis 철저한 분석
- It requires a detailed analysis.
  그것은 세밀한 분석이 필요하다.
  ㊖ analytic 분석적인

399
□ **lung** ㊂ 폐, 허파

[lʌŋ]
- a lung disease 폐질환
- lung cancer 폐암
- His left lung is bad.
  그의 왼쪽 폐가 나쁘다.

400
□ **case** ㊂ 실정, 사실, 환자, 경우, 상자

[keis]
- a jewel case 보석 상자
- In this case, what would you say?
  이런 경우에 당신은 뭐라고 말하겠는가?

401
□ **relative** ㊂ 친척 ㊖ 비교상의, 상대적인

[rélətiv]
- a near relative 가까운 친척
- a relative concept 상대 개념

402
□ **psychology** ㊂ 심리학, 심리

[saikάlədʒi / -kɔ́l-]
- child psychology 아동 심리학
- He specialized in social psychology.
  그는 사회 심리학을 전공했다.

403
□ **disaster** ㊂ 재해, 불행

[dizǽstər / -zάːs-]
- meet a disaster 재해를 입다

❖ War brings disaster.
전쟁은 재난을 초래한다.
❖ natural disaster 천재
❖ man-made disaster 인재

404
□ nationality ㊔ 국적, 국민성
[næ̀ʃənǽləti]
❖ men of all nationalities 여러 나라 사람들
❖ What's your nationality?
당신의 국적은 어디입니까?

405
□ labor ㊔ 노동, 노력, 출산 ㊕ 일하다
[léibər]
❖ live by labor 노동으로 생활하다
❖ He joined the labor union.
그는 노동조합에 가입했다.
❖ easy labor 순산 / hard labor 난산

406
□ leisure ㊔ 틈, 여가, 한가
[líːʒər/léʒ-]
❖ a life of leisure 한가한 삶
❖ Read this book at your leisure.
한가할 때에 이 책을 읽어라.

407
□ supplement ㊔ 보충 ㊕ 보충하다
[sʌ́plmənt]
❖ supplement a budget 예산에 추가하다
❖ The employers, meanwhile, can supplement their work forces.
한편 고용주 입장에서는 축소했던 노동력을 보충한다.

408
□ convention ㊔ 회의, 인습
[kənvénʃən]
❖ an international convention 국제회의
❖ He is a slave to convention.
그는 인습에 사로잡혀 있다.

409
□ estate ㊔ 재산, 지위
[istéit / es-]
❖ wind up an estate 죽은 자의 재산을 정리하다

❖ He portioned his estate to his son.
그는 아들에게 재산을 나누어 주었다.
㊔ real estate 부동산

410
□ bond ㊔ 묶음, 유대, 채권 ㊕ 노예의

[bɑnd / bɔnd]

❖ the bond of affection 애정의 유대
❖ The bond will reach maturity in ten years.
그 채권은 10년 후에 만기가 된다.

411
□ mortal ㊔ 인간 ㊕ 치명적인, 필멸의

[mɔ́ːrtl]

❖ a mortal wound 치명상
❖ Man is mortal. 사람은 죽게 마련이다.

412
□ flaw ㊔ 결점, 흠

[flɔː]

❖ a character flaw 성격상의 결함
❖ We are flawed and vulnerable.
우리 개개인은 결점도 많고 약해.

413
□ majority ㊔ 대다수, 대부분(↔minority)
㊕ 대다수의, 주요한

[mədʒɔ́ːrəti]

❖ hold a large majority 대다수를 차지하다
❖ The majority of them are bloody awful.
그들 중 대다수는 정말로 꼴 보기 싫다.

414
□ channel ㊔ 해협, 경로

[tʃǽnl]

❖ English Channel 영국 해협
❖ the channels of trade 정상적 무역 경로

415
□ area ㊔ 면적, 지역

[έəriə]

❖ residential areas 주택 구역
❖ This is a falling rock area.
여기는 낙석 지역이거든요.

416
□ **chivalry** ㉺ 기사도
[ʃívəlri]
❖ a mirror of chivalry 기사도의 귀감
❖ The age of chivalry is not dead.
기사도는 아직 살아 있다.

417
□ **focus** ㉺ 초점 ㉿ 집중하다
[fóukəs]
❖ out of focus 초점을 벗어나
❖ focus one's attention on
~에 주의를 집중시키다

418
□ **event** ㉺ 사건, 경기종목, 결과
[ivént]
❖ field events 필드 경기
❖ It was quite an event.
그것은 대단한 사건이었다.

419
□ **revival** ㉺ 소생, 부활
[riváivəl]
❖ the Revival of Learning 문예 부흥
❖ the revival of an old custom
옛 습관의 부활

420
□ **end** ㉺ 목적, 결과, 죽음 ㉿ 끝내다
[end]
❖ at the end 최후에는
❖ come to an end 끝나다

Tip

event **어원** e(바깥으로)+vent(나오다)
참고 event 중대한 사건을 말하며, episode 일련의 사건 중의 하나이다
유의어 event, episode, episode, incident

Part I 15일 Point up

421
□ object ㉮ 물건 ㉯ 반대하다

[ábdʒikt / ɔ́b-]

- a distant object 먼 데에 있는 물건
- There is no reason why she should object.
  그녀가 반대해야만 할 이유는 없다.

422
□ indignation ㉮ 분개, 분노

[ìndignéiʃən]

- let loose one's indignation
  울분을 터뜨리다
- He could hardly contain his indignation.
  그는 분노를 참을 수 없었다.

423
□ personality ㉮ 개성, 인격(=character)

[pə̀ːrsənǽləti]

- respect personality 인격을 존중하다
- He is a man of weak personality.
  그는 개성이 약한 사람이다.
  ㉱ personal 개인의

424
□ literature ㉮ 문학, 문예

[lítərətʃər/-tʃùər]

- serious literature 순수 문학
- Why did you major in literature?
  문학은 왜 전공하셨나요?

425
□ riot ㉮ 폭동 ㉯ 폭동을 일으키다

[ráiət]

- provoke a riot 폭동을 도발하다
- The riot was nipped in the bud.
  폭동은 크게 번지기 전에 진압되었다.

426
□ symbol
[símbəl]

명 상징, 부호

❖ a phonetic symbol 발음 기호
❖ The cross is the symbol of Christianity.
십자가는 그리스도교의 상징이다.

427
□ foundation
[faundéiʃən]

명 기초, 창설

❖ lay the foundation 기초를 쌓다
❖ to the foundations 밑바닥에서부터
동 found 기초를 두다

428
□ budget
[bʌ́dʒit]

명 예산

❖ make a budget 예산을 편성하다
❖ Are you working on the budget?
예산안을 짜고 있는 거예요?

429
□ providence
[prɑ́vədəns]

명 섭리, 신의 뜻, 신

❖ by divine providence 신의 섭리로
❖ a visitation of Providence 천재(天災), 소명

430
□ orator
[ɔ́:rətər]

명 웅변가

❖ a stump orator 가두연설자
❖ She was an outstanding orator.
그녀는 탁월한 웅변가였다.

431
□ ancestor
[ǽnsestər/-səs-]

명 선조, 조상(↔descendant)

❖ be ancestor to ~의 조상이다
❖ His ancestors came from Spain.
그의 선조는 스페인 출신이다.
형 ancestral 조상의

432
□ organization
[ɔ̀:rgənizeiʃən]

명 조직, 단체

❖ the organization of a club 클럽의 조직
❖ a nonprofit organization 비영리 단체

433
□ **harmony** ㉮ 조화, 화합, 일치

[hɑ́:rməni]

❖ the harmony of colors 색채의 조화
❖ be out of harmony 조화되어 있지 않다

434
□ **region** ㉮ 지방, 지구

[rí:dʒən]

❖ a tropical region 열대 지방
❖ It seldom snows in this region.
이 지방은 좀처럼 눈이 안 온다.

435
□ **substance** ㉮ 실질, 실체, 내용

[sʌ́bstəns]

❖ the substance of his lecture
그의 강연의 실체
❖ substance and form 내용과 형식
㉯ in substance 실질적으로

436
□ **justice** ㉮ 정의, 공정

[dʒʌ́stis]

❖ dispense justice 정의를 행하다
❖ He fought for justice bravely.
그는 정의를 위해 용감하게 싸웠다.
❖ minister of justice 법무장관

437
□ **folk** ㉮ 민족, 서민 ㉱ 민속의

[fouk]

❖ folk culture 민속 문화
❖ Their folk dance is very strange.
그들의 민속춤은 매우 이상하다.

438
□ **everything** ㉮ 가장 중요한 것, 모든 것

[évriθìŋ]

❖ everything goes well 만사가 형통하다
❖ He talks as if he knew everything.
그는 마치 모두 알고 있는 것처럼 말한다.

439
□ **plea** ㉮ 탄원, 구실, 신청

[pli:]

❖ foreign plea 권한 외의 신청
❖ turn down[reject] a plea 탄원을 거절하다

440
□ responsibility ㉠ 책임, 의무

[rispɑ̀nsəbíləti/ -pɔ́n-]

❖ shirk one's responsibility 책임을 피하다
❖ The sole responsibility is mine.
책임은 오직 나에게 있다.

441
□ behavio(u)r ㉠ 행위, 태도

[bihéivjər]

❖ normal behavior 정상적인 행동
❖ Your behavior went to extremes.
네 행동은 도가 지나쳤다.
㉦ behave 행동하다

442
□ republic ㉠ 공화국, 공화정체

[ripʌ́blik]

❖ establish a republic
공화국을 수립하다
❖ Both those two got chosen to run in the Czech republic.
그 두 사람 다 체코 공화국 후보로 선출되었다.

443
□ scorn ㉠ 경멸, 비웃음, 냉소

[skɔːrn]

❖ scorn to tell a lie
거짓말하는 것을 수치로 여기다
❖ He is the scorn of his neighbors.
그는 이웃의 웃음거리다.

444
□ intercourse ㉠ 교제, 왕래

[ìntərkɔ́ːrs]

❖ social intercourse 사교
❖ friendly intercourse 우호 관계, 교우

445
□ compassion ㉠ 동정, 연민(pity)

[kəmpǽʃən]

❖ out of compassion 동정심에서
❖ The government hasn't shown much compassion for the sufferers.
정부는 피해자들에게 별로 동정을 보이지 않았다.

446
□ clue　명 단서, 실마리

[klu:]

❖ search for clues 단서를 찾다
❖ He is looking for clues in the woods.
그는 숲 속에서 단서들을 찾고 있다.

447
□ comment　명 주석, 논평　동 주석을 달다

[kámənt / kɔ́m-]

❖ comment on the original
원전에 주석을 달다
❖ No comment. 할 말이 없다.
명 commentary 주석

448
□ prosecution　명 실행, 수행, 기소, (the ~) 검찰 당국

[pràsəkjú:ʃən / pró-]

❖ the prosecution of research 조사 수행
❖ the prosecution and the defense
검찰측과 변호인측
명 prosecutor 검사

449
□ manuscript　명 필사본, 원고

[mǽnjuskrìpt]

❖ manuscript paper 원고지
❖ The book is still in manuscript.
그 책은 아직 원고대로 있다.

450
□ slang　명 은어, 속어

[slæŋ]

❖ slang expression 속어 표현
❖ college slang 학생 은어

Tip

comment 어원 com(함께)+ment(마음(에 걱정되는 것))
참고 a biting comment 신랄한 비평 no comment 드릴 말씀이 없습니다. 유의어 remark, input, commentary

Part I 16일 Point up

451
□ **ceremony** 명 의식, 의례

[sérəmòuni]

❖ a marriage ceremony 결혼식
❖ They performed a solemn ceremony.
그들은 엄숙한 의식을 거행했다.
형 ceremonial 의식적인

452
□ **somebody** 명 상당한 인물, 누군가

[sʌ́mbɑ̀di]

❖ somebody or other 누군지 모르지만
❖ Somebody left a towel on the floor.
누군가 타월을 바닥에 놔두었다.

453
□ **discipline** 명 훈련, 규율 동 훈련하다

[dísəplin]

❖ well-disciplined 잘 훈련된
❖ Discipline is strict in that school.
그 학교는 규율이 엄하다.

454
□ **meadow** 명 목초지, 풀밭

[médou]

❖ meadow land 목초지
❖ a floating meadow 침수가 잘되는 목초지

455
□ **domain** 명 영토, 영역

[do*u*méin]

❖ (right of) eminent domain 토지 수용권
❖ The island didn't belong to the king's domain. 그 섬은 왕의 영지에 속하지 않았다.
형 domanial 영지의

456
□ **temperance** 명 절제, 금주

[témpərəns]

❖ a temperance movement 금주운동
❖ a temperance pledge 금주의 맹세

457
□ **system** ㊔ 조직, 체계

[sístəm]

❖ a system of government 정치 조직
❖ The nation has a potent new weapons system.
그 나라는 강력한 새 무기 체제를 갖추고 있다.

458
□ **theme** ㊔ 주제, 제목, 테마

[θiːm]

❖ the main theme of discussions 토론의 주제
❖ the theme of the music 음악의 테마

459
□ **routine** ㊔ 일상 ㊕ 일상의

[ruːtíːn]

❖ daily routine 일과
❖ It's just routine stuff.
그냥 일상적인 것들이요.

460
□ **chaos** ㊔ 혼돈, 무질서

[kéiɑs / -ɔs]

❖ social chaos 사회적 무질서
❖ The political situation of the country is in chaos.
그 나라의 정국은 혼돈 상태에 있다.

461
□ **caricature** ㊔ 풍자만화

[kǽrikətʃùər]

❖ make a caricature 희화화하다
❖ He was drawing a caricature of the teacher.
그는 선생님을 풍자한 만화를 그리고 있었다.

462
□ **mechanism** ㊔ 기계(장치), 기구

[mékənìzəm]

❖ the mechanism of government 행정 기구
❖ Something is wrong with the mechanism of our refrigerator.
우리 냉장고의 기계 장치에 무언가 이상이 있다.

463
□ dignity ㊐ 위엄, 존엄

[dígnəti]

❖ a man of dignity 관록 있는 사람
❖ the dignity of labor 노동의 존엄성

464
□ shortage ㊐ 부족(= deficiency), 결핍(↔abundance)

[ʃɔ́ːrtidʒ]

❖ a shortage of cash 현금 부족
❖ a food shortage 식량난

465
□ challenge ㊐ 도전 ㊏ 도전하다

[tʃǽlindʒ]

❖ challenge to a duel 결투를 신청하다
❖ I accepted his challenge.
나는 그의 도전에 응했다.
㊔ challenging 도전적인

466
□ nobody ㊐ 보잘 것 없는 사람, 아무도~않다

[nóubàdi]

❖ He is just [mere] a nobody.
그는 정말 하찮은 사람이다.
❖ There was nobody there.
아무도 거기에 없었다.

467
□ regret ㊐ 후회 ㊏ 후회하다

[rigrét]

❖ feel regret for ~을 후회하다
❖ I regret having spent the money.
나는 그 돈을 쓴 것을 후회한다.
㊔ regrettable 유감스런

468
□ poverty ㊐ 가난(↔wealth), 빈곤

[pávərti / pɔ́v-]

❖ fall into poverty 가난해지다
❖ live in poverty 가난한 생활을 하다
㊔ poor 가난한, 빈곤한

469
□ garbage ㊐ 쓰레기, 찌꺼기

[gáːrbidʒ]

❖ a collection of garbage 쓰레기 더미
❖ The man is throwing some garbage.
남자가 약간의 쓰레기를 버리고 있다.

470
□ **torture** ⓜ 고문, 고뇌 ⓢ 고문하다, 고통을 주다

[tɔ́ːrtʃər]

- be tortured by neuralgia
  신경통으로 고생하다
- instruments of torture 고문 도구
  ⓜ torturer 고문하는 사람

471
□ **parliament** ⓜ 의회, 국회(=assembly)

[pɑ́ːrləmənt]

- convene a parliament 의회를 소집하다
- Parliament is up.
  의회가 폐회되었다.
  ⓗ parliamentary 의회의

472
□ **enterprise** ⓜ 기업, 진취적 기상

[éntərpràiz]

- a spirit of enterprise 기업열, 진취적인 기상
- government enterprise 관영 기업

473
□ **article** ⓜ 조항, 기사, 물품, 관사

[ɑ́ːrtikl]

- low-priced articles 저렴한 물품
- How's your article coming?
  당신 기사는 어떻게 되어가세요?

474
□ **mob** ⓜ 군중, 폭도

[mɑb / mɔb]

- a mob of angry workers 성난 노동자 무리
- mob psychology 군중 심리

475
□ **government** ⓜ 정치, 정부

[gʌ́vərnmənt]

- a government grant 정부의 보조
- The city government tries to help.
  시 정부는 도움을 주려고 노력하고 있다.

476
□ **anguish** ⓜ 고민, 고뇌

[ǽŋgwiʃ]

- in anguish 고뇌하여
- It causes him mental anguish.
  그것 때문에 번민한다.

477
□ mercy ㊐ 자비

[mə́ːrsi]

❖ for mercy 제발, 불쌍히 여겨서
❖ He is a stranger to mercy.
그는 눈물도 인정도 없는 녀석이다.
㊒ merciful 자비로운

478
□ activity ㊐ 활동

[æktívəti]

❖ social activities 사회 활동
❖ All of these are the result of humankind's activities.
이 모든 것은 인간이 활동한 결과이다.
㊒ active 활동적인

479
□ cottage ㊐ 오두막, 작은집

[kɑ́tidʒ / kɔ́t-]

❖ a cottage nestling in a grove
숲으로 둘러싸인 시골집
❖ He lives in the yonder cottage.
그는 저쪽에 있는 오두막집에 산다.

480
□ scent ㊐ 향기(= smell, fragrance) ㊍ 냄새 맡다

[sent]

❖ have (a) scent 냄새 자취를 따르다
❖ A powerful scent is permeating the room.
독한 냄새가 방 안에 배어 있다.

Tip

scent **어법** 보통 a[the] scent는 동물 · 사람 등이 지나간 뒤에 남기는 냄새이다. **참고** off the scent 냄새를 잃고, 단서를 잃고
유의어 aroma, fragrance, perfume

Part I 17일 Point up

481
□ monotony ⓜ 단조로움

[mənɑ́təni]

❖ break the monotony 단조로움을 깨다
❖ The monotony of the man's voice was irritating.
그 남자 목소리의 단조로움은 짜증을 돋군다.
㊕ monotonously 단조롭게

482
□ protest ⓜ 항의, 주장 ⓢ 항의하다, 주장하다

[prətést]

❖ in protest 항의하여
❖ He protested his innocence.
그는 자신이 결백하다고 항변했다.

483
□ vigor ⓜ 활력, 원기

[vígər]

❖ vim and vigor 정력
❖ lose one's vigor 활기를 잃다

484
□ stage ⓜ 무대, 단계

[steidʒ]

❖ a revolving stage 회전 무대
❖ at this stage 이 단계에서
❖ be on the stage 무대에 서다

485
□ menace ⓜ 협박 ⓢ 위협하다

[ménəs/-nis]

❖ a menace to world peace
세계 평화에 대한 위협
❖ menace a person with immediate dismissal
(사람을) 당장 해고하겠다고 위협하다

486
□ **ravage** ㊔ 황폐, 파괴 ㊕ 황폐해지다

[rǽvidʒ]

❖ the ravages of war 전화(戰禍)
❖ The building was secure from ravage by fire.
그 건물은 불의 파괴로부터 안전했다.

487
□ **castle** ㊔ 성(城)

[kǽsl / kɑ́:sl]

❖ build a castle 성을 쌓다
❖ The village boasts of a fine castle.
그 마을에는 훌륭한 성이 있다.

488
□ **facility** ㊔ 설비, 시설

[fəsíləti]

❖ a new research facility
새로운 연구 설비
❖ The town lacks amusement facilities.
그 도시에는 오락 시설이 없다.
㊖ facile 손쉬운 / ㊕ facilitate 쉽게 하다

489
□ **heaven** ㊔ 하늘, 천국

[hévən]

❖ be in heaven 천국에 계시다
❖ This is a heaven on earth.
이곳은 지상의 낙원이다.

490
□ **cowardice** ㊔ 겁, 비겁, 소심

[káuərdis]

❖ They reproached him for cowardice.
그들은 그가 비겁하다고 비난했다.
❖ Cowardice means lack of courage.
비겁이란 용기의 부족을 의미한다.

491
□ **match** ㊔ 성냥, 경기(=game) ㊕ 필적하다, 어울리다

[mætʃ]

❖ a tennis match 테니스 경기
❖ I am no match for you.
너에게는 당할 수가 없다.

492
□ **tendency** ㊔ 경향, 추세

[téndənsi]

- an upward tendency in business
경기의 상승 경향
- She has a tendency to talk too much.
그녀는 말을 너무 많이 하는 경향이 있다.

493
□ **adult** ㊔ 성인 ㊕ 성인의

[ədʌ́lt/ǽdʌlt]

- an adult person 성인
- adult behavior 어른스러운 행동

494
□ **disgrace** ㊔ 불명예, 치욕

[disgréis]

- be a disgrace to ~의 망신이다
- It brings disgrace upon our family.
그것은 우리 가문에 불명예스러운 일이다.

495
□ **oath** ㊔ 맹세, 서약

[ouθ]

- a false oath 거짓 맹세
- the oath of a juror 배심원의 선서

496
□ **donation** ㊔ 기부(금), 기증, 증여

[dounéiʃən]

- give a donation 기부금을 보내다
- The woman is taking the children's donations.
여자는 아이들의 기부금을 가지고 있다.

497
□ **conference** ㊔ 회의, 협의, 논의

[kɑ́nfərəns/kɔ́n-]

- a conference on disarmament 군축 회의
- The man is holding a conference.
남자가 회의를 열고 있다.
- news conference 기자회견

㊂ confer 수여하다

498
□ **decree** ㊔ 명령, 포고 ㊂ 명령하다, 포고하다

[dekríː]

- a decree that slavery be abolished
노예제도 폐지 법령

❖ The opposition party declared the new decree null and void.
야당은 새 포고령이 법적으로 무효라고 선언했다.

499
□ **luxury** 명 **사치품, 호사**
[lʌ́kʃəri]
❖ a life of luxury 사치스런 생활
❖ They live in luxury.
그들은 호화롭게 살고 있다.

500
□ **tragedy** 명 **비극**
[trǽdʒədi]
❖ a tragedy king 비극 배우
❖ the tragedy of war
전쟁이라고 하는 비참한 참사

501
□ **hygiene** 명 **위생**
[háidʒiːn]
❖ keep up personal hygiene
개인적인 위생을 지키다
❖ We have to care about public hygiene, too. 우리는 공중위생 또한 주의해야 한다.

502
□ **revenue** 명 **소득(=income), 세입**
[révənjùː]
❖ the public revenue 국고 세입
❖ The government was short of revenues.
그 정부는 세입이 부족했다.

503
□ **plague** 명 **전염병** 동 **전염병에 걸리다, 괴롭히다**
[pleig]
❖ a plague spot 전염병 유행지
❖ They fled the town because of the plague.
그들은 전염병 때문에 그 마을에서 떠났다.

504
□ **hell** 명 **지옥**
[hel]
❖ the torture of hell 지옥의 괴로움
❖ make one's life a living hell
생지옥 같은 생활을 하다

505
□ **miracle** ⓜ 기적, 경이

[mírəkl]

❖ the miracles of Christ 그리스도의 기적
❖ a miracle of skill 경이적인 기술

506
□ **prophecy** ⓜ 예언, 예언서

[práfəsi / prɔ́-]

❖ the gift of prophecy 예언의 재능
❖ His prophecy has come true.
그의 예언이 들어맞았다.

507
□ **hand** ⓜ 일꾼, 솜씨, 필적, ~쪽

[hænd]

❖ an old hand 노련한 사람
❖ His hand is out.
그는 솜씨가 서투르다.

508
□ **temperament** ⓜ 기질, 성질

[témpərəmənt]

❖ a cold temperament 냉담한 성질
❖ a person of artistic temperament
예술가 기질의 사람

509
□ **logic** ⓜ 논리학

[ládʒik / lɔ́dʒ-]

❖ formal logic 형식 논리학
❖ I cannot follow her logic.
나는 그녀의 논리를 따를 수 없다.

510
□ **capacity** ⓜ 능력, 수용력 ⓗ 최대한의

[kəpǽsəti]

❖ the capacity of a metal for retaining heat
금속의 열 보유력
❖ She has enough capacity to do this job.
그녀는 이 일을 너끈히 해낼 능력이 있다.
ⓗ capable 유능한

Part I 18일 Point up

511
□ tomb ㊞ 무덤(grave), 묘

[tuːm]

- in front of a tomb 묘전에
- The tomb is very dark. 무덤이 아주 어둡다.

㊌ entomb 매장하다

512
□ anachronism ㊞ 시대착오

[ənǽkrənìzəm]

- His ideas are nothing but an anachronism.
  그의 착상은 시대착오에 지나지 않는다.

513
□ shame ㊞ 수치, 치욕

[ʃeim]

- in shame 부끄러워하여
- be without shame 수치를 모르다

514
□ conspiracy ㊞ 음모, 공모

[kənspírəsi]

- be party to a conspiracy 음모에 가담하다
- The three men are accused of conspiracy.
  그 세 사람은 음모를 꾸민 혐의로 기소됐다.

515
□ myth ㊞ 신화

[miθ]

- the Greek myths 그리스 신화
- Most societies have their own creation myths.
  대부분의 사회에는 그들 나름의 창조 신화가 있다.

516
□ continent ㊞ 대륙, 본토

[kάntənənt]

- on the European Continent
  유럽 대륙에서는
- Asia and Africa are the two biggest continents.
  아시아와 아프리카는 가장 큰 두 대륙이다.

517
□ **might** ㊔ 힘, 권력

[mait]

❖ by might 완력으로
❖ Might is right. 힘이 정의다.
㊒ mighty 강력한

518
□ **career** ㊔ 직업, 출세, 성공(=occupation) ㊒ 직업적인

[kəríər]

❖ enter upon a business career 실업계에 투신하다
❖ a career diplomat 직업 외교관
❖ career opportunities 취업 기회

519
□ **explanation** ㊔ 설명

[èksplənéiʃən]

❖ by way of explanation 설명으로서
❖ give an explanation for ~의 이유를 설명하다
㊐ explain 설명하다

520
□ **eloquence** ㊔ 웅변, 능변

[éləkwəns]

❖ fiery eloquence 열변
❖ with eloquence 달변으로

521
□ **miser** ㊔ 구두쇠, 수전노

[máizər]

❖ an awful miser 지독한 구두쇠
❖ We call a man like him a miser. 저런 사람을 가리켜 구두쇠라고 한다.

522
□ **expansion** ㊔ 확장, 팽창

[ikspǽnʃən]

❖ the rate of expansion 팽창률
❖ the expansion of armaments 군비 확장
㊐ expand 확장하다

523
□ **advertisement** ㊔ 광고

[ӕdvərtáizmənt]

❖ an advertisement for a situation 구직 광고

❖ put an advertisement in a newspaper
신문에 광고를 내다

524
□ **accordance** 명 일치, 조화
[əkɔ́ːrdəns]
❖ in accordance with
~에 따라서, ~와 일치하여, ~대로
❖ out of accordance with
~에 따르지 않고, ~와 일치하지 않고

525
□ **fault** 명 결점, 잘못
[fɔːlt]
❖ commit a fault 과실을 범하다
❖ Please overlook his fault just this time.
이번 한 번만 그의 잘못을 봐주십시오.

526
□ **hazard** 명 위험, 우연 동 위험을 무릅쓰다
[hǽzərd]
❖ at hazard 운에 맡기고
❖ Have you reported this hazard to a supervisor?
관리자에게 이 위험을 보고했는가?

527
□ **horror** 명 공포
[hɔ́ːrər/hɑ́r-]
❖ a horror movie 공포 영화
❖ shrink back in horror
공포로 뒷걸음질 치다

528
□ **life** 명 생물, 실물, 전기, 활기, 인생
[laif]
❖ the vicissitudes of life 인생의 우여곡절
❖ The national economy showed signs of life.
국가 경제가 활기를 띠었다.

529
□ **output** 명 생산량, 출력
[áutpùt]
❖ output data 출력 자료
❖ The man is stepping up his output.
남자는 자신의 생산량을 늘리고 있다.

530
□ dialect ㊔ 방언, 사투리 ㊢ 방언의

[dáiəlèkt]

❖ speak in dialect 사투리로 말하다
❖ She speaks a broad Gyeongsang-do dialect.
그 여자는 순전히 경상도 사투리를 쓴다.

531
□ muscle ㊔ 근육, 완력

[mʌ́sl]

❖ a man of muscle 완력이 있는 사람
❖ Physical exercises develop muscle.
체조는 근육을 발달시킨다.
❖ facial muscle 얼굴 근육

532
□ pastime ㊔ 오락, 기분전환

[pǽstàim/pɑ́ːs-]

❖ as a pastime 기분풀이로
❖ Reading is a good pastime.
독서는 좋은 오락이다.

533
□ conquest ㊔ 정복, 획득

[kɑ́ŋkwest/kɔ́ŋ-]

❖ make a conquest of ~을 정복하다
❖ Win by destroying all enemies in military conquest.
모든 적을 무력으로 정복하면 승리합니다.
㊗ conquer 정복하다

534
□ minister ㊔ 장관, 성직자 ㊗ 봉사하다

[mínistər]

❖ The Minister for Defense 국방 장관
❖ minister to the sick 환자를 돌보다

535
□ attitude ㊔ 태도, 마음가짐

[ǽtitjùːd]

❖ modest attitude 겸손한 태도
❖ His attitude is nauseating.
그의 태도는 구역질이 난다.
㊔ posture 자세

536
□ pattern ㊔ 모범, 모형

[pǽtərn]

❖ set the pattern 모범을 보이다
❖ an antique pattern 고대 모형

537
□ unemployment ㊔ 실업, 실직

[ʌ̀nimplɔ́imənt]

❖ push unemployment down
실업률을 낮추다
❖ unemployment benefit 실직 수당

538
□ obstacle ㊔ 장애물, 방해물

[ɑ́bstəkl / ɔ́b-]

❖ an obstacle to success 성공의 장애물
❖ raise an obstacle 장애물을 설치하다, 방해하다

539
□ role ㊔ 역할, 소임

[roul]

❖ the teacher's role in society
사회에서의 교사의 역할
❖ He played a vital role.
그는 중요한 역할을 했다.
㊔ role model 역할 모델

540
□ essay ㊔ 수필, 시도 ㊕ 해보다

[ései]

❖ make an essay to assist a friend
친구를 도우려 하다
❖ He essayed escape.
그는 도주를 시도했다.

Tip

attitude **어원** atti(적합한)+tude(상태)→(몸의) 자세→심적 태도
참고 an attitude of mind 심적 태도, 마음가짐
유의어 mental attitude, position, posture

Part I 19일 Point up

541
□ **magic** ㊔ 마술(의), 마력(의)
[mǽdʒik]
- a magic box 마법의 상자
- the magic of fame 명예가 지닌 마력

542
□ **ecstasy** ㊔ 무아의 경지, 황홀
[ékstəsi]
- a state of ecstasy 황홀경
- She was thrown into ecstasy.
  그 여자는 황홀해졌다.

543
□ **siege** ㊔ 포위 공격
[siːdʒ]
- stand a long siege 오랜 포위 공격에 견디다
- They laid siege to the city.
  그들은 그 시를 포위 공격했다.

544
□ **glance** ㊔ 반짝임, 섬광 ㊍ 얼핏보다
[glæns/glɑːns]
- glance about 주위를 흘긋 보다
- steal a glance at a person's watch
  시계를 힐긋 훔쳐보다

545
□ **merit** ㊔ 장점, 공적
[mérit]
- make a merit of ~을 자랑하다
- Frankness is one of his merits.
  솔직함은 그의 장점의 하나다.
  ㊖ meritorious 공적 있는

546
□ **barrier** ㊔ 울타리, 방벽 ㊍ 울타리로 둘러싸다
[bǽriər]
- a language barrier 언어 장벽
- The man is untying the barrier.
  남자가 장애물을 해체하고 있다.

547
□ talent ㉕ 재주, 재능

[tǽlənt]

- a man of no talent 무능한 사람
- have a talent for music
  음악의 재능이 있다
  ㉖ talented 재주있는

548
□ lot ㉕ 운명, 제비, 토지, 많음

[lɑt / lɔt]

- cast in one's lot 운명을 같이하다
- There are a lot of stones and sand.
  많은 돌과 모래들이 있다.

549
□ arithmetic ㉕ 산수, 셈

[əríθmətik]

- in mental arithmetic 암산으로
- She surpassed me in arithmetic.
  그녀는 산수에서 나를 능가했다.

550
□ origin ㉕ 기원, 태생

[ɔ́:rədʒin]

- the origin of civilization 문명의 기원
- He is a Dane by origin.
  그는 덴마크 태생이다.
  ㉖ original 본래의 독창적인

551
□ barometer ㉕ 기압계, 지표

[bərɑ́mitər]

- a marine barometer 선박용 기압계
- A barometer is used to measure the pressure of the atmosphere.
  기압계는 기압을 재는 데 이용된다.

552
□ armament ㉕ 군비

[ɑ́:rməmənt]

- reduce armaments 군비를 축소하다
- They accelerated the expansion of armaments.
  그들은 군비 확장을 가속화했다.

553
□ **misery** ㉿ 비참, 불행

[mízəri]

❖ live in misery 비참하게 살다
❖ miseries of mankind 인류의 불행

554
□ **aim** ㉿ 목적(=objective), 계획(=goal)

[eim]

❖ the aim of life 인생의 목적
❖ We took aim at the pine tree and fired.
우리는 소나무를 목표로 사격했다.

555
□ **fluid** ㉿ 액체 ⓗ 유동성의

[flúːid]

❖ fluid substances 유동 물질
❖ Water and oil are fluids.
물과 기름은 액체다.

556
□ **majesty** ㉿ 존엄, 권위

[mǽdʒəsti]

❖ with majesty 위엄 있게
❖ the majesty of the law 법의 권위

557
□ **vein** ㉿ 혈관, 광맥, 기질, 기분

[vein]

❖ a poetic vein 시인 기질
❖ strike a vein of ore 광맥을 찾아내다
ⓗ venous 정맥의

558
□ **insight** ㉿ 통찰, 통찰력

[ínsàit]

❖ have an insight into ~의 통찰력이 있다
❖ She has a subtle insight.
그녀는 예민한 통찰력이 있다.
❖ a man of insight 통찰력이 있는 사람

559
□ **chance** ㉿ 가능성, 운, 기회 ⓓ 우연히~하다

[tʃæns / tʃɑːns]

❖ a good chance 좋은 기회
❖ Give me another chance.
한 번 더 기회를 주십시오.

560
□ astronomy ⓜ 천문학, 성학

[əstrάnəmi]

❖ an authority on astronomy
천문학의 권위자
❖ Astronomy is difficult for us.
천문학은 우리에게 어렵다.
㉠ astronomical 천문학의

561
□ modesty ⓜ 겸손, 겸양

[mάdəsti / mɔ́d-]

❖ the virtue of modesty 겸양의 미덕
❖ You carry modesty too far.
자넨 지나치게 겸손해.
㉠ modest 겸손한

562
□ despair ⓜ 절망 ⓓ 절망하다

[dispέər]

❖ an act of despair 자포자기 행위
❖ Don't despair.
절망하지 마십시오.
㉠ desperate 절망적인

563
□ union ⓜ 결합, 일치, 합동

[jú:njən]

❖ union of two towns into one
두 마을의 병합
❖ a happy union 행복한 결혼

564
□ leave ⓜ 허가, 휴가 ⓓ ~하게두다, 떠나다

[li:v]

❖ six months' leave 6개월의 휴가
❖ When do you intend to leave?
언제 떠나려는가?

565
□ allowance ⓜ 용돈, 허가, 승인

[əláuəns]

❖ earn an allowance 용돈을 타다
❖ He conned me out of my allowance.
그는 내 용돈을 속여서 빼앗았다.
ⓓ allow 허락하다

566
□ **sword** ㊔ 검(劍), 무력

[sɔːrd]

❖ with a stretch of the sword 단칼에
❖ The pen is mightier than the sword.
펜은 칼보다 강하다.

567
□ **glory** ㊔ 영광, 명예

[glɔ́ːri]

❖ win glory 명예를 얻다
❖ Glory be to God.
신에게 영광 있으라.
㊖ glorious 영광스러운

568
□ **globe** ㊔ 지구

[gloub]

❖ the terrestrial globe 지구
❖ He has traveled all around the globe.
그는 지구 곳곳을 여행했다.

569
□ **process** ㊔ 경과, 과정

[prɑ́ses / próu-]

❖ a process of development 발전 과정
❖ Enjoy the process, not just the goal.
목표를 위해서만이 아닌 과정을 즐겨라.
㊐ proceed 나아가다

570
□ **conclusion** ㊔ 결말, 결론

[kənklúːʒən]

❖ form a conclusion 결론을 내다
❖ I didn't agree with the conclusion.
그 결과에 동의하지 않아요.
㊐ conclude 끝내다

Tip

conclusion **참고** 이야기 · 견해 등의 끝맺음이다. at the conclusion of the ceremony 의식 끝에 **반의어** beginning
유의어 end, closing, decision

Part I 20일 Point up

571
□ fable 명 우화, 꾸며낸 이야기
[féibl]
- Aesop's Fables 이솝 우화
- He regarded it as a mere fable.
  그는 그것을 단지 꾸며낸 것으로 생각했다.

572
□ skill 명 숙련, 노련
[skil]
- a man of skill 노련한 사람
- dance with skill 능숙하게 춤추다

573
□ fast 명 단식(종교상의) 형 빠른 부 (잠을)깊게
[fǽst / fɑːst]
- break one's fast 단식을 그치다
- A clever boy learns fast.
  영리한 아이는 빨리 배운다.

574
□ circumstance 명 환경, 사정
[sə́ːrkəmstæ̀ns]
- adapt oneself to circumstances
  환경에 순응하다
- She lives in good circumstances.
  그녀는 좋은 환경에서 산다.

575
□ revolt 명 반란, 혐오 동 반역하다, 불쾌감을 느끼다
[rivóult]
- revolt from eating meat 고기를 싫어하다
- People revolted against their rulers.
  민중은 지배자들에 대하여 반란을 일으켰다.
  형 revolted 반란을 일으킨

576
□ campaign 명 (선거)운동, 전쟁
[kæmpéin]
- mount a campaign 선거 운동을 하다
- They had a campaign against smoking.
  그들은 금연 운동을 벌였다.

577
□ agriculture ⓜ 농업

[ǽgrikʌ̀ltʃər]

❖ engage in agriculture 농업에 종사하다
❖ Agriculture is the first industry.
농업은 1차 산업이다.
ⓗ agricultural 농업의

578
□ pressure ⓜ 압력, 압박

[préʃər]

❖ mental pressure 정신적 압박감
❖ give pressure to ~에 압력을 가하다

579
□ instrument ⓜ 기구, 수단, 도구

[ínstrəmənt]

❖ physical instruments 물리학 기구
❖ He was hit with a blunt instrument.
그는 무딘 도구로 맞았다.
ⓗ instrumental 기계의

580
□ maxim ⓜ 격언, 금언

[mǽksim]

❖ copybook maxims 진부한 격언
❖ What do think about this maxim?
이 격언을 어떻게 생각하니?

581
□ generosity ⓜ 관대, 너그러움

[dʒènərásəti]

❖ Bless you for your generosity.
당신의 자비로움에 신의 은총이 있기를 바랍니다.
❖ He flung himself on my generosity.
그는 나의 관대함에 매달렸다.
ⓗ generous 관대한

582
□ risk ⓜ 위험(=danger) ⓓ 위험을 무릅쓰다

[risk]

❖ take a needless risk
쓸데없는 위험을 무릅쓰다
❖ Mountain climbing involves great risks.
등산에는 큰 위험이 따른다.
ⓗ riskful 위험이 많은

583
□ patience　명 인내
[péiʃəns]
- a man of great patience 참을성이 강한 사람
- Have patience! 참아라!
  형 patient 인내심이 강한

584
□ universe　명 우주, 전세계
[júːnəvə̀ːrs]
- the mysterious universe 신비에 싸인 우주
- The universe is theoretically infinite. 우주는 이론적으로 무한하다.

585
□ disciple　명 제자, 문하생
[disáipl]
- master and disciple 스승과 제자
- They were Jesus and his twelve disciples. 그들은 예수와 그의 열 두 제자였다.

586
□ standpoint　명 입장, 견지
[stǽndpɔ̀int]
- from a commonsense standpoint 상식적 견지에서
- define[state] one's standpoint 입장을 천명하다

587
□ pessimist　명 비관론자
[pésəmist]
- a pessimist 염세주의자
- One of them was an optimist, and the other was a pessimist. 그들 중 하나는 낙관론자이고 하나는 비관론자이다.

588
□ canal　명 운하
[kənǽl]
- the Suez Canal 수에즈 운하
- The use of canals may have changed over the past two centuries. 운하의 용도는 지난 2세기 동안 변천되어 왔을 것이다.

589
□ criticism ㉮ 비평, 비판

[krítisìzəm / -təsizm]

❖ a pertinent criticism 적절한 비평
❖ His work is beyond criticism.
그의 작품은 비평의 여지가 없다.
㉮ critic 비평가 / ㉯ criticize 비평하다

590
□ quality ㉮ 질, 특질, 성질

[kwɑ́ləti / kwɔ́l-]

❖ of good quality 질이 좋은
❖ Quality is more important than quanity.
양보다 질이 중요하다.

591
□ playwright ㉮ 극작가, 각본가

[pléiràit]

❖ a playwright 극작가
❖ The playwright fleshed out the story.
극작가는 이야기에 살을 붙였다.

592
□ perspective ㉮ 원근, 견해, 시각(=view)

[pəːrspéktiv]

❖ out of perspective 원근법에서 벗어나
❖ from a historical perspective
역사적인 관점에서

593
□ confidence ㉮ 신용, 신뢰, 자신

[kɑ́nfədəns/ -fidəns]

❖ be full of confidence 자신만만하다
❖ He is full of confidence.
그는 자신감에 차 있다.
㉰ confident 자신감 있는

594
□ technology ㉮ 과학기술, 공예학

[teknɑ́lədʒi/-nɔ́l-]

❖ modern technology 현대 기술
❖ core technology 핵심 기술

595
□ fancy ㉮ 공상, 좋아함, 별남 ㉯ 생각하다

[fǽnsi]

❖ a creature of fancy 공상의 동물

❖ I have a fancy that he will not come.
그가 올 것 같지 않은 예감이 든다.

596
□ **rear** ⓜ **배후** ⓓ **기르다, 세우다**

[riər]

❖ at the rear of ~의 배후에
❖ rear[bring up] a child 애를 기르다

597
□ **skyscraper** ⓜ **고층건물**

[skáiskrèipər]

❖ the cityscape of skyscrapers
초고층 건물의 도시 풍경
❖ an imposing skyscraper
어마어마한 고층 건물

598
□ **tool** ⓜ **도구, 연장** ⓓ **도구로 만들다**

[tuːl]

❖ an awkward tool 다루기 힘든 도구
❖ An axe is a tool used to cut down trees.
도끼는 나무를 자르는 데 사용되는 도구이다.

599
□ **equator** ⓜ **적도**

[ikwéitər]

❖ right on the equator 적도 직하에서
❖ equatorial current 적도 해류

600
□ **weapon** ⓜ **무기**

[wépən]

❖ defensive weapon 방어용 무기
❖ women's weapons, waterdrops
여자의 무기인 눈물
ⓗ weaponed 무기를 지닌

Tip

quality **어원** qua(어떤 종류의)+ity(~인점) **참고** a family of quality 고귀한 집안 **유의어** quality, character, character, property

Part I 21일 Point up

601
□ basis ㊐ 기초, 토대

[béisis]

❖ on the basis of ~을 기초로 하여

❖ Love is the basis of education.
사랑은 교육의 기본이다.

㊒ basic 기본적인

602
□ monument ㊐ 기념비, 기념물

[mánjumənt]

❖ an ancient monument 고대 기념물

❖ The flag is tied to the monument.
깃발이 기념비에 묶여 있다.

㊒ monumental 기념비의

603
□ apparatus ㊐ 기구, 기계

[æ̀pəréitəs]

❖ a heating apparatus 난방 기구

❖ This is a handy apparatus.
이것은 편리한 기계다.

604
□ truce ㊐ 휴전, 정전

[truːs]

❖ a flag of truce 휴전의 백기

❖ agree on a truce 정전에 동의하다

605
□ game ㊐ 경기, 시합, 사냥감

[geim]

❖ a baseball game 야구 경기

❖ Which team won the game?
그 경기에서 어느 팀이 이겼어?

606
□ enthusiasm ㊐ 열심, 열중, 열광

[enθúːziæ̀zəm]

❖ enthusiasm for (music) (음악)열

㊒ enthusiastic 열렬한

607
□ **income** 명 수입, 소득(↔expenditure)
[ínkʌm]
❖ a gross income 총수입
❖ Expenses outran income.
지출이 수입을 초과했다.

608
□ **structure** 명 구조, 건조물
[strʌ́ktʃər]
❖ the inner structure 내부 구조
❖ It is complicated in structure.
그것은 구조가 복잡하다.
형 structural 구조상의

609
□ **quantity** 명 질, 다량
[kwάntəti]
❖ quantity production 대량생산
❖ There is only a small quantity left.
조금밖에 안 남았다.
명 quality 품질

610
□ **reverie** 명 환상(幻想), 공상
[révəri]
❖ fall into reverie 공상에 잠기다
❖ be lost in reverie 몽상에 잠기다

611
□ **nuisance** 명 방해물, 성가신 것
[njúːsns]
❖ a private nuisance 사적 불법 방해
❖ Flies are a nuisance.
파리란 성가신 놈이다.

612
□ **mode** 명 방법, 양식
[moud]
❖ a strange mode of life 색다른 생활 방식
❖ They had a special mode of life.
그들은 특별한 생활양식을 가지고 있었다.

613
□ **biography** 명 전기
[baiάgrəfi-]
❖ the biographies of the saints of all sects 여러 성인의 열전

❖ Do you prefer biography or fiction?
당신은 전기를 좋아합니까 아니면 소설을 좋아합니까?

614
□ commerce ⓜ 상업

[kámə:rs / kɔ́m-]

❖ be engaged in commerce 상업에 종사하다
❖ America holds the first rank in the world for commerce.
미국은 상업에 있어 세계 제일의 나라이다.
㉻ commercial 상업의

615
□ cave ⓜ 동굴 ⓓ 동굴파다

[keiv]

❖ the cave period 동굴 주거 시대
❖ The snake coiled up in the cave.
뱀이 동굴 속에서 몸을 감고 있었다.

616
□ resistance ⓜ 저항, 반항

[rizístəns]

❖ a stubborn resistance 완강한 저항
❖ His resistance hardened.
그의 저항은 강해졌다.
ⓓ resist 저항하다

617
□ mixture ⓜ 혼합(물)

[míkstʃər]

❖ with a mixture of sorrow and anger
슬픔과 노여움이 뒤섞여
❖ It involves a mixture of water, salt, and sugar.
거기에는 물 · 소금 · 설탕의 혼합물이 포함된다.

618
□ fortune ⓜ 부, 재산, 재물

[fɔ́:rtʃən]

❖ retrieve[regain] one's fortune
재산을 회복하다
❖ He left a great fortune to his son.
그는 아들에게 막대한 재산을 남겼다.

619
□ vehicle ⓜ 탈것, 차량, 매개물, 전달수단

[ví:ikl/ví:hi-]

- Air is the vehicle of sound.
  공기는 소리의 매질이다.
- space vehicles 우주선
- commercial vehicle 영업용 자동차

620
□ opponent ⓜ 적, 적수

[əpóunənt]

- a political opponent 정적
- a good opponent 걸맞는 적수
  ㊇ opposingly 대항하여

621
□ peril ⓜ 위험, 모험

[pérəl]

- in the hour of peril 위험한 때
- She is in mortal peril.
  그녀는 생명이 위험하다.
- by the peril of my soul 맹세코

622
□ defiance ⓜ 도전, 무시

[difáiəns]

- in defiance of ~을 무시하여
- Do we learn science in defiance of faith?
  우린 믿음에 대한 도전으로 과학을 배우는가?

623
□ ground ⓜ 이유, 근거, 운동장

[graund]

- on good grounds 상당한 이유로
- Schoolboys are playing football on the ground.
  남학생들이 운동장에서 축구를 하고 있다.

624
□ aristocracy ⓜ 귀족정치(사회)

[æ̀rəstάkrəsi]

- belong to the English aristocracy
  영국 귀족의 혈통이다
- Dukes and earls were members of the aristocracy.
  공작과 백작은 귀족 사회의 일원이었다.

625
□ want ⓜ 부족 ⓢ 필요로하다, 부족하다, 원하다

[wɔːnt/wɑnt]

❖ live in want 가난한 생활을 하다
❖ We want a small house.
우리는 조그만 집을 원한다.

626
□ spur ⓜ 박차 ⓢ 박차를 가하다

[spəːr]

❖ Time to spur growth
지금은 성장에 박차를 가해야 할 시점
❖ The rider spurred his horse on.
기수는 자기 말에 박차를 가했다.

627
□ outcome ⓜ 결과, 성과

[áutkʌ̀m]

❖ the outcome of the election 선거의 결과
❖ Our fortune lies upon the outcome.
우리의 운명은 그 결과에 달려 있다.

628
□ aid ⓜ 도움 ⓢ 도와주다

[eid]

❖ aid war victims 전쟁 피해자를 원조하다
❖ She aided me to cook.
그녀는 내가 요리하는 것을 거들어 주었다.

629
□ feat ⓜ 공적, 위업

[fiːt]

❖ a feat of arms 무훈
❖ Headlines blazed the Apollo feat.
신문의 표제가 아폴로의 위업을 알렸다.

630
□ convenience ⓜ 편리, 편의

[kənvíːnjəns]

❖ for the sake of convenience 편리상
❖ You can pick up the ticket at your convenience.
편리한 때에 티켓을 가져갈 수 있습니다.
ⓗ convenient 편리한

Part I 22일 Point up

631
□ **peculiarity** ⓜ 특색, 버릇
[pikjù:liǽrəti]
❖ peculiarities of speech 말버릇
❖ Each city has its own peculiarities.
각 도시는 나름대로의 특성을 가지고 있다.

632
□ **craft** ⓜ 기능, 공예, 배, 비행기
[kræft/krɑ:ft]
❖ crafted products 공예품, 세공품
❖ a cargo craft[plane] 화물 수송기
❖ handi-craft 수공예

633
□ **conception** ⓜ 개념, 생각
[kənsépʃən]
❖ a grand conception 웅대한 구상
❖ have no conception of ~을 도무지 모르다
동 conceive 마음에 품다

634
□ **livelihood** ⓜ 생계, 살림
[láivlihùd]
❖ eke out a scant livelihood
가난한 살림을 꾸려 나가다
❖ He wrote for a livelihood.
그는 생계를 위해 글을 썼다.

635
□ **gravity** ⓜ 진지함, 인력, 중력
[grǽvəti]
❖ the law of gravity 중력의 법칙
❖ Gravity is a natural phenomenon.
중력은 자연 현상이다.

636
□ **fiction** ⓜ 소설, 꾸며낸이야기
[fíkʃən]
❖ science fiction 공상 과학 소설
❖ read fiction 소설을 읽다
형 fictitious 가공의

637
□ **fuel** 명 연료 동 연료를 공급하다

[fjú:əl]

❖ nuclear fuel 핵연료

❖ Petrol is no longer a cheap fuel.
석유는 더 이상 싼 연료가 아니다.

638
□ **line** 명 직업, 전공, 방침, 선 동 나란히 서다

[lain]

❖ line up along the street
길가에 늘어서다

❖ Draw two lines on the paper.
종이에 선을 두 개 그어라.

639
□ **expert** 명 전문가(= specialist, ↔amateur)

[ékspə:rt]

❖ an expert at skiing 스키의 명수

❖ an expert surgeon 외과 전문 의사

640
□ **opportunity** 명 기회(= chance), 행운

[àpərtjú:nəti]

❖ equality of opportunity 기회 균등

❖ I have little opportunity for making a trip.
여행할 기회가 거의 없다.
형 opportune 시기가 좋은

641
□ **average** 명 평균치 형 평균의, 보통의, 평범한

[ǽvəridʒ]

❖ the average temperature 평균 기온

❖ His score was above average.
그의 점수는 평균 이상이었다.

642
□ **hardship** 명 고난(= suffering), 곤경(= distress)

[há:rdʃip]

❖ the years of hardship
고난의 시기

❖ Hardship warped his disposition.
고난으로 그의 성질이 비뚤어졌다.

643
□ **treaty** 명 조약, 협정

[trí:ti]

❖ a peace treaty 평화 조약

❖ The treaty made for peace.
그 조약은 평화를 조장했다.
❖ treaty violation 조약 불이행

644
□ patent 명 특허, 명백 형 특허의, 명백한
[pǽtənt/péit-]
❖ a patent mistake 명백한 잘못
❖ take out a patent for an invention
발명품의 특허를 취득하다

645
□ identity 명 정체, 주체성
[aidéntəti]
❖ admit one's identity 신원을 밝히다
❖ The person's identity has not been established. 신원미상이다.
❖ identity card 신분증명서

646
□ wage 명 임금, 급료 동 수행하다
[weidʒ]
❖ living wages 생활에 필요한 최저 임금
❖ demand higher wages[a wage hike]
노동 임금의 인상을 요구하다

647
□ detail 명 상세 동 상세히 말하다
[díːteil/ditéil]
❖ give a full detail of ~을 상세히 설명하다
❖ in minute detail 아주 상세하게

648
□ forest 명 숲, 산림
[fɔ́ːrist/fɑ́r-]
❖ cut down a forest 산림을 벌채하다
❖ She made retreat into a forest.
그녀는 숲속으로 은둔했다.

649
□ contest 명 투쟁, 경쟁 동 다투다, 겨루다
[kɑ́ntest / kɔ́n-]
❖ contest at law 법정에서 다투다
❖ He did his best to win a contest.
그는 경쟁에서 이기려고 최선을 다했다.

650
□ **countenance** ㊔ 표정, 안색

[káuntənəns]

❖ read countenance 안색을 살피다
❖ Her countenance fell.
그녀의 안색이 침울해졌다.

651
□ **project** ㊔ 계획 ㊐ 계획하다, 내던지다

[prə́dʒèkt]

❖ draw up a project 계획을 세우다
❖ I think it's an impossible project.
나는 그것은 불가능한 계획이라고 생각한다.

652
□ **sigh** ㊔ 한숨 ㊐ 한숨 쉬다

[sai]

❖ with a sigh 한숨을 쉬며
❖ I gave a sigh of relief.
나는 안도의 한숨을 쉬었다.
❖ sigh out one's grief 한탄하다

653
□ **solution** ㊔ 해결, 용해

[səljúːʃən]

❖ a negotiated solution 교섭에 의한 해결
❖ The sea-water holds various substances in solution.
바닷물에는 여러 가지 물질이 녹아 있다.

654
□ **zeal** ㊔ 열중, 열의(=passion)

[ziːl]

❖ show zeal for one's work
일에 열의를 보이다
❖ He feels zeal for his work.
그는 일에 대해 열의를 가지고 있다.
㊒ zealous 열심인, 열광적인

655
□ **advantage** ㊔ 유리, 이점

[ədvǽntidʒ]

❖ gain an advantage over a person
남보다 유리한 입장이 되다
❖ be of great advantage to a person
남에게 있어서 큰 이익이 되다
㊒ advantageous 유리한

656
□ **existence** ㊐ 존재, 생존

[igzístəns]

❖ maintain one's existence
생존을 유지하다

❖ Those characters have no existence in history.
그런 인물은 역사상 존재하지 않는다.

㊐ exist 존재하다

657
□ **ridicule** ㊐ 조롱, 조소 ㊐ 조소하다

[rídikjù:l]

❖ subject oneself to ridicule
조소를 받다

❖ hold up to ridicule 사람을 우롱하다

㊐ ridiculous 웃기는

658
□ **favor** ㊐ 호의, 찬성 ㊐ 호의를 보이다

[féivər]

❖ return favor 호의에 보답하다

❖ I am in favor of his opinion.
나는 그의 견해에 찬성한다.

659
□ **category** ㊐ 범주

[kǽtigɔ̀:ri/-gəri]

❖ fall under the category 범주에 들다

❖ There are remarkably few in that category.
그런 범주에 해당하는 경우는 상당히 적습니다.

660
□ **friction** ㊐ 마찰, 압력

[fríkʃən]

❖ air friction 공기 마찰

❖ Heat is produced by friction.
열은 마찰로 생긴다.

Tip

category **어원** cata(~에 반하여)+egory(집회에서 이야기하다)→확실히 하게 하다 **유의어** class, family

Part I 23일 Point up

661
□ legend ㉔ 전설
[lédʒənd]
❖ legend says 전설에 의하면
❖ Our country is rich in history and legend.
우리나라는 역사가 깊고 전설이 많다.

662
□ trick ㉔ 계략, 장난 ㉕ 속이다
[trik]
❖ a juggler's trick 요술
❖ He knows all the tricks of the trade.
그는 장사의 온갖 수법을 알고 있다.

663
□ fortitude ㉔ 인내, 용기
[fɔ́ːrtətjùːd]
❖ with fortitude 의연하게
❖ He is a miracle of fortitude.
그는 놀라울 정도로 인내심이 강하다.

664
□ furniture ㉔ 가구, 세간
[fə́ːrnitʃər]
❖ a set of furniture 가구 한 벌
❖ all the furniture of the room
방안의 가구 전부

665
□ mankind ㉔ 인간, 인류
[mæ̀nkáind]
❖ love for all mankind 인류애
❖ promote the welfare of mankind
인류 복지를 증진하다

666
□ pulse ㉔ 맥박, 고동
[pʌls]
❖ put fingers on the pulse 맥을 짚다
❖ His pulse is still beating.
그의 맥은 아직 뛰고 있다.

667
□ digestion ㊔ 소화, 숙고, 소화력

[didʒéstʃən/dai-]

❖ disturb digestion 소화를 방해하다
❖ This food is hard of digestion.
이 음식은 소화가 잘 안 된다.

668
□ liberty ㊔ 자유, 해방, 권리

[líbərti]

❖ liberty of speech 언론의 자유
❖ The Statue of Liberty is in New York.
자유의 여신상은 뉴욕에 있다.

669
□ home ㊔ 가정, 중심지

[houm]

❖ at home 가정에서
❖ There is nothing like home.
내 집보다 나은 곳은 없다.

670
□ doom ㊔ 운명, 파멸 ㊕ 운명짓다

[duːm]

❖ abide one's doom 운명을 감수하다
❖ His doom is sealed.
그의 운명은 정해졌다.

671
□ consequence ㊔ 결과, 결말, 중요성

[kɑ́nsikwèns]

❖ as a necessary consequence
필연적인 결과로서
❖ It has no consequences. 결과가 없다.

672
□ will ㊔ 의지, 유언장 ㊕ 바라다, 원하다

[wil/wəl]

❖ have a strong will 의지가 굳세다
❖ make[draw up] a[one's] will
유언장을 작성하다

673
□ trial ㊔ 공판, 시도, 재판

[tráiəl/tráil]

❖ assign a day for trial 재판 날짜를 결정하다
❖ The trial will be held in camera.
재판은 비공개가 될 것이다.

674
□ **draft** ㉢ 설계도, 초안 ㉣ 설계하다, 기초하다, 징벌하다

[dræft]

❖ make out a draft of
~을 기초하다

❖ He was drafted into the army.
그는 군대에 징집당했다.

675
□ **economy** ㉢ 경제, 절약 ㉧ 경제적인

[ikάnəmi / -kɔ́n-]

❖ domestic economy 가정 경제

❖ The Korean economy is picking up.
한국경제는 점점 나아지고 있다.

676
□ **communism** ㉢ 공산주의

[kάmjunìzəm]

❖ a tenet of communism
공산주의의 원리

❖ We are against communism.
우리는 공산주의에 반대한다.

㉢ communist 공산주의자

677
□ **rapture** ㉢ 큰 기쁨, 황홀

[rǽptʃər]

❖ fly into raptures 기뻐 날뛰다

❖ He gazed at the woman in rapture.
그는 황홀해서 그 여자를 바라보았다.

678
□ **wealth** ㉢ 부, 재산

[welθ]

❖ a wealth of learning 풍부한 학식

❖ a man born to wealth
유복한 집안에서 태어난 사람

679
□ **implement** ㉢ 기구, 도구

[ímpləmənt]

❖ farm implements 농기구

❖ What has been implemented in the office?
사무실에 들여 놓은 도구는 무엇인가?

680
☐ **spirit** 명 정신, 원기

[spírit]

❖ be full of animal spirits
혈기가 왕성하다
❖ It's kind of the spirit of Korea.
그것은 마치 한국의 정신과 같은 것입니다.

681
☐ **compromise** 명 타협, 양보 동 타협하다, 화해하다

[kámprəmàiz]

❖ reach a compromise 타협에 이르다
❖ They reached a satisfactory compromise.
그들은 만족할 만한 타협을 보았다.

682
☐ **burden** 명 무거운 짐, 부담

[bə́ːrdn]

❖ set a burden down 짐을 내리다
❖ He's burdened by the Ring.
그는 반지에 대한 부담이 있다.

683
☐ **day** 명 전성기, 승리, 시대, 날, 낮

[dei]

❖ day in, day out 날이면 날마다
❖ It is growing hotter every day.
날씨가 날로 더워진다.

684
☐ **shelter** 명 피난처 동 피난하다, 보호하다

[ʃéltər]

❖ a nuclear bomb shelter 핵 대피호
❖ He sheltered himself in the crannies of the rocks.
그는 바위의 갈라진 틈에 피신했다.

685
☐ **utility** 명 유익, 효용 형 실용적인

[juːtíləti]

❖ of no utility 쓸모가 없는
❖ the utility of money 돈의 효용

686
☐ **verse** 명 운문, 시, (성경의)한 절

[vəːrs]

❖ blank verse 무운시
❖ quote a verse 시의 한 행을 인용하다

687
□ bravery　명 용기

[bréivəri]

- win fame for bravery 용명을 떨치다
- The judge commended her for her bravery.
  판사는 그녀의 용기 있는 행동을 칭찬했다.

688
□ counsel　명 의논, 충고　동 조언하다

[káunsəl]

- give counsel 의논 상대가 되어 주다
- He counseled me to quit smoking.
  그는 나에게 담배를 끊으라고 충고했다.
  명 counselor 상담자

689
□ tribe　명 부족, 종족

[traib]

- wild tribes 미개한 종족
- I know another African tribe, too.
  저도 다른 아프리카 부족을 압니다.

690
□ ball　명 무도회, 공

[bɔːl]

- catch a ball 공을 잡다
- They're attending a ball.
  그들은 무도회에 참석하고 있다.
- give a ball 무도회를 열다

counsel　어원 con(함께)+sel(취득하다) → 상담하다
참고 leading counsel 수석 변호인 legal counsel 변호사
유의어 advocate, counselor, counsellor

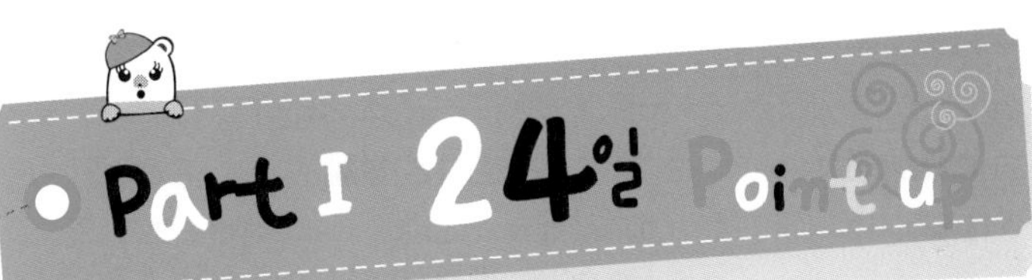

691
□ **tide** — 명 조류, 조석(=flow)

[taid]

- tail to the tide 조류를 따라 아래위로 흔들리다
- The tide is flowing.
  조수가 밀려든다.

692
□ **prosperity** — 명 번영, 번창

[prɑspérəti]

- national prosperity 국가의 번영
- Peace brings prosperity.
  평화는 번영을 가져다 준다.
  형 prosperous 부유한

693
□ **view** — 명 전망, 광경(=sight) 동 보다, 바라보다

[vjuː]

- a room with a nice view 전망이 좋은 방
- I'd prefer an ocean view.
  바다가 보이는 전망이 더 좋아요.

694
□ **insurance** — 명 보험, 보증

[inʃúərəns]

- life insurance 생명 보험
- insurance for life 종신 보험
  동 insure 보증하다

695
□ **bomb** — 명 폭탄 동 폭격하다

[bɑm / bɔm]

- an A-bomb 원자 폭탄
- a smoke bomb 연막탄

696
□ **pioneer** — 명 개척자, 선구자

[pàiəníər]

- the pioneer spirit 개척자 정신
- a pioneer in the field 그 분야의 선각자

697
□ **charity** ㊔ 자비, 구호, 자선 단체

[tʃǽrəti]

❖ for charity's sake 자선을 목적으로
❖ He gave all he had to charity.
그는 전 재산을 자선 사업에 바쳤다.
❖ charity bazaar 자선바자회

698
□ **traffic** ㊔ 교통, 수송물

[trǽfik]

❖ heavy traffic 극심한 교통량
❖ control traffic 교통을 정리하다
❖ traffic jam 교통 체증

699
□ **slavery** ㊔ 노예, 노예의 신분

[sléivəri]

❖ be sold into slavery 노예로 팔리다
❖ slavery to the habit 습관의 노예

700
□ **broadcast** ㊔ 방송 ㊢ 방송하다

[brɔ́ːdkæ̀st]

❖ a live broadcast 생방송
❖ What is this broadcast about?
무엇에 관한 방송인가?

701
□ **catastrophe** ㊔ 파국, 재난(=disaster), 비극적 결말

[kətǽstrəfi]

❖ drive into catastrophe 파국으로 몰고 가다
❖ The novel ends in catastrophe.
그 소설은 비극적 결말로 끝난다.

702
□ **pursue** ㊔ 추구 ㊢ 추구하다, 쫓다

[pərsúː/-sjúː]

❖ pursue a prey 사냥감를 쫓다
❖ pursue one's studies 연구에 종사하다

703
□ **revenge** ㊔ 복수, 원한 ㊢ 복수하다

[rivéndʒ]

❖ get one's revenge 복수를 하다
❖ I will revenge myself on them.
나는 그들에게 복수할 작정이다.

704
□ **nerve** ⓜ 신경, 용기

[nə:rv]

❖ nerve strain 신경과로
❖ a bundle of nerves 신경과민인 사람
ⓗ nervous 신경질적인

705
□ **remedy** ⓜ 치료, 구제 ⓓ 치료하다, 구제하다

[rémədi]

❖ remedy an evil 악폐를 제거하다
❖ have no remedy at law
법적으로는 구제 방법이 없다

706
□ **duty** ⓜ 의무(=responsibility), 의리, 세금

[djú:ti]

❖ bear a heavy duty 중세를 부담하다
❖ Everybody has his duty.
누구든지 저마다 할 일이 있다.

707
□ **epoch** ⓜ 신기원, 신시대

[épək / í:pɔk]

❖ make an epoch 신기원을 이룩하다
❖ This is an epoch in biology.
이것은 생물학상의 신기원이다.

708
□ **realm** ⓜ 영지, 왕국

[relm]

❖ The realm of England 잉글랜드 왕국
❖ The realm of God 신의 나라

709
□ **fate** ⓜ 운명, 숙명

[feit]

❖ strive against fate 운명과 싸우다
❖ Nobody foretells his fate.
아무도 자기 운명을 예언하지 못한다.

710
□ **comfort** ⓜ 위안, 안락 ⓓ 위로하다

[kʌ́mfərt]

❖ words of comfort 위로의 말
❖ The man is used to material comforts.
남자는 물질적인 안락함에 익숙해져 있다.
ⓗ comfortable 편안한

711
□ **honesty** 명 정직, 성실

[ánisti / ɔ́n-]

❖ a man of honesty 정직한 사람
❖ Honesty is the best policy.
정직은 최선의 방책이다.
형 honest 정직한

712
□ **navy** 명 해군

[néivi]

❖ join the Navy 해군에 들어가다
❖ a powerful navy 강대한 해군

713
□ **token** 명 표시, 증거

[tóukən]

❖ a token of affection 사랑의 표시
❖ Malnutrition is a token of poverty.
영양실조는 가난의 증거다.

714
□ **cause** 명 대의, 명분, 목적, 원인

[kɔːz]

❖ the root cause 근본적인 원인
❖ What has caused the war?
전쟁의 원인은 무엇인가?

715
□ **accident** 명 사고, 사건, 우연

[ǽksidənt]

❖ a strange accident 이상한 사건
❖ When did the accident occur?
사고가 발생한 시간은?

716
□ **amount** 명 총계 동 ~이 되다

[əmàunt]

❖ in amount 양으로 말하면, 총계, 요컨대
❖ The total amounts to thirty million won.
총액은 3천만 원이 된다.

717
□ **value** 명 가치 동 평가하다

[vǽljuː]

❖ utility value 이용 가치
❖ rate glory at its true value
명성을 올바르게 평가하다

718
□ sacrifice ⓜ 희생 ⓓ 희생하다

[sǽkrəfàis/-ri-]

❖ sacrifice oneself 자기를 희생하다

❖ I will make any sacrifice to save her.
그녀를 구하기 위해 어떤 희생이라도 치르겠다.

㉠ sacrificial 희생의

719
□ chemistry ⓜ 화학

[kémistri]

❖ applied chemistry 응용 화학

❖ organic chemistry 유기 화학

㉠ chemical 화학의

720
□ caution ⓜ 조심, 경고

[kɔ́ːʃən]

❖ use caution 조심하다

❖ The policeman cautioned the driver.
경관은 운전자에게 주의를 주었다.

Tip

amount **어원** ad(~에)+mount(오르다)
어법 amount는 질량 명사나 불가산 명사와 함께 쓰고, number는 가산 명사와 함께 쓴다.
참고 a large[a small] amount of money 거액[소액]의 돈 a considerable amount of rain 상당한 우량 in small amounts (한 번에) 조금씩 remit the amount of the invoice 송장에 표시된 금액을 송금하다 아무리 많은 ~라도, 상당한 ~, 얼마 되든지 in amount 요컨대, 합계하여, 결국
유의어 sum, sum of money, amount of money, measure

Part I 25일 Point up

721
□ inability 명 무능, 무력

[ìnəbíləti]

❖ one's inability to make decisions
결정을 내릴 능력이 없음

❖ His inability to get the joke bothered me.
나는 그가 농담을 이해하지 못해 당황했다.

722
□ symptom 명 증세, 조짐

[símptəm]

❖ allergic symptoms 알레르기 증상

❖ a clear symptom 명백한 징후

❖ AIDS symptoms 에이즈 증세

723
□ courage 명 용기, 담력(↔timidity)

[kə́:ridʒ, kʌ́r-]

❖ have courage 용기를 가지다

❖ You've bolstered my courage.
네 덕분에 용기가 생겼다.

724
□ brute 명 짐승 형 야만적인

[bru:t]

❖ a brute of a man 짐승 같은 사내

❖ You are worse than a brute!
이 짐승만도 못한 녀석!

725
□ evidence 명 증거(=proof), 증언 동 증언하다

[évidəns]

❖ a piece of evidence 하나의 증거

❖ There is no evidence that he is guilty.
그가 범인이라는 증거가 없다.

726
□ fright ㊐ 놀람, 공포

[frait]

❖ have a fright 공포에 휩쓸리다

❖ The fright made her sink down in a swoon.
공포 때문에 그녀는 졸도했다.

727
□ reaction ㊐ 반응, 반작용

[riːǽkʃən]

❖ action and reaction 작용과 반작용

❖ What was his reaction?
그 사람 반응이 어땠어요?

㊁ react 반응하다

㊂ reactive 반응이 빠른

728
□ flavor ㊐ 맛(=savor), 향기

[fléivər]

❖ a story with a romantic flavor
낭만의 향기 높은 이야기

❖ garlic flavor 마늘 맛

729
□ superstition ㊐ 미신, 신앙

[sùːpərstíʃən]

❖ be enchained by superstition
미신에 얽매이다

❖ do away with a superstition
미신을 타파하다

730
□ tyranny ㊐ 전제정치, 포악

[tírəni]

❖ groan under the tyranny
독재의 압제 아래 신음하다

❖ Where laws end, tyranny begins.
법[법치주의]이 끝난 곳에서 전제 정치가 시작된다.

㊂ tyrannical 폭군의

731
□ addition ㊐ 부가

[ədíʃən]

❖ in addition 게다가, 더구나, 그 위에

❖ easy additions 쉬운 덧셈 (문제)

732
□ school ⑲ 학파, 학교, 수업 ⑤ 훈련하다

[skuːl]

- enter a school 입학하다
- There is no school today.
  오늘은 수업이 없다.

733
□ tension ⑲ 긴장, 흥분 ⑤ 긴장시키다

[ténʃən]

- at tension 긴장상태에
- ease the tension 긴장을 완화하다

734
□ sphere ⑲ 구(球), 범위, 영역

[sfiər]

- one's sphere of influence ~의 세력권
- That is outside my sphere.
  그것은 내 영역이 아니다.

735
□ beast ⑲ 짐승, 짐승 같은 인간

[biːst]

- a beast of prey 맹수, 육식 동물
- He is no better than a ferocious beast.
  그는 사나운 짐승이나 다름없다.

736
□ district ⑲ 구역, 지역 ⑤ 지구로 나누다

[dístrikt]

- assigned district 담당구역
- Which is the largest district of Seoul?
  서울에서 가장 넓은 지역은 어디입니까?

737
□ territory ⑲ 영토, 분야

[térətɔ̀ːri / -təri]

- the territory of social history
  사회사의 영역
- the territory of biochemistry
  생화학의 분야

738
□ heed ⑲ 주의 ⑤ 주의하다

[hiːd]

- heed a warning 경고에 주의하다
- He did not heed the warning.
  그는 경고를 무시했다.

739
□ **demand** ㉰ 요구, 수요 ㉯ 요구하다

[dimǽnd]

✣ accede to demand 요구에 응하다
✣ Demand determines prices.
수요가 가격을 결정한다.
㉰ demander 요구자

740
□ **author** ㉰ 작가, 창시자 ㉯ 저작하다

[ɔ́ːθər]

✣ the author of a book 책의 저자
✣ God is the author of nature.
신은 만물의 조물주이시다.
㉰ authority 권위

741
□ **direction** ㉰ 방향, 지도, 지시

[dirékʃən/dai-]

✣ personal direction 개별 지도
✣ Is this the right direction?
이쪽이 올바른 방향입니까?

742
□ **transition** ㉰ 과도기, 변천(=change)

[trænzíʃən, -síʃən]

✣ literature in a transition period
과도기의 문학
✣ We are in a time of transition.
우리는 과도기에 있다.

743
□ **sympathy** ㉰ 동정, 공감

[símpəθi]

✣ command sympathy 동정을 할 만하다
✣ His eyes were warm with sympathy.
그의 눈은 동정심으로 온화해졌다.

744
□ **measure** ㉰ 수단, 방책 ㉯ 치수를 재다, 조정하다

[méʒər]

✣ take a measure[step] 수단을 취하다
✣ The circumstances warrant such measures.
사정상 그런 수단이 용납된다.

745
□ **achievement** ㊔ 성취(=accomplishment), 업적, 학력

[ətʃíːvmənt]
- vaunt one's achievements
  업적을 자랑하다
- He produced eminent achievements.
  그는 탁월한 업적을 쌓았다.

746
□ **blow** ㊔ 타격 ㊕ 바람이 불다

[blou]
- get a blow 타격을 받다
- The wind blows. 바람이 분다.

747
□ **imitation** ㊔ 모방, 모조품(=fake)

[ìmitéiʃən]
- imitation leather 모조 가죽
- in imitation of ~을 모방하여
  ㊕ imitate 모방하다

748
□ **supply** ㊔ 공급, 생활용품 ㊕ 공급하다

[səplái]
- a supply of goods 물자의 공급
- Our school supplies food for the children.
  우리 학교에서는 아동에게 급식한다.
  ㊔ supplement 보충

749
□ **prospect** ㊔ 기대, 예상, 가망

[prάspekt / prɔ́-]
- a prospect of recovery 회복할 가망
- Our prospect has not come good.
  우리의 예상은 맞지 않았다.
  ㊖ prospective 장래의
  ㊕ prosper 번성하다

750
□ **impression** ㊔ 인상, 감명

[impréʃən]
- the first impressions 첫인상
- an agreeable impression 호감
- visual impressions 시각적 인상

Part I 26일 Point up

751
□ **inspiration** ㉺ 영감, 고취
[ìnspəréiʃən]
❖ under the inspiration of ~에 고무되어
❖ get inspiration from a novel
소설로부터 영감을 받다
㉺ inspirationism 영감설(說)
㉽ inspire 고무하다

752
□ **elegy** ㉺ 애가, 비가
[élədʒi]
❖ a song of elegy 애상의 곡
❖ A song or poem expressing sorrow or lamentation is called an elegy.
슬픔이나 애도를 표현하는 노래 또는 시를 비가라고 한다.

753
□ **harm** ㉺ 해악, 손해 ㉽ 해치다
[hɑːrm]
❖ come to harm 다치다
❖ There is no harm in doing so.
그렇게 해도 해는 없다.

754
□ **perseverance** ㉺ 인내, 버팀
[pə̀ːrsivíːrəns]
❖ unfailing perseverance 한결같은 인내심
❖ Perseverance is the first essential to success.
성공에는 인내가 제일이다.
㉽ persevere 인내하다

755
□ **audience** ㉺ 관객, 방청객
[ɔ́ːdiəns]
❖ carry the entire audience
만장의 청중에 감명을 주다
❖ There was a large audience.
관객이 많았다.

756
□ bloom ㉚ 꽃(피다)

[bluːm]

✣ in full bloom 꽃이 만발한
✣ Trees burst into bloom.
나무에 꽃이 활짝 피었다.

757
□ credit ㉚ 신용, 명예

[krédit]

✣ a letter of credit 신용장
✣ He is a credit to his family.
그는 가문의 명예이다.
㉚ creditor 채권자

758
□ textile ㉚ 직물 ㉛ 직물의

[tékstail/-til]

✣ the textile industry 섬유산업
✣ Glass can be used as a textile.
유리는 섬유 재료로서 쓰일 수 있다.

759
□ intelligence ㉚ 지능, 지성

[intélədʒəns]

✣ human intelligence 인간의 지성
✣ Nature has endowed her with wit and intelligence.
하늘은 그녀에게 기지와 지성을 주었다.
㉛ intelligent 지적인

760
□ pause ㉚ 멈춤, 중지 ㉜ 멈추다, 쉬다

[pɔːz]

✣ make a pause 잠깐 쉬다
✣ He paused to look at the view.
그는 잠깐 멈추고 풍경을 바라보았다.

761
□ dish ㉚ 요리, 음식, 접시 ㉜ 접시에 담다

[diʃ]

✣ season a dish with salt
소금으로 요리의 간을 맞추다
✣ He's washing the dish.
남자가 접시를 닦고 있다.

762
□ **biology** 명 생물학

[baiɑ́lədʒi / -ɔ́l-]
- a biology room 생물학 교실
- I studied biology at university.
  나는 대학에서 생물학을 공부했다.

763
□ **accommodate** 명 수용하다, 편의를 도모하다

[əkɑ́mədèit]
- accommodate oneself to new surroundings 새로운 환경에 순응하다
- The hospital can accommodate 100 patients or so.
  저 병원은 환자를 100명가량 수용할 수 있다.
  명 accommodation 숙박시설

764
□ **alternative** 명 양자택일 형 양자택일의

[ɔːltə́ːrnətiv/æl-]
- select one alternative 양자택일하다
- the alternative of death or submission
  죽음이냐 항복이냐의 이자택일

765
□ **vogue** 명 유행, 인기 형 유행하는

[voug]
- a vogue word 유행어
- come into vogue 유행하기 시작하다

766
□ **satellite** 명 위성 형 위성의

[sǽtəlàit]
- a satellite state 위성 국가
- satellite communications 위성 통신
- satellite broadcasting 위성 방송

767
□ **progress** 명 진행, 진보 동 진행하다, 진보하다

[prɑ́gres]
- progress towards health 건강해지다
- make progress 진보하다
  형 progressive 진보하는

768
□ **term** 명 조건, 교제관계, 용어, 기간

[təːrm]
- the terms of payment 지불조건
- a term of two years 2년의 임기

769
□ **heathen** ㉿ 이교도, 이방인 ㉻ 이교의

[híːðən]

❖ heathen gods 이교의 신(神)들
❖ heathen days 이교(異敎) 시대

770
□ **throne** ㉿ 왕위, 왕좌 ㉾ 왕위에 앉히다

[θroun]

❖ come to the throne 왕위에 오르다
❖ The revolution toppled the king from his throne.
그 혁명으로 왕은 왕위에서 쫓겨났다.

771
□ **reserve** ㉿ 예비, 비축 ㉾ 예약하다

[rizə́ːrv]

❖ keep in reserve 예비로 남겨 두다
❖ This table is reserved.
이 좌석은 예약된 것입니다.
㉿ reservation 예약

772
□ **profit** ㉿ 이익 ㉿ 이익을 보다

[prάfit/prɔ́f-]

❖ gross profits 총수익금
❖ I have read it with profit.
나는 그것을 읽고 덕을 보았다.

773
□ **sage** ㉿ 현자, 성인 ㉻ 현명한, 슬기로운

[seidʒ]

❖ the teaching of an ancient sage
선철의 교훈
❖ Laughed at the other sage.
다른 현자들을 조롱하며 웃었다.

774
□ **foliage** ㉿ (무성한)나뭇잎

[fóuliidʒ]

❖ foliage plant 관엽식물
❖ My flower arrangement needs more foliage.
나의 꽃꽂이에는 잎이 좀 더 많아야겠다.

775
□ **disgust** ⓜ 싫증, 혐오 ⓢ 불쾌하게 하다

[disgʌ́st]

❖ in disgust 싫증나서, 넌더리나서

❖ He made a face of disgust.
그가 혐오스럽다는 듯한 표정을 지었다.

776
□ **taste** ⓜ 맛, 취미

[teist]

❖ a taste for music 음악 취미

❖ sweet to the taste 맛이 단

777
□ **frame** ⓜ 구조, 골격, 틀 ⓢ 형성하다

[freim]

❖ the frame of the universe 우주 구조

❖ fix a picture in a frame 사진을 틀에 끼우다

778
□ **organ** ⓜ 기관, 장기 ⓜ 오르간

[ɔ́ːrgən]

❖ an intelligence organ 정보 기관

❖ organs of digestion 소화 기관

779
□ **recreation** ⓜ 휴양, 보양

[rèkriéiʃən]

❖ take recreation 휴양하다

❖ for recreation 보양을 위하여

780
□ **strain** ⓜ 긴장, 압박 ⓢ 잡아당기다

[strein]

❖ strain a wire 철사를 잡아당기다

❖ The strain is hard to bear.
긴장은 참기 어렵다.

Tip

disgust **어원** dis(반대)+gust(기호, 좋아함) → 기호에 맞지 않는 것
※like와 대응되며, detest, hate보다 약하다.
참고 in disgust 진저리나서 **유의어** dislike

Part I 27일 Point up

781
□ gravitation ㉮ 중력, 인력
[grӕvətéiʃən]
❖ terrestrial gravitation 지구 인력
❖ the law of gravitation 인력의 법칙

782
□ preface ㉮ 머리말, 서문
[préfis]
❖ write a preface to a book
책의 머리말을 쓰다
❖ I began by reading the preface.
나는 서문을 읽는 일부터 시작했다.
㉯ prefatorial 서문의

783
□ oblivion ㉮ 망각, 건망상태
[əblíviən]
❖ a former movie star now in oblivion
지금은 잊혀진 왕년의 영화 스타
❖ be buried in oblivion 세상에서 잊혀져가다

784
□ outlook ㉮ 전망, ~관(觀)
[áutlùk]
❖ the political outlook 정치적 전망
❖ a dark outlook on life 어두운 인생관

785
□ draw ㉮ 무승부 ㉰ 당기다
[drɔː]
❖ draw a bow 활을 당기다
❖ end in a draw 무승부로 경기가 끝나다

786
□ occasion ㉮ 경우, 기회
[əkéiʒən]
❖ on all occasions 모든 경우에
❖ I couldn't take an occasion to tell him.
나는 그에게 말할 기회를 잡을 수가 없었다.

787
□ independence ㊔ 독립심

[ìndipéndəns]

❖ lack the spirit of independence
독립심이 없다
❖ They later won their independence from Mexico.
그 후 그들은 멕시코로부터 독립을 얻었습니다.
㊕ independent 독립한

788
□ bribe ㊔ 뇌물 ㊐ 뇌물을 주다

[braib]

❖ offer a bribe 뇌물을 주다
❖ bribe a person with money
~를 돈으로 매수하다
㊕ bribable 뇌물로 매수할 수 있는

789
□ excess ㊔ 초과, 과잉 ㊕ 초과의

[iksés/ékses]

❖ an excess of exports 수출 초과액
❖ excess population 과잉 인구

790
□ worth ㊔ 가치 ㊕ ~의 가치가 있는

[wəːrθ]

❖ a man's worth 인간의 가치
❖ The play is worth seeing.
그 연극은 볼 만한 가치가 있다.

791
□ blood ㊔ 피, 혈액, 혈관

[blʌd]

❖ cough up blood 피를 토하다
❖ Blood is thicker than water.
피는 물보다 진하다.

792
□ monopoly ㊔ 독점, 전매

[mənɑ́pəli]

❖ have a monopoly of ~의 독점권을 가지다
❖ Cigarette production is still a state monopoly in China.
담배 생산은 중국에서 여전히 국가가 독점한다.

793
□ **hobby** ㉮ 취미

[hάbi / hɔ́bi]

❖ make a hobby of ~을 취미로 삼다
❖ My hobby is growing roses.
내 취미는 장미 재배이다.

794
□ **embassy** ㉮ 대사관

[émbəsi]

❖ the British Embassy in Seoul
서울의 영국 대사관
❖ Can you tell me when the embassy is open? 대사관이 언제 여는지 알려주시겠습니까?

795
□ **document** ㉮ 문서, 서류 ㉬ 문서로 된

[dάkjumənt / dɔ́k-]

❖ draw up a document 서류를 작성하다
❖ I'm organizing these documents.
이 서류들을 정리하고 있어.

796
□ **generation** ㉮ 세대 ㉯ 발생시키다

[dʒènəréiʃən]

❖ Nexus of a whole generation
전 세대가 공감할 수 있는 영화
❖ The environment must be preserved for future generations.
미래 세대를 위해 환경이 보전되어야 한다.

797
□ **criminal** ㉮ 범인, 범죄자

[krímənl]

❖ pursue a criminal 범인을 뒤쫓다
❖ The criminal turned himself in.
범인이 자수했다.

798
□ **chamber** ㉮ 방, 침실

[tʃéimbər]

❖ an audience chamber 접견실
❖ This chamber is very clean.
이 방은 아주 깨끗하다.

Part Ⅱ

반드시 알아야 할 필수단어

– 동사편 –

Day28 ~ Day46

Part Ⅱ 28일 Point up

799
□ persuade ㊍ 설득하다

[pəːrswéid]

❖ persuade to 타일러서 ~시키다

❖ He persuaded me to forgive her.
그는 그녀를 용서하도록 나를 설득했다.
㊔ persuasion 설득

800
□ assist ㊍ 돕다

[əsíst]

❖ assist the president 회장을 보좌하다

❖ She assisted me in my work.
그녀는 내 일을 도와주었다.
㊔ assistance 원조

801
□ subscribe ㊍ 서명하다, 기부하다, 구독하다

[sʌ́bskraib]

❖ subscribe to charities
자선 사업에 기부하다

❖ subscribe to a magazine
잡지를 예약 구독하다

802
□ enforce ㊍ 실시하다, 강제하다

[enfɔ́ːrs]

❖ enforce obedience 복종을 강요하다

❖ The regulations should always be strictly enforced.
규칙은 언제나 엄격하게 실시되어야 한다.

803
□ proceed ㊍ 나아가다, 계속하다

[prəsíːd]

❖ Let's proceed with our lesson.
수업을 계속합시다.

❖ We proceeded on our way.
우리는 가던 길을 계속 갔다.

804
□ date ㉭ ~에서 비롯되다 ㉥ 날짜

[deit]

❖ put off the date 날짜를 늦추다
❖ I picked the date for the party.
나는 파티 날짜를 골랐다.

805
□ contradict ㉭ 반박하다, 모순되다

[kɑ̀ntrədíkt]

❖ contradict oneself 모순된 말을 하다
❖ Everything I say you seem to want to contradict.
내가 하는 말을 전부 반박하고 싶어 하는 것 같다.
㉦ contradictory 모순된

806
□ advocate ㉭ 변호하다, 주장하다

[ǽdvəkit, -kèit]

❖ advocate peace 평화를 주장하다
❖ She advocated higher salaries for teachers. 그녀는 교사의 봉급 인상을 주창했다.

807
□ cherish ㉭ 소중히 하다, 마음에 품다

[tʃériʃ]

❖ cherish a resentment against ...
~에 대해 원한을 품다
❖ He will cherish the memory of this visit to Seoul. 그는 이번 서울 방문의 기억을 소중히 간직할 것이다.
㉦ cherishable 소중한

808
□ forsake ㉭ 버리다, 떠나다

[fərséik]

❖ forsake all the riches 전 재산을 버리다
❖ She forsook him for another.
그녀는 그를 버리고 다른 사내와 친해졌다.

809
□ transact ㉭ 처리하다, 거래하다

[trænsǽkt]

❖ transact business 사무를 취급하다
❖ He transacts business with a large number of stores.
그는 많은 상점과 거래를 하고 있다.

810
□ **gaze** ⓢ동 응시하다 ⓜ명 응시, 주시

[geiz]

❖ gaze up at the stars 별을 쳐다보다
❖ gaze into a person's face
~의 얼굴을 응시하다

811
□ **interfere** 동 간섭하다, 방해하다

[ìntərfíər]

❖ interfere in another's life
남의 생활에 간섭하다
❖ It is not my part to interfere.
내가 간섭할 일이 아니다.
명 interference 간섭, 방해

812
□ **suspend** 동 걸다, 매달다

[səspénd]

❖ suspend a ball by a thread
공을 실로 매달다
❖ The satellite dish is suspended in space.
위성방송 수신용 접시 안테나가 매달려 있다.
명 suspension 정지

813
□ **share** 동 분배하다, 분담하다 명 몫, 분담

[ʃɛər]

❖ a fair share 정당한 몫
❖ They are sharing the expenses.
그들은 경비를 분담하고 있다.

814
□ **attempt** 동 시도하다, 기도하다(=try) 명 시도, 기도

[ətémpt]

❖ make a final attempt 마지막 시도를 하다
❖ The attempt issued in failure.
그 시도는 실패로 끝났다.

815
□ **develop** 동 발달하다, 발육하다

[divéləp]

❖ develop rapidly 급속히 발달하다
❖ Physical exercise develops muscle.
운동을 하면 근육이 발달한다.

816
☐ recede ⓢ 물러가다, 멀어지다

[riːsíːd]

❖ recede into the background
뒷전으로 물러서다
❖ A ship receded from the shore.
배가 해안에서 멀어져 갔다.

817
☐ restore ⓢ 회복시키다, 복구하다

[ristɔ́ːr]

❖ restore order 질서를 회복하다
❖ restore to life 부활시키다
ⓜ restorer 원상 복구시키는 사람

818
☐ touch ⓢ 감동시키다, 해치다, 닿다

[tʌtʃ]

❖ touch at a port 기항하다
❖ I touched her on the shoulder.
그녀의 어깨에 손을 댔다.

819
☐ support ⓢ 지지하다, 부양하다 ⓜ 버팀, 지지

[səpɔ́ːrt]

❖ support a family 가족을 부양하다
❖ full support 전적인 지지

820
☐ heal ⓢ 치유하다, 낫다, 고치다

[hiːl]

❖ heal disease 병을 낫게 하다
❖ She was healed of her sickness.
그녀는 병이 나았다.

821
☐ cling ⓢ 달라붙다, 고수하다

[kliŋ]

❖ cling to one's position 입장을 고수하다
❖ My wet clothing clings to my body.
젖은 옷이 몸에 짝짝 달라붙는다.
❖ cling to ~에 달라붙다

822
☐ sentence ⓢ 판결하다, 선고하다 ⓜ 문장, 판결, 선고

[séntəns]

❖ suspended sentence 집행 유예
❖ stop a sentence 문장에 마침표를 찍다
❖ carry out a sentence 판결을 집행하다

823
□ injure ㊀동 해치다

[índʒər]

❖ injure one's health 건강을 해치다

❖ Too much smoking tends to injure the voice. 과도한 흡연은 성대를 해치기 쉽다.

824
□ break 동 침입하다, 길들이다, 부수다 명 휴식시간

[breik]

❖ break a window 유리창을 깨다

❖ The workman is taking a break.
일꾼이 휴식을 취하고 있다.

825
□ ponder 동 ~을 깊이 생각하다, 숙고하다

[pάndər / pɔ́n-]

❖ ponder on a difficulty
난국에 대하여 깊이 생각하다

❖ Now let's ponder some more questions.
지금 더 약간의 질문들을 숙고하자.

826
□ answer 동 보증하다, 책임을 지다, 응하다

[ǽnsər / ά:n-]

❖ give an answer 답하다, 응답하다

❖ Your answer is not frank.
너의 대답은 솔직하지 못하다.

827
□ partake 동 같이 하다, 참가하다

[pa:rtéik]

❖ partake in the festivities
경축 행사에 참여하다

❖ They partook of our fare.
그들은 우리와 식사를 함께 했다.

828
□ approach 동 접근하다 명 접근

[əpróutʃ]

❖ approach the moon 달에 접근하다

❖ Spring approaches. 봄이 다가온다.

형 approachable 가까이하기 쉬운

829
□ inherit 동 상속하다, 유전하다

[inhérit]

❖ inherit the family business 가업을 물려받다

❖ an inherited quality 유전 형질
명 inheritance 상속

830
☐ **soothe** 동 위로하다, 진정시키다
[suːð]
❖ soothe one's nerves 신경을 진정시키다
❖ He tried to soothe the crying child.
그는 우는 아이를 달래려고 해보았다.

831
☐ **fail** 동 ~하지 못하다, 쇠약해지다, 실패하다
[feil]
❖ a failing mark 낙제점
❖ The scheme failed.
계획은 실패로 끝났다.

832
☐ **congratulate** 동 축하하다
[kəngrǽtʃulèit]
❖ I congratulate you. 축하합니다.
❖ We congratulated him on his success.
그의 성공을 축하했다.
명 congratulation 축하

833
☐ **emancipate** 동 해방하다
[imǽnsəpèit]
❖ emancipate slaves 노예를 해방하다
❖ I will emancipate them.
나는 그들을 해방하겠다.(자유롭게 해주겠다)

834
☐ **bestow** 동 주다
[bistóu]
❖ bestow a heritage 유산을 주다
❖ He bestowed a special gift on his son.
그는 아들에게 특별한 선물을 주었다.
명 bestowment 수여

835
☐ **depend** 동 ~에 의존하다, 좌우되다
[dipénd]
❖ depend[rely] on a pension 연금에 의존하다
❖ The children depend on her.
아이들은 그녀를 의지하고 있다.
형 dependent 의존하는

836
□ **greet** ⓢ 인사하다, 들리다

[griːt]

❖ greet the ear 귀에 들리다
❖ He greeted me politely.
그는 내게 정중히 인사했다.

837
□ **scratch** ⓢ 할퀴다, 긁다, 저축하다

[skrætʃ]

❖ scratch on the door 문을 긁다
❖ She scratched up some money for holidays.
그녀는 휴가 때에 쓰려고 돈을 약간 모아 두었다.

838
□ **acquire** ⓢ 얻다, 획득하다

[əkwáiər]

❖ acquire a foreign language
외국어를 습득하다
❖ acquire property 재산을 획득하다
㉮ acquirement 취득

839
□ **entrust** ⓢ 위임하다, 맡기다

[entrʌ́st]

❖ entrust with a task 일거리를 맡기다
❖ entrust with full powers 전권을 위임하다

840
□ **disperse** ⓢ 퍼뜨리다, 흩어지다

[dispə́ːrs]

❖ disperse a demonstration
데모를 해산시키다
❖ The crowd soon dispersed.
군중은 곧 사방으로 흩어졌다.
㉯ dispersedly 흩어져, 뿔뿔이

Tip

entrust entrust+[목]+[전치사]+[명사] [남에게] [금전 · 목숨 등을] 맡기다 **참고** entrust with ~을 맡기다. **유의어** intrust, trust, confide, commit

Part Ⅱ 29일 Point up

841
□ classify ㉮ 분류하다

[klǽsəfài]

❖ classify according to color
색에 따라 분류하다

❖ The books in the library are classified according to subject.
도서관에 있는 책들은 주제에 따라 분류되어 있다.

842
□ halt ㉮ 정지하다, 중단하다 ㉯ 멈춤, 섬

[hɔːlt]

❖ halt for lunch 점심을 먹으려고 멈추다

❖ The program was halted during the vacation.
그 프로그램은 휴가 기간 동안 쉰다.

843
□ undertake ㉮ 떠맡다, 착수하다

[ʌ̀ndərtéik]

❖ undertake a task 일을 맡다

❖ undertake an experiment
실험에 착수하다

844
□ hold ㉮ 개최(거행)하다, 생각하다, 잡다

[hould]

❖ hold an exhibition 전시회를 열다

❖ Hold fast to the rope.
밧줄을 단단히 잡아라.

845
□ adhere ㉮ 들러붙다, 고수하다, 견지하다

[ædhíər]

❖ adhere to one's opinion
자기의 주장을 고수하다

❖ adhere to the idea of democracy
민주주의를 견지하다

㉻ adherent 부착하는

846
□ **suggest** ⓢ 암시하다, 제안하다, 권하다

[sədʒést]

❖ suggest a swim 수영을 권하다
❖ Whatever I suggest, she always disagrees.
내가 무슨 제안을 해도 그녀는 언제나 반대한다.

847
□ **confuse** ⓢ 혼란시키다, 잘못 알다

[kənfjúːz]

❖ confuse liberty with license
자유를 방종과 혼동하다
❖ You're confusing him !
당신이 그를 혼란스럽게 하고 있어요!
명 confusion 혼동

848
□ **compare** ⓢ 비교하다, 비유하다 명 비교

[kəmpέər]

❖ compared with ~와 비교하여
❖ She's comparing the drinks.
그녀는 음료수를 비교하고 있다.

849
□ **embrace** ⓢ ~을 껴안다, 포옹하다 명 포옹

[embréis]

❖ embrace[hug] each other 서로 포옹하다
❖ Father embraced me.
아버지가 나를 껴안았다.

850
□ **include** ⓢ 포함하다

[inklúːd]

❖ include board 식비를 포함하다
❖ What is included with the video?
비디오에 포함된 것은?

851
□ **improve** ⓢ 개선하다, 진보하다

[imprúːv]

❖ improve a method 방법을 개선하다
❖ People can improve their ability to remember.
사람들은 기억하는 능력을 개선할 수 있다.
명 improvement 개선

852
□ remove ⓢ 이사하다, 제거하다

[rimúːv]

❖ remove to New York 뉴욕으로 이사하다
❖ Could you see if you can remove it?
그것을 제거해 주실 수 있는지 봐주시겠어요?
명 removal 제거

853
□ escape ⓢ 도망치다, 달아나다

[iskéip]

❖ escape barely 겨우 달아나다
❖ There is no escape from the enemies.
적으로부터 도망칠 길이 없다.

854
□ make ⓢ 만들다, 나아가다, 도착하다, 벌다
명 제작, 제품, 체격

[meik]

❖ make an exception 특례를 만들다
❖ Wine is made from grapes.
포도주는 포도를 원료로 하여 만든다.

855
□ waste ⓢ 낭비하다 형 황폐한

[weist]

❖ waste ground 황폐한 땅
❖ Don't waste time on trifles.
하찮은 일에 시간을 낭비하지 마라.

856
□ transmit ⓢ 보내다, 전달하다

[trænsmít]

❖ transmit news by wire 뉴스를 전보로 알리다
❖ Iron transmits electricity.
쇠는 전기를 전도한다.
명 transmission 전달

857
□ maintain ⓢ 유지하다, 주장하다

[meintéin/mən-]

❖ maintain an attack 공격을 계속하다
❖ He maintained that he was right.
그는 자기가 옳다고 주장했다.
명 maintenance 지속

858
□ represent ⓢ 나타내다, 묘사하다, 대표하다

[rèprizént]

❖ represent Korea in the Olympics
한국 대표로서 올림픽 게임에 출전하다
❖ What does this sign represent?
이 기호는 무엇을 나타내느냐?
㊔ representation 표현

859
□ remain ⓢ 남아 있다 ㊔ 나머지, 잔재

[riméin]

❖ remain in office 유임하다
❖ There remain a few scars on the face.
아직도 얼굴에 상처가 남아 있다.
㊔ remainder 나머지, 잔여

860
□ realize ⓢ 깨닫다, 실현하다

[ríːəlàiz]

❖ realize a long-cherished wish
오랫동안 바라던 소망을 이루다
❖ I've never realized that.
나는 그러한 것은 전혀 깨닫지 못했다.

861
□ infect ⓢ 전염시키다, 감염시키다

[infékt]

❖ be infected 병독에 감염되다
❖ He was infected with typhus.
그는 발진티푸스에 감염됐다.

862
□ mourn ⓢ 슬퍼하다, 애도하다

[mɔːrn]

❖ mourn for one's failure 실패를 한탄하다
❖ She mourned over the death of her friend.
그녀는 친구의 죽음을 애도했다.
㊔ mourner 조문객

863
□ diffuse ⓢ 퍼지게 하다, 보급하다 ㊕ 흩어진

[difjúːz]

❖ diffuse every inch of
말단까지 고루고루 퍼지다
❖ His fame is diffused throughout the city.
그의 명성은 시중에 널리 퍼져 있다.

864
□ exclude ⑤ 제외하다, 배척하다

[iksklúːd]

❖ exclude from membership
회원에서 제외하다
❖ Shutters exclude light. 덧창은 빛을 차단한다.
명 exclusion 배척

865
□ dissolve ⑤ ~을 녹이다, 해산하다

[dizάlv/-zɔ́lv]

❖ dissolve Parliament 의회를 해산하다
❖ Water dissolves sugar. 물은 설탕을 녹인다.

866
□ reckon ⑤ 세다, 판단하다

[rékən]

❖ I reckon 50 of them. 세어 보니 50이다.
❖ He is not reckoned among my friends.
그는 내 친구로는 볼 수 없다.
명 reckoner 청산인

867
□ reduce ⑤ 줄이다, 감소시키다

[ridjúːs]

❖ reduce one's expenditure 경비를 줄이다
❖ at reduced prices 할인 가격으로
명 reduction 축소

868
□ alter ⑤ 변경하다, 바꾸다(=change)

[ɔ́ːltər]

❖ alter a policy 정책을 바꾸다
❖ He altered his house into a store.
그는 자기 집을 상점으로 개조했다.

869
□ bear ⑤ 참다, 품다, 낳다, 처신하다, 관계있다

[bɛər]

❖ bear and forbear 참고 또 참다
❖ Please bear with me another day.
하루만 더 참아 주세요.

870
□ wither ⑤ 시들다, 말라죽다

[wíðər]

❖ a withered[blighted] tree 말라죽은 나무
❖ The flowers withered up. 꽃이 시들었다.

Part Ⅱ 30일 Point up

871
□ cultivate 동 경작하다, 기르다, 갈다
[kʌ́ltəvèit]
❖ cultivate the faculty of 힘을 기르다
❖ cultivate a paddy field 논농사하다
❖ Farmers cultivate their land.
농부들은 땅을 경작한다.

872
□ describe 동 묘사하다, 말하다
[diskráib]
❖ describe minutely 상세히 묘사하다
❖ What is the speaker describing?
화자가 묘사하고 있는 것은?
명 description 묘사, 해설

873
□ exercise 동 운동시키다, 연습하다 명 운동, 연습
[éksərsàiz]
❖ lack of exercise 운동부족
❖ Exercise can also save you from illness.
운동을 하면 또한 질병을 예방할 수 있다.

874
□ justify 동 정당화하다, 변명하다
[dʒʌ́stəfài]
❖ justify oneself 자기의 행위를 변명하다
❖ The end justifies the means.
목적은 수단을 정당화한다.

875
□ throb 동 (심장이)뛰다, 두근거리다
[θrɑb/ θrɔb]
❖ a throbbing heart 울렁거리는 가슴
❖ My heart is throbbing heavily.
내 심장은 몹시 두근거리고 있다.

876
□ wrap 동 감싸다, 싸다 명 덮개
[ræp]
❖ wrap all up carefully 푹 싸다

❖ She's wrapping it in newspaper.
그녀는 그것을 신문으로 싸고 있다.

877
□ bless 동 축복하다
[bles]
❖ be blessed 행운을 누리다
❖ A good wife is a great blessing.
착한 아내는 큰 축복이다.

878
□ suspect 동 의심하다 명 용의자
[səspékt]
❖ a murder suspect 살인용의자
❖ I suspected that he was the offender.
나는 그가 범인이 아닌가 하고 의심했다.
명 suspicion 혐의, 의심

879
□ oblige 동 강요하다
[əbláidʒ]
❖ be obliged to 하는 수 없이 ~하다
❖ Falling profits obliged them to close the factory.
이윤 감소가 그들에게 공장을 닫도록 강요했다.

880
□ annoy 동 괴롭히다, 성가시게하다
[ənɔ́i]
❖ with an annoyed look 귀찮은 듯이
❖ I am annoyed by his frequent visits.
나는 그 남자가 자꾸 찾아와서 성가시다.
형 annoying 성가신, 귀찮은

881
□ declare 동 선언하다, 표시하다
[diklɛ́ər]
❖ declare a person winner
~을 승자로 선언하다
❖ The accused was declared guilty.
피고는 유죄를 선고받았다.

882
□ suppress 동 억압하다, 억제하다
[səprés]
❖ suppress[smother] one's feelings
감정을 억제하다
❖ suppress freedom 자유를 억압하다

883
□ **speculate** ⓢ 사색하다, 추측하다, 투기하다

[spékjulèit]

❖ speculate about the meaning of life
인생의 의미에 대해 깊이 사색하다
❖ speculate for a rise
값이 오를 줄 알고 투기하다
ⓜ speculation 투기, 사색

884
□ **decline** ⓢ 기울다, 쇠퇴하다, 거절하다 ⓜ 경사

[dikláin]

❖ decline a person's offer
~의 제의를 거절하다
❖ on the decline 기울어져, 쇠퇴하여

885
□ **grumble** ⓢ 불평하다, 투덜대다

[grʌ́mbl]

❖ grumble out a protest 투덜거리며 항의하다
❖ grumble for wine 술이 없다고 불평하다

886
□ **sum** ⓢ 합계하다, 요약하다 ⓜ 합계, 요점

[sʌm]

❖ sum up bills 계정을 셈하다
❖ I summed up the changes.
나는 잔돈의 합계를 냈다.

887
□ **inflict** ⓢ (형벌, 고통, 손해를)주다, 입히다

[inflíkt]

❖ inflict a loss on 손해를 주다
❖ It couldn't inflict a slight buff on him.
그것은 그에게 조그만 타격도 입힐 수 없었다.

888
□ **follow** ⓢ 당연한 결과로서 ~이 되다, 따르다

[fálou/ fɔ́lou]

❖ follow fame 명성을 추구하다
❖ The dog followed me to the house.
그 개는 나를 따라 집에까지 왔다.

889
□ astonish ㉯ 놀라게 하다(=surprise)

[əstɑ́niʃ / -tɔ́n-]

❖ be astonished 혀를 내두르다
❖ It was astonishing to everyone.
누구나 그 일에 놀랐다.
㉰ astonishment 놀람 / ㉱ astonished 깜짝 놀란

890
□ irritate ㉯ 화나게 하다, 안달나게 하다

[írətèit]

❖ irritate nerves 신경을 건드리다
❖ He irritates me very often.
그는 매우 자주 나를 화나게 한다.

891
□ accustom ㉯ 익히다, 습관을 붙이다

[əkʌ́stəm]

❖ accustom to work 일에 길들이다
❖ We got accustomed to noises.
우리는 소음에 익숙해졌다.

892
□ esteem ㉯ 존중하다, 간주하다 ㉰ 존경, 존중

[istíːm/es-]

❖ esteem a thing lightly 무엇을 경시하다
❖ I esteem your advice highly.
당신의 충고를 크게 존중합니다.
㉱ estimable 존중할 만한

893
□ rest ㉯ 여전히 ~이다, 휴식하다 ㉰ 나머지, 휴식

[rest]

❖ take a short rest 잠시 쉬다
❖ rest from hard work 중노동으로부터의 휴식

894
□ entertain ㉯ 즐겁게 하다, 마음에 품다

[èntərtéin]

❖ entertain an idea 생각을 품다
❖ The play entertained me very much.
그 연극은 나를 매우 즐겁게 했다.

895
□ undergo ㉯ 겪다, 견디다(=experience)

[ʌ̀ndərgóu]

❖ undergo trials 시련을 견디다
❖ The country is undergoing many changes.
그 나라는 많은 변화를 겪고 있다.

896

□ prolong ⓢ 연장하다, 연기하다

[prəlɔ́:ŋ/-lάŋ]

- ❖ prolong a line 선을 길게 하다
- ❖ prolong one's stay abroad 외국에서의 체재 기간을 연장하다

명 prolongation 연장

897

□ throng ⓢ 떼지어 모이다 명 군중

[θrɔ:ŋ/θrɑŋ]

- ❖ be thronged with people 사람들이 옥신거리다
- ❖ The street was thronged with people. 거리는 군중으로 들끓고 있었다.

898

□ recover ⓢ 회복하다(=get over), 되찾다

[rikʌ́vər]

- ❖ recover territory 영토를 되찾다
- ❖ He may possibly recover. 그는 회복할지도 모른다.

명 recovery 복구, 회복

899

□ approve ⓢ 찬성하다, 시인하다

[əprú:v]

- ❖ approve[adopt] proposal 제안을 받아들이다
- ❖ I approve your choice. 나는 네 선택에 찬성한다.

명 approval 승인

900

□ commit ⓢ 맡기다, 범하다, 저지르다

[kəmít]

- ❖ commit an error 잘못을 저지르다
- ❖ Many criminals commit crimes again and again. 많은 범죄자들은 범죄를 또 저지르고 또 저지릅니다.

Tip

approve 어원 ap(~에 대하여)+prove (좋다고 인정하다)
참고 approve of smoking 흡연을 허락하다.
유의어 appreciate, understand

Part Ⅱ 31일 Point up

901
□ **preoccupy** ㉾ 마음을 빼앗다, 먼저 차지하다

[priːɑ́kjupài]

❖ He is totally preoccupied with his work.
그는 일에만 몰두해 있다.
❖ Our favorite seats were preoccupied.
우리가 가장 좋아하는 자리를 남들이 먼저 차지하고 있었다.

902
□ **urge** ㉾ 재촉하다, 주장하다, 몰아내다

[əːrdʒ]

❖ urge silence 침묵을 강요하다
❖ urge a horse on 말을 몰아대다

903
□ **defeat** ㉾ 패배하다, 격퇴하다(=beat) ㉹ 패배

[difíːt]

❖ suffer a defeat 패배를 당하다
❖ He was defeated soundly.
그는 확실히 패배했다.

904
□ **withstand** ㉾ 저항하다, 견디다

[wiðstǽnd]

❖ withstand temptation 유혹을 견디다
❖ withstand an attack 공격에 저항하다

905
□ **cure** ㉾ 치료하다(=heal)

[kjuə*r*]

❖ be cured of a disease 병이 낫다
❖ Time cured him of his grief.
시간은 그의 슬픔을 가시게 해 주었다.

906
□ **salute** ㉾ 인사(하다) ㉹ 경례

[səlúːt]

❖ salute one's superior officer with a hand
상관에게 거수경례를 하다
❖ We saluted each other.
우리는 서로에게 인사했다.

907
□ prize ⓢ동 소중히 하다 ⓜ명 상품, 상금

[praiz]

❖ prize a ring as a keepsake
반지를 유품으로서 소중히 하다
❖ award a prize 상품을 수여하다

908
□ recommend ⓢ동 추천하다, 권하다

[rèkəménd]

❖ recommend one's own person 자천하다
❖ I recommend that the work be done at once.
그 일을 즉시 하도록 권합니다.
명 recommendation 추천

909
□ utilize 동 활용하다, 소용되게 하다

[jú:təlàiz]

❖ utilize the existing facilities
기설 설비를 이용하다
❖ utilize leftovers in cooking
남은 것을 요리에 이용하다

910
□ postpone 동 연기하다, 미루다

[poustpóun]

❖ The meeting has been postponed to next Sunday.
모임은 다음 일요일까지 연기되었다.
형 postponable 연기할 수 있는

911
□ claim 동 요구하다, 주장하다 명 권리

[kleim]

❖ claim obedience 복종하라고 말하다
❖ Both sides claimed the victory.
양쪽 모두 승리를 주장했다.

912
□ scatter 동 뿌리다, 흩어지다

[skǽtər]

❖ scatter seeds over the fields
밭에 씨를 뿌리다
❖ Blossoms are scattered in the wind.
꽃이 바람에 흩어지다.

913
□ revise 동 개정하다, 수정하다(=edit)

[riváiz]

❖ revise the constitution 헌법을 개정하다
❖ I think we have to revise it.
나는 수정할 필요가 있다고 생각한다.

914
□ resign 동 사직하다(=quit), 단념하다

[rizáin]

❖ resign a claim 청구권을 포기하다
❖ He resigned as president.
그는 사장직을 사임했다.
명 resignation 사직

915
□ cooperate 동 협력하다, 협동하다

[kouápərèit]

❖ cooperate with him 그와 협력하다
❖ They cooperated to a degree.
그들은 어느 정도까지는 협력했다.
명 cooperation 협력, 협동

916
□ command 동 명령하다, 지휘하다 명 명령, 지휘

[kəmǽnd]

❖ at the word of command
명령일하, 호령에 따라
❖ He commanded silence.
그는 조용히 하라고 명령했다.
❖ command key 명령 키

917
□ convert 동 바꾸다, 전환하다

[kənvə́:rt]

❖ convert to Christianity 기독교로 개종시키다
❖ This sofa converts into a bed.
이 소파는 침대로도 쓴다.
명 conversion 전환

918
□ seclude 동 분리하다, 은퇴시키다

[siklú:d]

❖ seclude a person from his companions
…을 그의 동료들에게서 떼어놓다
❖ My parents seclude me from TV.
부모님은 나를 TV에서 떼어놓으셨다.
명 seclusion 격리, 분리

919
□ **withhold** ⓢ동 보류하다, 억제하다

[wiðhóuld]

❖ withhold one's payment 지불을 보류하다
❖ The captain withheld his men from the attack.
대장은 부하들을 제지하여 공격하지 못하게 했다.

920
□ **reconcile** ⓢ동 화해시키다, 조정하다(=resolve)

[rékənsàil]

❖ reconcile a dispute 논쟁을 조정하다
❖ We have been reconciled with each other.
우리는 서로 화해했다.
명 reconciler 조정자, 화해자

921
□ **modify** ⓢ동 변경하다, 수정하다, 완화하다

[mɔ̀difài / mɑ́difài]

❖ modify a contract 계약을 일부 변경하다
❖ modify the terms of a treaty
조약 조건을 바꾸다
명 modification 수정, 변경 / 형 modified 조작의

922
□ **tempt** ⓢ동 유혹하다, 마음을 끌다

[tempt]

❖ tempt one's frailty
약한 마음을 이용해 유혹하다
❖ The offer tempts me.
그 제안에 마음이 끌렸다.
명 temptation 유혹

923
□ **refer** ⓢ동 나타내다, 참조하다, 언급하다

[rifə́:r]

❖ refer to dictionary
사전을 찾아보다
❖ He referred lightly to his wound.
그는 상처에 관해 가볍게 언급했다.
명 reference 언급, 참조문

924
□ **exempt** ⓢ동 면제하다 형 면제된

[igzémpt]

❖ exempt a person from taxes
아무의 조세를 면제하다
❖ goods exempt from taxes 면세품

925
□ intoxicate ⓢ 취하게 하다

[intɑ́ksikèit]

- drive while intoxicated 취중에 운전하다
- He is intoxicated with victory.
  그는 승리에 취해 있다.

926
□ lessen ⓢ 적어지다, 적게하다

[lésn]

- lessen the length of ~의 길이를 줄이다
- This circumstance lessens danger.
  이런 상황에서는 위험이 적어진다.

927
□ adorn ⓢ 장식하다

[ədɔ́ːrn]

- adorn the history 역사를 장식하다
- The trees are adorned with streamers.
  나무들이 리본으로 장식되어 있다.
  ⓜ adornment 장식품

928
□ appoint ⓢ 임명하다, 지정하다

[əpɔ́int]

- appoint the time 시간을 지정하다
- He is sure to be appointed.
  그가 임명되는 것은 확실하다.
  ⓜ appointment 임명, 지정

929
□ warn ⓢ 경고하다, 훈계하다

[wɔːrn]

- warn of danger 위험을 경고하다
- They were warned to be punctual.
  시간을 지키도록 훈계받았다.

930
□ contribute ⓢ 기부하다, 기여하다

[kəntríbjut]

- contribute to the community chest
  공동 기금에 기부하다
- It has contributed in no way to civilization.
  그것은 문명에 기여한 바가 없다.
  ⓜ contribution 기부

Part Ⅱ 32일 Point up

931
□ despise 동 경멸하다, 혐오하다(=dislike)

[dispáiz]

❖ You should not despise him because he is poor.
가난하다고 해서 그를 경멸해서는 안 된다.

❖ I despise liars. 나는 거짓말쟁이를 경멸한다.

932
□ permit 동 허가하다, 허락하다 명 허가, 면허

[pəːrmít]

❖ Don't permit him to leave.
그가 떠나는 것을 허락해선 안 된다.

❖ Permit me to go.
가는 것을 허락해 주십시오.

933
□ offend 동 화나게 하다, 범하다

[əfénd]

❖ offend one's mind 마음에 상처를 주다

❖ She was deeply offended by her companion.
그녀는 친구 때문에 몹시 화가 나 있었다.

934
□ animate 동 활기를 주다, 고무하다

[ǽnəmèit]

❖ become animated 활기를 띠다

❖ The dust of the ground was animated by God. 신은 땅의 흙에 생명을 불어넣었다.

935
□ commence 동 시작하다

[kəméns]

❖ commence the study of law
법학 공부를 시작하다

❖ We will commence with this work.
우리는 이 일부터 시작합니다.

명 commencement 시작

936
□ research
㉰ 연구하다, 조사하다 ㉱ 연구, 조사

[risə́:rtʃ]

❖ space research 우주 연구
❖ research into a matter thoroughly
문제를 철저하게 조사하다 ㉱ researcher 연구자

937
□ transport
㉰ 수송하다 ㉱ 수송

[trænspɔ́:rt]

❖ transport goods 화물을 운송하다
❖ the transport of mail by air
우편물의 항공 수송

938
□ beguile
㉰ 속이다

[bigáil]

❖ beguile a person (out) of his money
~의 돈을 사취하다
❖ The salesman beguiled him into buying a car. 세일즈맨은 그를 속여서 차를 사게 했다.

939
□ accumulate
㉰ 모으다, 축적하다

[əkjú:mjəlèit]

❖ accumulate a fortune 축재하다
❖ accumulate money 돈을 저축하다
㉱ accumulation 축적

940
□ distribute
㉰ 분배하다, 분류되다

[distríbju:t]

❖ distribute a profit 이익을 분배하다
❖ The plants are distributed into 30 classes.
그 식물은 30종으로 분류된다. ㉱ distribution 분배

941
□ induce
㉰ 권유하다, 설득하여 ~시키다

[indjú:s]

❖ induce to 사람을 유도하다
❖ Nothing shall induce me to go.
어떠한 권유가 있더라도 나는 가지 않는다.

942
□ associate
㉰ 교제하다, 연상하다 ㉱ 동료

[əsóuʃièit]

❖ associate as a friend with 친구로 지내다
❖ I don't care to associate with them.
나는 그들과 교제하고 싶지 않다.

943
□ **lurk** ⓢ 숨어 있다, 잠복하다

[lə:rk]
- a lurking place 잠복처
- lurk in the mountains
  산악 지대에 잠복하다

944
□ **consume** ⓢ 소비하다, 다 써버리다

[kənsú:m]
- This car consumes a lot of gas.
  이 차는 휘발유를 많이 소비한다.
- consume a bottle of whiskey
  위스키 한 병을 다 마셔 버리다
  ⓜ consumption 소비

945
□ **oppress** ⓢ 압박하다

[əprés]
- be unduly oppressed by
  부당하게 압박당하다
- A good government will not oppress the people. 훌륭한 정부는 국민을 압박하지 않는다.

946
□ **apply** ⓢ 적용하다, 전념하다, 신청하다

[əplái]
- apply by letter 편지로 신청하다
- Can I apply for another one?
  다른 자리에 지원해도 됩니까?
  ⓜ application 신청 신청서

947
□ **account** ⓢ 계산하다, 설명하다 ⓜ 거래, 예금계좌

[əkáunt]
- cast accounts 계산하다
- I will account for the incident.
  내가 그 사건에 대해 설명하겠다.

948
□ **ignore** ⓢ 무시하다

[ignɔ́:r]
- ignore insulting remarks
  모욕적인 의견을 무시하다
- He completely ignored their opinions.
  그는 그들의 의견을 완전히 무시했다.
  ⓜ ignorance 무지, 무학

949
□ extinguish ⓢ 끄다, 진화하다

[ikstíŋgwiʃ]

❖ extinguish a candle 촛불을 끄다
❖ The fire was soon extinguished.
불은 얼마 안 가서 진화되었다.

950
□ exaggerate ⓢ 과장하다, 침소봉대하다

[igzǽdʒərèit]

❖ Don't exaggerate. 허풍떨지 마라.
❖ exaggerate one's own importance
자만하다

951
□ bid ⓢ 명령하다, 말하다, 값을 매기다

[bid]

❖ bid a person good-bye
~에게 작별을 고하다
❖ Do as you are bidden.
명령대로 하시오.

952
□ emerge ⓢ 나타나다, 나오다

[imə́ːrdʒ]

❖ emerge from poverty 빈곤에서 벗어나다
❖ The full moon will soon emerge from behind the clouds.
보름달이 곧 구름 뒤에서 나타날 것이다.

953
□ acquaint ⓢ 알리다

[əkwéint]

❖ be acquainted 안면이 있다
❖ Acquaint your friend with what you have done.
당신 친구에게 당신이 한 일을 알리시오.
명 acquaintance 친분

954
□ disappoint ⓢ 실망시키다, 낙담시키다

[dìsəpɔ́int]

❖ disappoint one's parents
부모를 실망시키다
❖ I'll try not to disappoint you.
나는 실망시켜드리지 않도록 노력하겠습니다.
명 disappointment 실망 / 형 disappointed 실망한

955
□ **conceal** ⓢ 감추다

[kənsíːl]

❖ conceal oneself 몸을 감추다

❖ I do not conceal anything from you.
나는 너에게 아무것도 감추지 않는다.
ⓜ concealment 은폐

956
□ **assimilate** ⓢ 동화하다

[əsíməlèit]

❖ be hard to assimilate 동화하기 어렵다

❖ They rapidly assimilated into the American way of life.
그들은 미국의 생활 방식에 빠르게 동화되었다.

957
□ **reap** ⓢ 베어들이다, 수확하다

[riːp]

❖ reap a harvest 농작물을 거둬들이다

❖ reap fields 밭의 작물을 수확하다

958
□ **survive** ⓢ 생존하다, 살아남다

[survive]

❖ survive one's children 자식들보다 오래 살다

❖ Only two of the party survived.
일행 중 겨우 두 사람이 살아남았다.
ⓜ survival 생존

959
□ **behold** ⓢ 보다

[bihóuld]

❖ Lo and behold!
보라, 저런, 이건 어찌된 영문인가!

❖ Her grief was painful to behold.
그녀의 슬픔은 보기에도 딱했다.

960
□ **provoke** ⓢ 화나게 하다, 도발하다

[prəvóuk]

❖ provoke a riot 폭동을 도발하다

❖ He was provoked out of patience.
그는 화가 나서 견딜 수 없었다.

Part Ⅱ 33일 Point up

961
□ impose ⓢ 부과하다, 강요하다

[impóuz]

❖ impose a tax on an article 물품에 과세하다

❖ A new tax has been imposed on wine.
새로운 조세가 포도주에 부과되었다.

962
□ mingle ⓢ 섞다, 혼합하다(=mix)

[míŋgl]

❖ mingle wine and soda 술에 소다를 섞다

❖ truth mingled with falsehood
거짓이 섞인 진실

963
□ equip ⓢ 갖추다, 장비하다

[ikwíp]

❖ equip oneself for a journey
여행의 채비를 하다

❖ equip a fort with guns
요새에 대포를 장비하다

㉮ equipment 장비

964
□ impoverish ⓢ 가난하게하다, 쇠약하게하다, 피폐하게하다

[impάvəriʃ]

❖ a country impoverished by war
전쟁으로 피폐해진 나라

❖ the impoverished conditions of the rural communities 농촌의 피폐

965
□ concede ⓢ 양보하다, 인정하다(=admit)

[kənsíːd]

❖ concede in favor of ~을 위하여 양보하다

❖ He didn't concede his seat to the senior person.
그는 노인에게 자리를 양보하지 않았다.

966
□ trim
㊐ 정돈하다, 손질하다

[trim]
- trim a nail 손톱을 깎다
- trim one's beard 수염을 손질하다

967
□ utter
㊐ 내다, 발하다 ㊔ 완전한

[ʌ́tər]
- utter a groan 신음소리를 내다
- He is an utter stranger to me.
  그는 전연 모르는 사람이다.

968
□ trespass
㊐ 침해하다, 방해하다 ㊑ 침입, 방해

[tréspəs]
- trespass on[upon] a person's privacy
  ~의 사생활을 침해하다
- No trespassing! 출입금지

969
□ flatter
㊐ 아첨하다

[flǽtər]
- flatter the powerful 권력자에게 아첨하다
- Don't flatter me. 아첨하지 마라.
  ㊑ flatterer 아첨꾼

970
□ resent
㊐ 분개하다

[rizént]
- resent an insult 모욕을 당하고 분개하다
- He resented being called a fool.
  바보라는 소리에 분개했다.

971
□ encounter
㊐ ~ 에 맞서다, 부딪치다(=confront)
㊑ 우연한 만남, 조우

[enkáuntər]
- encounter with danger 위험에 부닥치다
- encounter an old friend on the street
  거리에서 옛 친구를 우연히 만나다

972
□ lade
㊐ 싣다, 적재하다

[leid]
- a high-laden cart 짐을 산더미처럼 실은 차
- lade a ship with goods
  배에 화물을 적재하다

973
□ **venture** ⓢ 위험을 무릅쓰고 가다, 감히 가다

[véntʃər]

❖ venture on a protest 과감히 항의하다
❖ I venture to write to you.
실례를 무릅쓰고 글을 올립니다.

974
□ **rebuke** ⓢ 비난하다, 꾸짖다 ⓜ 비난

[ribjúːk]

❖ rebuke a person for his carelessness
아무의 부주의를 나무라다
❖ give a rebuke 꾸지람하다

975
□ **invade** ⓢ 침입하다, 침해하다

[invéid]

❖ be invaded by tourists 관광객이 밀어닥치다
❖ invade the enemy's territory
적국에 침입하다
ⓜ invasion 침입

976
□ **ornament** ⓢ 장식하다 ⓜ 장식

[ɔ́ːrnəmənt]

❖ by way of ornament 장식으로서
❖ She ornamented the table with a bunch of flowers.
그녀는 테이블을 한 다발의 꽃으로 장식하였다.

977
□ **decide** ⓢ 결정하다, 결심하다

[disáid]

❖ decide the ranking 순위를 결정하다
❖ What does the man decide to do?
그 남자가 하기로 결심한 것이 무엇인가?
ⓜ decision 결정

978
□ **feature** ⓢ 특징으로 하다 ⓜ 특징, 용모

[fíːtʃər]

❖ comely features 반반한 용모
❖ The best feature of the house is the sun porch.
그 집의 가장 큰 특징은 일광욕실이다.

979
□ confirm ⓢ 확인하다, 굳히다

[kənfə́ːrm]

❖ I confirmed our reservations at the hotel.
나는 호텔 예약을 확인했다.

❖ He was confirmed in his decision.
그는 더욱 결심을 굳게 했다.

㉮ confirmation 확인

980
□ stand ⓢ (~상태에) 있다, 서다, 견디다

[stænd]

❖ stand at bay 궁지에 빠져 있다

❖ The old building stands up well.
저 낡은 건물은 잘 지탱하고 있다.

❖ stand for ~을 나타내다

981
□ upset ⓢ 뒤엎다 ⓗ 불편한 ㉮ 전복, 혼란

[ʌpsét]

❖ an upset in the family 가정의 불화

❖ The cat has upset its saucer of milk.
고양이가 우유 접시를 뒤엎었다.

㉮ upsetter 뒤짚어 엎는 사람

982
□ abuse ⓢ 남용하다, 학대하다 ㉮ 남용, 오용

[əbjúːz]

❖ abuse one's wife 아내를 학대하다

❖ abuse one's position 지위를 남용하다

ⓗ abusive 남용하는

983
□ afford ⓢ 주다, ~할 여유가 있다

[əfɔ́ːrd]

❖ afford a chance 기회를 주다

❖ I can ill afford the expense.
나는 비용을 부담할 여유가 없다.

984
□ deplore ⓢ 한탄하다, 애도하다

[diplɔ́ːr]

❖ deplore death 죽음을 애도하다

❖ They deplored the corruption of politics.
그들은 정치의 부패를 한탄했다.

985
☐ **release** ⓢ 발표하다, 공개하다 ⓜ 면제

[rilíːs]

❖ release a new film 영화를 개봉하다
❖ Details are to be released today.
자세한 내용은 오늘 발표될 예정이다.

986
☐ **invert** ⓢ ~을 거꾸로 하다, 뒤집다

[invə́ːrt]

❖ invert the order 순서를 거꾸로 하다
❖ The order is inverted.
순서의 전후가 바뀌어 있다.

987
☐ **furnish** ⓢ 공급하다, 비치하다(=provide)

[fə́ːrniʃ]

❖ furnish out 충분히 준비하다
❖ The sun furnishes heat.
태양은 열을 제공한다.
❖ fully-furnished 가구 등이 완비된

988
☐ **precede** ⓢ ~에 앞서다, 능가하다

[priːsíːd]

❖ Lightning precedes thunder.
뇌성이 나기 전에 번개가 번쩍인다.
❖ This precedes all others.
이것은 다른 모든 것보다 우선한다.

989
☐ **conform** ⓢ 일치시키다(하다), 따르다

[kənfɔ́ːrm]

❖ conform A with B A와 B를 일치시키다
❖ conform to the laws 법률에 따르다

990
☐ **specialize** ⓢ 전공하다, 전문화하다

[spéʃəlàiz]

❖ specialized knowledge 전문 지식
❖ specialize in chemistry 화학을 전공하다
ⓜ specialist 전문가

Tip

specialize 어법 「~을 전문[전공]으로 하다」라는 특정 분야의 세부적인 전공에 대해서 쓴다. **참고** specialize in ~을 전문으로 하다. **유의어** specialise, narrow

Part Ⅱ 34일 Point up

991
□ **fix** ⓢ 고치다, 수리하다(=repair) ⓜ 곤경

[fiks]

❖ fix a machine 기계를 수리하다
❖ How much to fix it?
그것을 고치는 데는 얼마 인가요?

992
□ **collect** ⓢ 모으다, 수집하다

[kəlékt]

❖ collect a purse 기부금을 모으다
❖ The man is collecting garbage.
남자가 쓰레기를 모으고 있다.
ⓜ collection 수집

993
□ **bother** ⓢ 괴롭히다(=harass), 귀찮게 하다(=annoy) 걱정하다

[bɑ́ðər / bɔ́ð-]

❖ bother a person with questions
~에게 귀찮게 질문하여 괴롭히다
❖ Don't bother about the expenses.
비용 걱정은 하지 마라.

994
□ **yield** ⓢ 생산하다, 굴복하다 ⓜ 생산고

[jiːld]

❖ yield under pressure 압박에 굴복하다
❖ an optimum yield 최적 생산량

995
□ **compete** ⓢ 경쟁하다

[kəmpíːt]

❖ compete with others for a prize
상을 타려고 남과 겨루다
❖ They competed for the prize.
그들은 그 상을 타려고 경쟁을 했다.
ⓜ competition 경쟁

996
□ accomplish ㊍ 성취하다, 이루다, 달성하다

[əkámpliʃ]

❖ accomplish one's purpose 목적을 달하다
❖ What does the band hope to accomplish?
이 밴드가 성취하고 싶은 것은 무엇인가?
㊔ accomplishment 성취, 달성

997
□ worship ㊍ 숭배하다 ㊔ 숭배

[wə́ːrʃip]

❖ hero worship 영웅 숭배
❖ worship money 돈을 중히 여기다

998
□ contact ㊍ 접촉하다, 연락하다 ㊔ 접촉

[kántækt]

❖ get in contact with ~와 접촉하다
❖ I don't plan to contact him.
나는 그 사람과 연락할 계획이 없어요.

999
□ perceive ㊍ 지각하다, 감지하다

[pərsíːv]

❖ perceive the truth 사실을 깨닫다
❖ He perceived a small figure in the distance.
그는 멀리서 작은 형체를 감지했다.
㊔ perception 인식, 지각

1000
□ shrink ㊍ 줄다, 오그라들다

[ʃriŋk]

❖ shrink up 움츠러들다
❖ shrink from drought 가뭄으로 줄다

1001
□ meditate ㊍ 숙고하다, 묵상하다

[médətèit]

❖ meditate the Muse 시상에 잠기다
❖ They decided to meditate on the matter.
그들은 그 문제에 대해 숙고하기로 결정했다.

1002
□ complain ㊍ 불평하다, 호소하다

[kəmpléin]

❖ be always complaining 항상 불평하다
❖ We have nothing to complain of.
우리는 아무런 불만이 없다.
㊔ complaint 불평, 불만

1003
□ better ⓢ 개선하다 ⓗ 더 좋은

[bétər]
❖ a change for the better 개량, 진보
❖ They are reading a better story.
그들은 더 좋은 이야기를 읽고 있다.

1004
□ banish ⓢ 추방하다

[bǽniʃ]
❖ banish from the country 국외로 추방하다
❖ The banished king was restored to the throne. 추방되었던 왕은 복위하였다.

1005
□ violate ⓢ 위반하다

[váiəléit]
❖ violate the speed limit 속도 제한을 위반하다
❖ He violated the traffic regulations.
그는 교통 규칙을 위반했다.

1006
□ embark ⓢ 배를 타다, 탑승하다, 착수하다

[embɑ́ːrk]
❖ embark at New York 뉴욕에서 승선하다
❖ embark upon a business
사업에 착수하다
명 embarkation 탑승

1007
□ respond ⓢ 응답하다

[rispɑ́nd]
❖ respond to a question 질문에 답하다
❖ He is ever quick to respond.
그는 언제나 응답이 빠르다.

1008
□ aspire ⓢ 열망하다

[əspáiər]
❖ aspire after[to] fame 명성을 열망하다
❖ He aspired to be captain of the team.
그는 그 팀의 주장이 되기를 열망했다.
명 aspiration 열망

1009
□ stride ⓢ 성큼성큼 걷다 명 성큼성큼 걷기

[straid]
❖ stride ahead 성큼성큼 앞으로 나서다

❖ stride away 큰 걸음으로 성큼성큼 가버리다

1010
□ **stifle** ㉲ 억누르다, 숨 막히다

[stáifl]

❖ stifle individuality 개성을 죽이다
❖ stifle a laugh 웃음을 억누르다
㉻ stifling 숨 막히는

1011
□ **detach** ㉲ 떼어놓다, 파견하다

[ditǽtʃ]

❖ detach a ship from a fleet
함대로부터 배 한 척을 파견하다
❖ You can detach the hood if you prefer the coat without it.
만약 모자가 없는 게 더 좋으시다면, 코트에서 모자를 떼어내실 수 있습니다.

1012
□ **compel** ㉲ 강요하다(=force), 억지로시키다

[kəmpél]

❖ be compelled to 어쩔 수 없이 ~하다
❖ They compelled obedience from us.
그들은 우리에게 복종을 강요했다.

1013
□ **perform** ㉲ 이행하다, 실행하다

[pərfɔ́:rm]

❖ perform a contract 계약을 이행하다
❖ The operation was performed by Dr. Kim. 수술은 김 박사 집도로 행해졌다.
㉻ performable ~할 수 있는

1014
□ **soar** ㉲ 높이 날다, 치솟다

[sɔ:r]

❖ soar up to the sky 하늘로 날아오르다
❖ a soaring ambition 치솟는 큰 포부

1015
□ **flourish** ㉲ 번창하다(=thrive), 과시하다 ㉮ 화려함

[flə́:riʃ / flʌ́riʃ]

❖ He is flourishing in his new business.
그는 새 사업이 아주 잘 되고 있다.
❖ a flourishing business 번창하는 사업
㉻ flourishy 화려한

1016
□ **enchant** ⓢ 매혹시키다, 황홀케 하다

[entʃǽnt]

❖ be enchanted with ~에 홀리다

❖ Venice enchanted me instantly.
나는 베니스에 즉각적으로 매혹되었다.

1017
□ **spoil** ⓢ 망치다, 손상하다

[spɔil]

❖ spoil a new dress 새 옷을 못 쓰게 만들다

❖ The heavy rain spoiled the crops.
큰 비가 농작물을 망쳐 버렸다.

1018
□ **rebel** ⓢ 반역하다 ⓜ 반역자

[rébəl]

❖ rebel forces 반란군

❖ put down rebels 반란을 평정하다

❖ They rebelled against the government.
그들은 정부에 대한 반란을 일으켰다.

1019
□ **forbear** ⓢ 참고 견디다, 삼가다

[fɔːrbɛ́ər]

❖ forbear one's wrath 노여움을 억누르다

❖ I forbore my thirst for drink.
나는 술 마시고 싶은 것을 꾹 참았다.

1020
□ **deprive** ⓢ 빼앗다, 박탈하다

[dipráiv]

❖ deprive of his power 권력을 빼앗다

❖ deprive a man of his property
~에게서 재산을 빼앗다

Tip

enchant 어원 in(~에 대하여)+chant(노래하다) → 노래하여 포로로 만들다 **유의어** enrapture, transport, enthrall

Part Ⅱ 35일 Point up

1021
□ comprehend 동 이해하다, 포함하다

[kàmprihénd]

❖ do not comprehend the significance of his remark
그의 말의 중요성을 이해하지 못하다
❖ The price comprehends service charges.
대금에는 수수료가 포함되어 있다.
명 comprehension 터득

1022
□ deliver 동 배달하다, 연설하다

[dilívər]

❖ deliver a speech 연설하다
❖ Could you deliver one to my house?
저희 집까지 한 상자 배달해 주시겠어요?
명 delivery 배달

1023
□ observe 동 관찰하다, 준수하다

[əbzə́:rv]

❖ observe law 법을 준수하다
❖ Observe how the machine works.
기계가 어떻게 움직이는지 지켜보십시오.
명 observation 관찰

1024
□ consider 동 숙고하다, ~이라고 생각하다

[kənsídər]

❖ consider others 남을 생각하다
❖ I consider it barbarism.
나는 그것을 야만적 행위라고 생각한다.

1025
□ mock 동 비웃다 명 조롱 형 모의의

[mɑk/mɔk]

❖ a mock trial 모의 재판
❖ mock the poor 가난한 사람들을 조롱하다

1026
□ embarrass ⓢ 난처하게 하다, 당혹하게 하다

[imbǽrəs, em-]

❖ be embarrassed 난처하다
❖ I was embarrassed by his question.
나는 그에게서 질문을 받고 당황했다.

1027
□ deposit ⓢ 맡기다 ⓜ 예금, 맡긴 것

[dipάzit]

❖ deposit money in a bank 은행에 예금하다
❖ deposit slip 예금 전표
❖ He deposited the book with me.
그는 그 책을 나에게 맡겼다.

1028
□ transform ⓢ 변형시키다, 바꾸다

[trænsfɔ́ːrm]

❖ transform society 사회를 일변시키다
❖ Heat is transformed into energy.
열은 에너지로 바뀐다.
ⓗ transformable 변형할 수 있는
ⓜ transformation 변형

1029
□ detect ⓢ 발견하다, 수색하다

[ditékt]

❖ detect in the early stages 조기에 발견하다
❖ I detected the man stealing money.
나는 그자가 돈을 훔치는 것을 보았다.
ⓜ detective 형사

1030
□ register ⓢ 등록하다, 가리키다

[rédʒistər]

❖ register a trademark 상표를 등록하다
❖ Register now for fall classes.
지금 가을학기 등록을 받고 있습니다.
ⓜ registration 등록

1031
□ reproach ⓢ 비난하다

[ripróutʃ]

❖ be above reproach 비난의 여지가 없다
❖ He reproached me with extravagance.
그는 나를 사치스럽다고 비난했다.

1032
□ **repel** ⓢ 쫓아버리다, 불쾌감을 주다

[ripél]

❖ repel the enemy 적을 격퇴하다
❖ The odor repels me. 냄새가 불쾌하다.

1033
□ **diminish** ⓢ 줄어들다, 감소시키다

[dimíniʃ]

❖ diminish in speed 속도가 떨어지다
❖ diminish in population 인구가 감소되다
ⓗ diminishable 줄일 수 있는

1034
□ **recall** ⓢ 상기하다, 생각해내다(=remember)

[rikɔ́:l]

❖ recall the memory of the Korean War
6 · 25를 상기하다
❖ I recall that I read the news.
나는 그 뉴스를 읽은 일을 기억하고 있다.

1035
□ **calculate** ⓢ 계산하다

[kǽlkjulèit]

❖ calculate a solar eclipse
일식일을 계산해 내다
❖ Oil prices are calculated in dollars.
석유 가격은 달러로 계산된다.
ⓜ calculation 계산

1036
□ **reproduce** ⓢ 재생하다, 번식하다

[rì:prədjú:s]

❖ Most plants reproduce by seed.
대부분의 식물은 종자에 의해 번식한다.
❖ reproduce a severed branch
잘려나간 가지를 재생하다

1037
□ **coincide** ⓢ 동시에 일어나다, 일치하다

[kòuinsáid]

❖ Your interests coincide with mine.
너와 나는 이해관계가 일치한다.
❖ Our birthdays coincide.
우리들의 생일은 같은 날이다.
ⓜ coincidence 우연의 일치

1038
□ amaze ⓢ 깜짝 놀라게 하다

[əméiz]

❖ an amazed look 어안이 벙벙한 얼굴
❖ I was amazed at his courage.
나는 그의 용기에 놀랐다.
㉻ amazed 놀란

1039
□ blame ⓢ 비난하다 ⓜ 비난

[bleim]

❖ Blame this rain! 이놈의 비 지긋지긋해!
❖ He blamed me for the accident.
그는 사고의 책임이 내게 있다고 비난했다.
㉻ blameful 비난받을

1040
□ qualify ⓢ 자격을 주다, 한정하다

[kwɑ́ləfài]

❖ qualify for 자격을 주다
❖ He has not yet qualified for the race.
그는 아직 레이스에 나갈 자격이 없다.
ⓜ qualification 자격

1041
□ derive ⓢ ~을 얻다, 유래하다

[diráiv]

❖ The term derives from Greek.
이 용어는 그리스어에서 유래한다.
❖ He derived a lot of profit from the business.
그는 그 일에서 많은 이익을 얻었다.

1042
□ head ⓢ 앞장서다, 나아가다 ⓜ 우두머리, 머리수

[hed]

❖ the head waiter 웨이터장
❖ His name heads the list.
그의 이름이 명단 맨 앞에 있다.

1043
□ annihilate ⓢ 전멸시키다

[ənáiəlèit]

❖ annihilate the enemy soldiers
적군 병사들을 전멸시키다
❖ The army annihilated the enemy.
그 군대는 적을 전멸시켰다.

1044
□ bewilder ⓢ 당황하게 하다

[biwíldər]

❖ a bewildering pattern 알쏭달쏭한 무늬
❖ She was bewildered by their questions.
그녀는 그들의 질문 공세에 당황하게 되었다.

1045
□ retain ⓢ 보유하다, 간직하다

[ritéin]

❖ retain one's right 권리를 보유하다
❖ retain the championship 선수권을 보유하다
㉧ retention 보유

1046
□ decorate ⓢ 장식하다, 꾸미다, 훈장을 주다

[dékərèit]

❖ decorate with gold 금장식하다
❖ He was decorated for his distinguished services. 그는 현저한 공적으로 훈장을 받았다.
㉧ decoration 장식

1047
□ overcome ⓢ 이겨내다 극복하다(=defeat)

[òuvərkʌ́m]

❖ overcome an obstacle 장애를 극복하다
❖ overcome difficulties 곤란을 이겨내다

1048
□ allude ⓢ 언급하다, 암시하다

[əlúːd]

❖ allude to 언외에 암시하다
❖ She was far too polite to allude to the stain. 그녀는 너무나 예의 바른 사람이어서 얼룩을 언급하지도 않았다.

1049
□ sob ⓢ 흐느껴 울다

[sɑb / sɔb]

❖ speak with sobs 흐느끼며 말하다
❖ He sobbed out the whole sad story.
그는 흐느끼면서 모든 슬픈 이야기를 말하였다.

1050
□ expose ⓢ 드러내다, 폭로하다 ㉧ 노출, 폭로

[ikspóuz]

❖ be exposed to ~에 노출되다
❖ expose a person to danger
~을 위험에 드러내 놓다

Part Ⅱ 36일 Point up

1051
□ plow ⓢ동 밭을 갈다, 경작하다 ⓜ명 쟁기

[plau]

❖ plow weeds out 잡초를 갈아엎다
❖ The field plows easily.
그 밭은 경작하기가 쉽다.

1052
□ assemble 동 모이다, 조립하다

[əsémbl]

❖ assemble for a meeting 회의하려고 모이다
❖ We are assembled here to see him off.
우리는 그를 전송하기 위해 여기에 모였다.

1053
□ complicate 동 복잡하게 하다

[kάmpləkèit]

❖ a complicated machine 복잡한 기계
❖ The matter became complicated.
일이 복잡해졌다.

1054
□ exchange 동 교환하다, 바꾸다 명 교환

[ikstʃéindʒ]

❖ the exchange of prisoners 포로를 교환하다
❖ an exchange of gifts 선물의 교환

1055
□ penetrate 동 꿰뚫다, 간파하다

[pénətrèit]

❖ penetrate a person's mind
~의 마음을 꿰뚫어 보다
❖ The flashlight penetrated the darkness.
불빛이 어둠 속을 꿰뚫었다.
명 penetration 관통

1056
□ retreat 동 물러가다 명 후퇴, 피난처

[riːtríːt]

❖ a strategic retreat 전략적 후퇴
❖ retreat from the front 전선에서 퇴각하다

1057
□ struggle ⓢ 노력하다, 분투하다 ⓜ 노력

[strʌ́gl]

❖ struggle oneself to do
노력하여[애써서] ~하다
❖ struggle to escape
도망치려고 몸부림치다

1058
□ withdraw ⓢ 물러나다, 탈퇴하다

[wiðdrɔ́ː / wiθ-]

❖ withdraw from the table 식탁에서 물러나다
❖ He has decided to withdraw from the association.
그는 그 모임에서 탈퇴하기로 작정했다.

1059
□ grasp ⓢ 붙잡다, 이해하다 ⓜ 파악, 이해

[græsp / grɑːsp]

❖ a mind of wide grasp 이해심이 넓은 마음
❖ He grasped me by the arm.
그는 내 팔을 잡았다.

1060
□ discern ⓢ 분간하다, 식별하다

[disə́ːrn/-zə́ːrn]

❖ discern good from bad 선악을 분별하다
❖ discern between honesty and dishonesty
성실과 불성실을 식별하다
ⓜ discernment 식별력

1061
□ sell ⓢ 팔다, 팔리다, 매도하다

[sel]

❖ a house to sell 팔려고 내놓은 집
❖ sell like hot cakes 날개 돋히듯 팔리다

1062
□ accelerate ⓢ 가속하다(↔decelerate), 촉진하다 (speed up)

[æksélərèit]

❖ accelerate[slow] one's car
차의 속력을 내다[낮추다]
❖ accelerate the growth of a plant
식물의 성장을 촉진하다
ⓜ acceleration 가속

1063
□ rejoice ⓢ동 기쁘게 하다, 즐겁게 하다

[ridʒɔ́is]

❖ rejoice over the good news
희소식을 듣고 기뻐하다
❖ I rejoiced that he got better.
나는 그가 좋아졌다는 소식을 들으니 기뻤다.

1064
□ sting 동 찌르다 명 (동물의)침, 고통

[stiŋ]

❖ the sting of defeat 패배의 고통
❖ A bee stung me on the arm.
벌이 내 팔을 쏘았다.

1065
□ assert 동 주장하다, 단언하다

[əsə́ːrt]

❖ assert innocence 무죄를 주장하다
❖ He asserted his innocence.
그는 자기의 결백을 강력히 주장했다.
명 assertion 주장

1066
□ extend 동 넓히다, 뻗치다, ~에 이르다

[iksténd]

❖ extend one's power[influence]
세력을 뻗치다
❖ They've extended the runway to take larger jets. 그들은 더 큰 비행기를 들이기 위해 활주로를 넓혔다.

1067
□ start 동 출발하다, (놀라)움찔하다, 시작하다

[stɑːrt]

❖ start a book 책을 읽기 시작했다
❖ I suggest an early start.
일찍 출발할 것을 제안합니다.

1068
□ allure 동 유혹하다 명 매력, 애교

[əlúər]

❖ allure a person from a party
~을 패거리에서 꾀어내다
❖ Sports has a subtle allure.
스포츠에는 묘한 매력이 있다.

1069
□ punish ⓢ 벌하다, 혼내주다

[pʌ́niʃ]

❖ punish a person for his crime
~의 죄를 벌하다
❖ Don't punish your child for being honest.
당신 아이를 정직하다고 벌하지 마시오.
ⓜ punisher 벌 주는 사람

1070
□ promote ⓢ 촉진하다, 승진시키다

[prəmóut]

❖ be promoted captain 육군 대위로 진급하다
❖ promote digestion 소화를 촉진하다
ⓜ promotion 승진

1071
□ betray ⓢ 배반하다, 누설하다

[bitréi]

❖ betray a secret to a person
~에게 비밀을 누설하다
❖ That he should betray us!
그가 우리를 배신하다니!
ⓜ betrayal 배반

1072
□ stumble ⓜ 넘어지다 ⓢ 우연히 만나다

[stʌ́mbl]

❖ stumble over a stone unexpectedly
돌에 톡 걸려 넘어지다
❖ He stumbled across an old friend.
그는 우연히 옛 친구를 만났다.

1073
□ recognize ⓢ 인정하다, 알아보다

[rékəgnàiz]

❖ recognize ability 능력을 알아주다
❖ fail to recognize a friend 친구를 몰라보다
ⓜ recognition 인식

1074
□ reprove ⓢ 비난하다, 꾸짖다

[riprúːv]

❖ reprove for his bad manners
버릇없다고 꾸짖다
❖ He reproved her for telling lies.
그는 그녀를 거짓말한다고 꾸짖었다.

1075
□ raise
㊀ 기르다, 모집하다, 올리다

[reiz]

❖ raise a curtain 막을 올리다
❖ raise up an army 모병하다

1076
□ remark
㊀ 말하다, 주목하다 ㊁ 주의, 비평(= comment)

[rimɑ́ːrk]

❖ blurt out a remark 불쑥 말하다
❖ He remarked that it was a masterpiece.
그는 그것이 걸작이라고 말하였다.

1077
□ nourish
㊀ 기르다, 영양분을 주다

[nə́ːriʃ/nʌ́r-]

❖ Milk nourishes a baby.
우유는 젖먹이의 영양이 된다.
❖ Pigs can be nourished on any food.
돼지는 아무 먹이로나 기를 수 있다.
㊁ nourishment 영양물

1078
□ ally
㊀ 동맹하다 ㊁ 동맹자국

[əlái, ǽlai]

❖ ally with 동맹을 맺다
❖ Japan was once allied with England.
일본은 영국과 동맹을 맺은 적이 있다.

1079
□ replace
㊀ 대체하다(=substitute), 제자리에 두다

[ripléis]

❖ A replaces B as pitcher.
A가 B를 대신하여 투수가 된다.
❖ replace a book on the shelf
책을 책장에 도로 꽂다
㊁ replacement 대체

1080
□ settle
㊀ 놓다, 정착하다, 해결하다

[sétl]

❖ settle down in Brazil 브라질에 정착하다
❖ The matter must be settled without delay.
이것은 시급히 해결해야 하는 문제이다.

Part Ⅱ 37일 Point up

1081
□ admit ⓢ 승인하다, 인정하다

[ædmít/əd-]
- admit one's defeat 패배를 인정하다
- He admitted his wrongs.
  그는 자기의 잘못을 인정했다.

1082
□ reside ⓢ 살다, 존재하다

[riːsáid]
- reside abroad 외국에 거주하다
- The power of decision resides in the President. 결정권은 대통령에게 있다.
  ⓜ resident 주민

1083
□ require ⓢ 필요로 하다

[rikwáiər]
- if circumstances require 필요하다면
- We are required to know it.
  우리는 그것을 알 필요가 있다.

1084
□ preserve ⓢ 유지하다(=keep), 보존하다

[prizə́ːrv]
- preserve order 질서를 유지하다
- preserve historical monuments
  사적을 보존하다

1085
□ persecute ⓢ 박해하다, 학대하다

[pə́ːrsikjùːt]
- be persecuted 박해를 받다
- persecute a religion 종교를 박해하다
  ⓜ persecution 박해

1086
□ console ⓢ 위로하다, 위문하다

[kənsóul]
- console one's grief 슬픔을 달래다
- That consoled me for my loss.
  그것이 손실에 대한 위안이 되었다.

1087
□ renounce ⓢ동 버리다, 부인하다

[rináuns]

❖ renounce the world 세상을 버리다
❖ renounce one's faith 신앙을 부인하다

1088
□ conceive ⓢ동 상상하다, 마음에 품다

[kənsíːv]

❖ conceive a dislike 혐오감을 품다
❖ I cannot conceive how that can be.
나는 어떻게 그렇게 될 수 있는지 상상 못하겠다.
명 conception 개념

1089
□ inquire 동 묻다, 안부를 묻다, 조사하다

[inkwáiər]

❖ inquire into guilt 죄상을 묻다
❖ I will inquire about it. 나는 그것을 물어보아야겠다.

1090
□ cancel 동 취소하다 명 취소

[kǽnsəl]

❖ cancel an order for the book
그 책의 주문을 취소하다
❖ cancel a trip 여행을 중지하다

1091
□ confine 동 가두다 명 경계, 한도

[kənfáin]

❖ the confines of human knowledge
인지의 한계
❖ confine a convict in jail
죄수를 구치소에 가두다
명 confinement 감금

1092
□ help 동 삼가다, 돕다 명 도움

[help]

❖ help up 도와 일으키다
❖ It was a great help to me.
그것은 내게 큰 도움이 되었다.

1093
□ allot 동 할당하다

[əlát/əlɔ́t]

❖ allotted work 할당된 일
❖ A share was allotted to each.
각자가 몫을 할당받았다.

1094
□ **surmount** ㊐ 극복하다, 오르다, 얹다

[sərmáunt]

❖ surmount difficulties 어려움을 극복하다
❖ peaks surmounted with snow
눈 덮인 산봉우리들

1095
□ **launch** ㊐ 내보내다, 진출하다, 발사하다

[lɔːntʃ/lɑːntʃ]

❖ launch into politics 정계에 진출하다
❖ The woman is launching a rocket.
여자가 로켓을 발사하고 있다.

1096
□ **exhibit** ㊐ 전람하다, 전시하다, 보이다 ㊔ 전시

[igzíbit]

❖ exhibit pictures 그림을 전시하다
❖ They are exhibiting strange behavior.
그들은 이상한 행동을 보이고 있다.
㊔ exhibition 전시회

1097
□ **entreat** ㊐ 간청하다, 탄원하다

[entríːt]

❖ entreat a person for mercy
~에게 자비를 간청하다
❖ He entreated me for help with his homework. 그는 숙제를 도와 달라고 부탁했다.

1098
□ **deceive** ㊐ 속이다, 기만하다

[disíːv]

❖ deceive oneself 자신을 속이다
❖ He was deceived into buying such a thing.
그는 속아서 저런 물건을 샀다.
㊔ deceiver 사기꾼 / ㊔ deception 사기, 속임

1099
□ **ascertain** ㊐ 확인하다

[æ̀sərtéin]

❖ ascertain the truth 진위를 확인하다
❖ I want to ascertain your wishes.
너의 희망을 확인하고 싶다.

1100
□ **disclose** ㊐ 드러내다, 폭로(적발)하다

[disklóuz]

❖ be disclosed 들통이 나다
❖ His weakness has been disclosed.
그의 약점을 폭로했다.

1101
□ **debate** ㊐ 논쟁하다, 토론하다(=discuss)
㊔논쟁(=discussion), 토론

[dibéit]

❖ the question under debate 논쟁 중인 문제
❖ hot debate 열띤 토론
❖ He was my opponent in the debate.
그는 나의 논쟁 상대였다.

1102
□ **assign** ㊐ 할당하다

[əsáin]

❖ assign a task 일을 할당하다
❖ He assigned work to each man.
그는 각자에게 작업을 할당했다.
㊔ assignment 할당

1103
□ **count** ㊐ 생각하다, 중요하다, 가치가 있다, 세다

[kaunt]

❖ count the respirations 호흡을 세다
❖ I haven't counted them up yet.
나는 아직 다 세지 않았다.

1104
□ **combine** ㊐ 결합시키다, 결합하다

[kəmbáin]

❖ combine two classes
두 반을 한 반으로 합하다
❖ It is difficult to combine work with pleasure.
일과 오락을 결합시키기는 어렵다.
㊔ combination 결합

1105
□ **humiliate** ㊐ 창피를 주다, 모욕하다

[*h*juːmílièit]

❖ humiliate in public 사람 앞에서 창피를 주다
❖ There was no need to humiliate him.
그를 모욕할 필요는 없었다.

1106
□ extract ⓢ 뽑다 ⓜ 추출물, 발췌

[ikstrǽkt]

❖ extract a tooth 이를 뽑다
❖ extract an adequate passage from a book 책에서 적절한 1절을 발췌하다

1107
□ lack ⓢ ~이없다, 부족하다 ⓜ 부족

[læk]

❖ A desert lacks water. 사막에는 물이 없다.
❖ She is lacking in common sense. 그녀는 상식이 없다.

1108
□ repair ⓢ 수리하다(=fix) ⓜ 수선, 수리

[ripέər]

❖ repair a motor 모터를 수리하다
❖ The shop will be closed during repairs. 수리 중에는 휴점합니다.

1109
□ treat ⓢ 다루다, 대접하다 ⓜ 대접, 환대

[triːt]

❖ treat well 후대하다
❖ Don't treat me like a child. 나를 어린애 취급하지 마라.

1110
□ assent ⓢ 동의하다(=agree) ⓜ 동의

[əsént]

❖ give one's assent to a plan (계획에) 동의하다
❖ Germany assented to the British proposal. 독일은 영국의 제안에 동의하였다.

Tip

disclose **어원** dis(반대)+close(닫다) → 명확하게 드러내다
참고 disclose+[목] ~을 들추어내다
유의어 unwrap, let on, bring out, reveal

Part Ⅱ 38일 Point up

1111
□ pretend 동 ~하는 척하다, 가장하다

[priténd]

❖ pretend ignorance 시치미 떼다
❖ He pretended to be indifferent.
그는 무관심한 체했다.
명 pretension 요구

1112
□ explode 동 폭발하다, 파열시키다

[iksplóud]

❖ explode a bomb 폭탄을 폭발시키다
❖ They still explode at times.
그들은 요즘도 이따금씩 폭발한답니다.
명 explosion 폭발

1113
□ imply 동 의미하다, 암시하다

[implái]

❖ What does the woman imply?
여자가 암시하는 바는?
❖ Silence often implies consent.
침묵은 종종 동의를 의미한다.

1114
□ celebrate 동 축하하다, 찬양하다(praise)

[séləbrèit]

❖ celebrate a person's birthday
생일을 축하하다
❖ The victory was celebrated in many poems. 그 승리는 많은 시로 찬양되었다.
명 celebration 찬양

1115
□ vow 동 맹세하다 명 맹세

[vau]

❖ vow a crusade 성전을 맹세하다
❖ He vowed to work harder in the future.
그는 맹세코 앞으로 더 열심히 하겠다고 말했다.

1116
□ **relate** ⓢ 말하다, 관계관련시키다

[riléit]

❖ relate the result to a cause
결과를 어떤 원인과 관련시키다

❖ relate one's experiences to a person
~에게 경험담을 이야기하다

1117
□ **matter** ⓢ 중요하다, ~와 관계가 있다 ⓜ 일, 문제

[mǽtər]

❖ a matter of importance 중대한 문제

❖ Quality matters more than quantity.
양보다 질이 중요하다.

1118
□ **swell** ⓢ 부풀다 ⓜ 부풀음

[swel]

❖ a swell in population 인구의 증대

❖ His face swelled up.
그의 얼굴은 부어올랐다.

1119
□ **repeat** ⓢ 되풀이하다, 반복하다

[ripíːt]

❖ repeat oneself 되풀이하여 말하다

❖ Repeat the following words after me.
나를 따라서 복창하시오.

1120
□ **circulate** ⓢ (소문 등이) 퍼지다, 순환하다

[sə́ːrkjulèit]

❖ The story circulated through the town.
그 이야기는 온 마을에 퍼졌다.

❖ The rumor is circulating every day.
그 소문이 날로 퍼지고 있다.

ⓜ circulation 순환

1121
□ **contemplate** ⓢ 심사숙고하다

[kɑ́ntəmplèit]

❖ contemplate resigning at once
즉시 사임하려고 생각하다

❖ All day he did nothing but contemplate.
온종일 그는 오직 생각에만 잠겨 있었다.

ⓜ contemplation 응시

1122
□ **interrupt** ⓢ 방해하다, 중단하다 ⓜ 일시정지

[ìntərʌ́pt]
❖ interrupt the view 시야를 막다
❖ Am I interrupting you? 제가 방해가 됐나요?
ⓜ interruption 방해

1123
□ **determine** ⓢ 결정하다, 결심하다

[ditə́ːrmin]
❖ I am determined to go. 나는 가기로 결심했다.
❖ Demand determines prices.
수요가 가격을 결정한다.

1124
□ **vouch** ⓢ 보증하다, 증인이 되다

[vautʃ]
❖ vouch for the truth of a person's story
~의 말이 사실임을 보증하다
❖ I cannot vouch for that man.
그 사람은 보증할 수 없다.

1125
□ **sneer** ⓢ 비웃다, 냉소하다

[sniər]
❖ sneer at others 남을 비웃다
❖ The courtiers sneered at the countryman.
조정의 신하들은 그 시골 사람을 비웃었다.

1126
□ **narrate** ⓢ 이야기하다, 서술하다

[nǽreit]
❖ a form of narration 서술의 형식
❖ Some of the story was narrated in the film. 줄거리의 일부가 영화에서 이야기됐다.
ⓜ narration 화법 / ⓜ narrator 이야기하는 사람

1127
□ **degrade** ⓢ 타락하다, 격하하다

[digréid]
❖ degrade society 사회를 타락시키다
❖ You will degrade yourself by such an act.
그런 행동은 네 품위를 떨어트린다.

1128
□ **surpass** ⓢ 능가하다(=exceed), 초월하다

[sərpǽs / -pɑ́ːs]
❖ surpass description

말로 할 수 없이 뛰어나다
❖ He surpasses me in knowledge.
그는 지식에 있어서 나보다 낫다.

1129
□ **marvel** ⓓ 놀라다 ⓜ 경탄(할만한 일)

[mɑ́ːrvəl]
❖ marvels of nature 자연의 경이
❖ I marvel that he could do so.
그가 그렇게 할 수 있었다니 놀랍다.

1130
□ **arrest** ⓓ 체포하다(=apprehend), 저지하다 ⓜ 체포

[ərést]
❖ make an arrest 체포하다
❖ There is a warrant out for his arrest.
그에게 체포령이 내려 있다.
❖ under arrest 구인[수감]되어

1131
□ **cost** ⓓ 때문에~을 잃다, 걸리다 ⓜ 비용

[kɔːst / kɔst]
❖ cost high 비용이 많이 들다
❖ How much will it cost? 비용이 얼마나 들까?

1132
□ **pray** ⓓ 빌다, 기원하다

[prei]
❖ pray for pardon 용서를 빌다
❖ She prayed to God for forgiveness.
그녀는 하느님께 용서를 빌었다.
ⓜ prayer 기도

1133
□ **render** ⓓ ~이 되게 하다, 주다

[réndər]
❖ render thanks 답례하다
❖ His wealth renders him important.
돈이 있으니까 그는 행세한다.

1134
□ **embody** ⓓ 구체화하다

[embɑ́di / -bɔ́di]
❖ be embodied 형체를 갖추다
❖ These ideas are embodied in the Constitution. 이 이념들이 헌법에 구체화되어 있다.
ⓜ embodiment 구체화

1135
□ cope ⓢ 맞서다, 대처하다

[koup]
- cope with difficulties 곤란을 극복하다
- cope with a task 일을 처리하다

1136
□ carve ⓢ 새기다, 조각하다(=sculpt)

[kɑːrv]
- carve a figure out of stone
  돌을 조각하여 상을 만들다
- The boy carved his name on the tree.
  소년은 나무에 자기의 이름을 새겼다.

1137
□ tell ⓢ 식별하다, 말하다

[tel]
- tell news 뉴스를 알리다
- He told me his name.
  그는 나에게 이름을 가르쳐 주었다.

1138
□ indicate ⓢ 가리키다, 지적하다

[índikèit]
- indicate with one's chin 턱으로 가리키다
- She indicated the shop.
  그녀는 그 가게를 가리켰다.
  ⓜ indication 지적

1139
□ administer ⓢ 관리하다, 시행하다, 경영하다

[ædmínəstər]
- administer the estate 남의 재산을 관리하다
- administer an organization
  조직을 운영하다

1140
□ amuse ⓢ 재미나게 하다

[əmjúːz]
- an amusing story 재미있는 이야기
- The toys amused the children.
  장난감들이 아이들을 즐겁게 해주었다.
  ⓜ amusement 재미 / ⓜ amusement park 놀이공원

Part Ⅱ 39일 Point up

1141
□ befall ⑧ 일어나다, 신변에 닥치다

[bifɔ́:l]

❖ a misfortune befalls 재난이 미치다
❖ A misfortune befell him.
재난이 그에게 들이닥쳤다.

1142
□ mature ⑧ 성숙시키다 ⑱ 성숙한(↔immature)

[mətjúər/-tʃúər]

❖ Experience has matured him.
경험이 그를 성숙시켰다.
❖ Thirty is a mature age.
30은 성숙한 나이다.
㉮ maturity 성숙

1143
□ select ⑧ 고르다 ⑱ 선발한

[silékt]

❖ select books 선발 도서
❖ She selected out the biggest pearl.
그녀는 가장 큰 진주를 골라냈다.

1144
□ verify ⑧ 증명하다, 확인하다

[vérəfài]

❖ verify a spelling 철자를 확인하다
❖ The hypothesis was verified.
그 가설은 검증되었다.
㉮ verification 검증

1145
□ adapt ⑧ 적응시키다, 개작하다

[ədǽpt]

❖ the ability to adapt 적응 능력
❖ She had the ability to adapt easily to all circumstance.
그녀는 모든 상황에 대해 적응력이 있다.
㉮ adaptation 적응

1146
□ reflect ⓢ 반사하다, 반영하다

[riflékt]

- ❖ reflect heat 열을 반사하다
- ❖ light reflecting from the water
  수면으로부터 반사되는 빛
  ⓜ reflection 반사
  ⓑ reflectingly 반사적으로

1147
□ subside ⓢ (비, 바람이)가라앉다, 부위가 빠지다

[səbsáid]

- ❖ The waves subside. 파도가 가라앉는다.
- ❖ The swelling subsided.
  부기가 가라앉았다.

1148
□ miss ⓢ 그리워하다, 놓치다

[mis]

- ❖ miss the bus 버스를 놓치다
- ❖ I miss you badly.
  네가 없어 몹시 적적하다.

1149
□ obtain ⓢ 얻다, 획득하다(=acquire)

[əbtéin]

- ❖ obtain a position 지위를 얻다
- ❖ obtain a prize 상을 타다

1150
□ haunt ⓢ 자주가다, 늘 따라다니다

[hɔːnt/hɑːnt]

- ❖ The haunt of The Storm Riders
  폭풍우의 출몰
- ❖ He haunts bars. 그는 주점에 자주 간다.

1151
□ confront ⓢ 직면하다, 대조하다

[kənfrʌ́nt]

- ❖ be confronted by death 죽음에 직면하다
- ❖ He was confronted with a difficult question.
  그는 어려운 문제에 직면하였다.
  ⓜ confrontation 조우

1152
□ export 동 수출하다 명 수출(품)

[ikspɔ́ːrt]

❖ an export bounty 수출 장려금
❖ export cars to foreign countries
자동차를 외국에 수출하다

1153
□ dispense 동 나눠주다, ~없이 지내다

[dispéns]

❖ dispense food and clothing to the poor
빈민에게 식량과 의복을 나누어 주다
❖ It's so warm today that I can dispense with an overcoat.
오늘은 너무 따뜻해서 외투 없이 지낼 수 있다.

1154
□ inform 동 알리다, 통지하다

[infɔ́ːrm]

❖ inform everyone 두루 알리다
❖ I wrote to inform him of my decision.
나는 나의 결정을 알리는 편지를 그에게 보냈다.
명 information 정보

1155
□ persist 동 고집하다, 지속하다

[pəːrsíst/-zíst]

❖ persist in one's opinion
자기 의견을 고집하다
❖ He persisted in his project.
그는 자신의 계획을 고집했다.

1156
□ ascend 동 올라가다

[əsénd]

❖ ascend the throne 왕위에 오르다
❖ The balloon ascended high in to the sky. 기구가 하늘 높이 올라갔다.

1157
□ seize 동 붙잡다, 포착하다, 움켜쥐다

[siːz]

❖ seize a rope 밧줄을 꽉 붙잡다
❖ seize leadership 지도권을 쥐다

1158
□ **fulfill** ㉠ 이행하다, 실행하다, 충족시키다

[fulfíl]

❖ fulfill the law 법을 따르다
❖ My prophecy was fulfilled.
내 예언은 실현되었다.
㊂ fulfillment 완수

1159
□ **read** ㉠ 읽다, 예언하다

[riːd]

❖ read a book through 책을 통독하다
❖ read the future 미래를 예언하다

1160
□ **ordain** ㉠ 명하다, 성직을 주다

[ɔːrdéin]

❖ be ordained to priesthood
~을 성직에 임명하다
❖ be ordained a priest 신부가 되다

1161
□ **pierce** ㉠ 꿰뚫다, 관통하다

[piərs]

❖ pierce a hole in the keg
통에 구멍을 뚫다
❖ The bullet pierced the wall.
탄환이 벽을 관통했다.

1162
□ **alarm** ㉠ 놀라게하다 ㊂ 놀람

[əláːrm]

❖ take (the) alarm 놀라다, 경계하다
❖ Don't alarm yourself.
놀라지 마라.

1163
□ **descend** ㉠ 내려오다, 내려가다

[disénd]

❖ descend from a tree 나무에서 내려오다
❖ She descended the stairs.
그녀는 계단을 내려갔다.

1164
□ **run** ㉠ 달리다, 경영하다, 출마하다

[rʌn]

❖ run back 달려서 돌아오다
❖ run a firm 회사를 운영하다

1165
☐ dread ⓢ 두려워하다, 걱정하다

[dred]

❖ dread earthquakes 지진을 무서워하다
❖ I dread to think of what they will do next.
나는 그들이 이번엔 무슨 짓을 할지 생각하면 두려워진다.

1166
☐ curse ⓢ 저주하다, 매도하다 ⓜ 저주

[kəːrs]

❖ curse at a person ~을 매도하다
❖ under a curse 저주를 받아, 빌미 붙어
ⓗ cursed 저주받은

1167
☐ implore ⓢ 애원하다, 탄원하다

[implɔ́ːr]

❖ implore a judge for mercy
판사의 선처를 탄원하다
❖ She implored him not to go.
그 여자는 그에게 가지 말라고 애원했다.

1168
☐ avenge ⓢ 복수하다

[əvéndʒ]

❖ be avenged 원수를 갚다
❖ I will be avenged on you sooner or later.
나는 조만간 네게 복수를 하겠다.

1169
☐ inspect ⓢ 검사하다, 조사하다

[inspékt]

❖ inspect the books 장부를 검사하다
❖ How soon can you inspect my car?
제 차 언제쯤 검사받을 수 있을까요?
ⓜ inspection 조사

1170
☐ differ ⓢ 다르다, 틀리다

[dífər]

❖ differ in opinion 견해를 달리하다
❖ He differs with me entirely.
그는 나와 의견이 전혀 다르다.
ⓜ difference 차이

Part Ⅱ 40일 Point up

1171
□ adopt ⓢ동 채용하다, 양자(양녀)로 삼다

[ədɑ́pt / ədɔ́pt]

❖ adopt a son 양자를 맞다
❖ adopt a new method of teaching
새로운 교수법을 채용하다
명 adoption 입양

1172
□ tremble 동 떨리다, 진동하다(=shake) 명 떨림

[trémbl]

❖ on the tremble 전신을 떨며
❖ His voice trembled with anger.
그의 목소리는 노기로 떨렸다.

1173
□ foster 동 기르다, (성장을)촉진하다 형 양육하는

[fɔ́:stər/fɑ́s-]

❖ foster exports 수출을 촉진하다
❖ They fostered the orphan.
그들은 그 고아를 길렀다.

1174
□ mention 동 말하다, 언급하다(=refer)

[ménʃən]

❖ worth mentioning 특히 언급할 만한
❖ I only just mentioned it to him.
나는 그 일을 그에게 간단히 언급했을 뿐이다.

1175
□ isolate 동 격리시키다, 고립시키다

[áisəlèit/ísə-]

❖ isolate a patient 환자를 격리하다
❖ The village was isolated by the flood.
그 마을은 홍수로 고립되었다.
명 isolation 고립

1176
□ confound 동 혼동하다, 어리둥절하다

[kənfáund]

❖ confound right and wrong
옳고 그름을 혼동하다

❖ The shock confounded her.
충격으로 그녀는 어리둥절해 했다.

1177
□ **spring** ㊐ 튀다, 도약하다 ㊐ 봄, 용수철, 샘

[spriŋ]

❖ the spring of life 인생의 봄
❖ spring into the air 공중으로 뛰어오르다
spring – sprang – sprung

1178
□ **submit** ㊐ 복종시키다, 제출하다

[səbmít]

❖ submit to authority 권위에 복종하다
❖ submit a report 보고서를 제출하다
㊐ submission 제출

1179
□ **eliminate** ㊐ 제거하다

[ilímənèit]

❖ eliminate danger 위험을 제거하다
❖ She eliminated all errors from the typescript. 그녀는 타이프 원고에서 잘못된 곳을 모두 삭제했다.
㊐ elimination 제거

1180
□ **provide** ㊐ 주다, 준비하다

[prəváid]

❖ provide work 일거리를 주다
❖ Cows provide milk for us.
암소는 젖을 제공한다.

1181
□ **abandon** ㊐ 버리다

[əbǽndən]

❖ abandon one's plan 계획을 포기하다
❖ abandon one's friend 친구를 버리다
㊐ abandonment 포기

1182
□ **indulge** ㊐ 탐닉하다, 제멋대로 하게 하다

[indʌ́ldʒ]

❖ indulge in pleasure 쾌락에 탐닉하다
❖ He indulges in heavy drinking.
그는 술을 너무 마신다.
㊐ indulgent 제멋대로 하는

1183
□ dwell ⓢ 살다, 거주하다(=inhabit)

[dwel]

❖ dwell at home 국내에 거주하다

❖ My uncle dwells in the country.
내 삼촌은 시골에 사신다.

㊔ dwelling 주소 / ㊔ dweller 거주자 주민

1184
□ refresh ⓢ 상쾌하게 하다, 새롭게 하다

[rifréʃ]

❖ refresh in mind and body
심신을 상쾌하게 하다

❖ refresh a fence
칠을 해서 울타리를 새것처럼 만들다

㊔ refreshment 원기회복

1185
□ quote ⓢ 인용하다, 예시하다

[kwout]

❖ quote Milton 밀턴의 시를 인용하다

❖ This instance was quoted as important.
이 예가 중요한 것으로 인용되었다.

1186
□ cease ⓢ 중지하다 ㊔ 중지

[siːs]

❖ cease fire 사격 중지

❖ The rain has ceased. 비가 그쳤다.

1187
□ prevail ⓢ 보급되다, 우세하다

[privéil]

❖ prevail against a person ~에게 이기다

❖ Such ideas prevail these days.
그런 생각들이 우세하다.

㊔ prevalence 유행

1188
□ desert ⓢ 버리다, 돌보지않다 ㊔ 사막, 황무지

[dézəːrt/dizə́ːrt]

❖ desert one's wife and children
처자를 버리다

❖ A desert lacks water. 사막에는 물이 없다.

1189
□ deal ⓢ 거래하다, 취급하다

[diːl]

❖ deal in cash 맞돈으로 거래하다

❖ We don't deal in such line of goods.
우리는 그런 상품은 취급하지 않습니다.

1190
□ **beckon** ㉮ (손짓 따위로) 부르다, 신호하다

[békən]
❖ beckon with the hand 손짓하여 부르다
❖ He beckoned me to come nearer.
그는 나에게 더 가까이 오라고 손짓했다.

1191
□ **master** ㉮ 정통하다, 정복하다 ㊔ 주인

[mǽstər / mάːstər]
❖ escort one's master
주인을 모시고 가다
❖ He crouched to his master.
그는 주인에게 굽실거렸다.

1192
□ **convince** ㉮ 확신시키다

[kənvíns]
❖ be convinced of ~라고 확신하다
❖ She convinced me of her honesty.
그녀는 자기가 정직하다는 것을 내게 납득시켰다.
㊔ conviction 신념

1193
□ **mean** ㉮ 뜻하다, ~할 작정이다 ㊔ 중간 ㊕ 비열한

[miːn]
❖ a man of mean stature 중키의 남자
❖ What does that mean to you.
그런 말들이 당신에게 무슨 의미가 있겠어요.

1194
□ **collapse** ㉮ 붕괴하다, 무너지다, 쓰러지다

[kəlǽps]
❖ a house collapses 집이 허물어지다
❖ The buildings are collapsing.
건물들이 붕괴되고 있다.

1195
□ **censure** ㉮ 비난(하다)

[sénʃər]
❖ be open to censure 비난을 면치 못하다
❖ The policy is loudly censured.
그 방침에 대한 비난의 소리가 높다.

1196
□ establish ⓢ 설립하다, 확립하다

[istǽbliʃ]

❖ establish one's position 지위를 확립하다
❖ They plan to establish an art institute.
그들은 미술 협회를 설립할 계획이다.

1197
□ convey ⓢ 나르다, 전하다, 양도하다

[kənvéi]

❖ convey the meaning exactly
정확하게 뜻을 전달하다
❖ Air conveys sound.
공기는 소리를 전한다.

1198
□ manage ⓢ 관리하다, 이럭저럭 ~하다

[mǽnidʒ]

❖ manage one's household 가사를 관리하다
❖ He managed to get over the dilemma.
그는 그 난국을 그럭저럭 극복했다.

1199
□ assume ⓢ 추정하다(=presume)

[əsjúːm]

❖ What does the woman assume?
여자가 추측하는 것은?
❖ Let's assume what he says to be true.
그가 말하는 것을 진실이라고 가정하자.
ⓜ assumption 가정

1200
□ occupy ⓢ 차지하다, 점령하다

[ɑ́kjupài]

❖ occupy a high position
높은 자리를 차지하다
❖ This desk occupies too much space.
이 책상은 자리를 너무 많이 차지한다.
ⓜ occupation 점령

Tip

assume **어원** as(~에)+sume((어떤 태도를) 취하다)→가장하다, ~인 체하다 **참고** assume airs 뽐내다. **유의어** presume, adopt

Part Ⅱ 41일 Point up

1201
□ steer ⓢ 조종하다, 나아가다

[stiər]

❖ steer for a harbor 배를 항구로 몰고 가다

❖ She steered herself around the corner.
그녀는 모퉁이를 돌아갔다.

1202
□ repent ⓢ 후회하다

[ripént]

❖ repent one's sin 죄를 뉘우치다

❖ You will repent for it later.
나중에 가서 후회할 것이다.

1203
□ adjust ⓢ 적응시키다, 조정하다

[ədʒʌ́st]

❖ adjust one's appearance
몸차림을 바로 하다

❖ The man is adjusting the equipment.
남자가 장비를 조정하고 있다.

명 adjustment 적응

1204
□ mar ⓢ 상하게 하다

[mɑːr]

❖ mar a person's market
남의 장사를 망쳐 놓다

❖ My pride was much marred by his words.
내 자존심이 그의 말로 크게 상했다.

1205
□ rescue ⓢ 구하다 명 구조

[réskjuː]

❖ go to the rescue of ~를 구조하다

❖ rescue a drowning child
물에 빠진 아이를 구출하다

1206
□ apprehend ⓢ 이해하다, 염려하다

[æ̀prihénd]

- apprehend danger 위험을 깨닫다
- It is a matter much to be apprehended. 그럴 염려가 다분히 있다.

1207
□ depress ⓢ 억압하다, 우울하게 하다

[diprés]

- become depressed 우울해지다
- Her death depressed him. 그는 그녀의 죽음으로 완전히 풀이 죽었다.

ⓜ depression 억압

1208
□ predict ⓢ 예측하다(=foretell), 예언하다(=prophesy)

[pridíkt]

- He predicted when war would break out. 그는 전쟁이 언제 일어날 것인지 예언하였다.
- predict a good harvest 풍작을 내다보다

1209
□ vary ⓢ 변화하다, 변경하다

[vέəri]

- vary one's meals 식사에 변화를 주다
- The weather varies hourly. 날씨는 매시간 바뀐다.

1210
□ surround ⓢ 둘러싸다, 에워싸다

[səráund]

- surround the enemy 적을 에워싸다
- be surrounded by mountains 산에 둘러싸이다

1211
□ strike ⓢ 생각나다, 감명을 주다, 파업하다, 부딪치다

[straik]

- an unofficial strike 비공식적인 파업
- I struck my head against the lintel. 나는 문 윗쪽에 머리를 부딪쳤다.

1212
□ confess ⓢ 자백하다, 자인하다

[kənfés]

- confess one's crime 죄를 자백하다
- He confessed his failure to his parents. 그는 실패를 부모에게 털어놨다.

1213
□ **estimate** 동 어림잡다, 평가하다(=appraise)

[éstəmèit]

- a written estimate 견적서
- I estimated the room to be 20 feet long.
  나는 그 방의 길이를 20피트로 어림잡았다.

1214
□ **compensate** 동 배상하다, 갚다

[kάmpənsèit]

- compensate for one's indebtedness
  은혜를 갚다
- He promised to compensate me for my loss.
  그는 내 손실을 배상하기로 약속했다.

1215
□ **move** 동 감동시키다, 제의하다, 이사하다

[muːv]

- be moved to tears 감동해 눈물을 흘리다
- move house 이사하다

1216
□ **kneel** 동 무릎 꿇다, 굴복하다

[niːl]

- kneel in prayer 무릎을 꿇고 기도를 드리다
- The man is kneeling down.
  남자는 무릎을 꿇었다.

1217
□ **avail** 동 쓸모있다, 소용되다 명 쓸모, 이익

[əvéil]

- be of avail 도움이 되다
- No advice avails with him.
  그에게는 어떤 충고도 소용이 없다.
  형 available 쓸모있는

1218
□ **investigate** 동 조사하다, 수사하다(=examine)

[invéstəgèit]

- investigate the cause of death
  사인을 조사하다
- What did researchers investigate?
  연구원들은 무엇을 조사했는가?

1219
□ capture ⓢ 사로잡다 ⓜ 포획

[kǽptʃər]

❖ capture an enemy 적병을 잡다
❖ The policeman captured the thief.
경찰이 도둑을 사로잡았다.

1220
□ dismiss ⓢ 해고하다, 해산하다, 내쫓다

[dismís]

❖ dismiss an employee 종업원을 해고하다
❖ They dismissed me without any good reason.
그들은 나를 타당한 이유도 없이 해고하였다.
ⓗ dismissible 해고를 면치 못할

1221
□ avoid ⓢ 피하다

[əvɔ́id]

❖ avoid war 전쟁을 회피하다
❖ Avoid eating fatty foods.
기름진 음식의 섭취를 피해라.

1222
□ inhabit ⓢ ~에 살다, 거주하다(=dwell in)

[inhǽbit]

❖ inhabit a forest 숲에 서식하다
❖ Only artists inhabit the region.
그 지역에는 예술가들만이 살고 있다.

1223
□ demonstrate ⓢ 증명하다, 시위하다

[démənstrèit]

❖ demonstrate against the government
정부에 반대하는 시위를 하다
❖ He demonstrated that the earth is round.
그는 지구가 둥글다는 것을 증명했다.
ⓜ demonstration 논증 시위운동

1224
□ become ⓢ 어울리다, ~이 되다

[bikʌ́m]

❖ become a great man 훌륭한 사람이 되다
❖ I want to become a pilot.
나는 조종사가 되고 싶다.

1225
□ **restrain** 동 억제하다(=hold back), 제한하다

[riːstréin]

❖ restrain one's temper 감정을 누르다
❖ restrain a child from doing mischief
아이가 장난을 못하게 하다

1226
□ **disturb** 동 방해하다, 어지럽히다

[distə́ːrb]

❖ disturb the peace 치안을 어지럽히다
❖ I hope I'm not disturbing you.
폐가 안 되겠습니까.
명 disturbance 소란 소동

1227
□ **boast** 동 자랑하다

[boust]

❖ He boasts that he can swim well.
그는 수영 잘 하는 것을 자랑하고 있다.
❖ He boasts of being rich.
그는 부자라고 자랑하고 있다.
명 boaster 자랑꾼, 허풍선이

1228
□ **preach** 동 설교하다, 전도하다

[priːtʃ]

❖ preach to heathens 이교도에게 전도하다
❖ She preached a sermon to me.
그녀는 나에게 설교했다.

1229
□ **pant** 동 헐떡이다, 갈망하다

[pænt]

❖ a panting dog 헐떡거리는 개
❖ They panted after liberty.
그들은 자유를 갈망했다.

1230
□ **grant** 동 허락하다, 주다, 인정하다

[grænt]

❖ grant permission 허가해 주다
❖ They granted him to take it with him.
그는 그것을 휴대하는 것을 허락받았다.

Part Ⅱ 42일 Point up

1231
□ **stoop** ⓢ (몸을)구부리다, 굴복하다

[stuːp]

- stoop to pick up a coin
  동전을 줍기 위해 몸을 구부리다
- She stooped over the journals on the stand.
  그녀는 진열대의 잡지 위로 몸을 굽혔다.

1232
□ **vanish** ⓢ 사라지다, 자취를 감추다(=disappear)

[vǽniʃ]

- one's vanished youth 잃어버린 청춘
- He vanished into the darkness.
  그는 어둠 속으로 사라졌다.

1233
□ **participate** ⓢ 참가하다, 관여하다

[pɑːrtísəpèit]

- participate in a debate 토론에 참가하다
- They participated with the family in their sufferings.
  그들은 그 가족과 괴로움을 함께했다.
- participate in ~ 에 참가하다

1234
□ **muse** ⓢ 명상하다, 곰곰이 생각하다

[mjuːz]

- I mused over the past memories.
  나는 과거의 일을 곰곰이 생각했다.
- The vicar sat musing for hours.
  교구 목사는 몇 시간 동안 앉아 명상했다.

1235
□ **lament** ⓢ 한탄하다, 슬퍼하다

[ləmént]

- lament one's hard fate
  자신의 불운을 슬퍼하다
- We lament his death.
  우리는 그의 죽음을 한탄한다.

1236
□ stare ⓢ동 노려보다, 응시하다(=gaze)

[stɛər]

❖ stare in the face 잔뜩 노려보다
❖ stare at someone 빤히 쳐다보다

1237
□ warrant ⓢ동 보증하다 ⓢ명 허가증, 증명서, 보증

[wɔ́ːrənt]

❖ warrant quality 품질을 보증하다
❖ Diligence is a sure warrant of success.
근면은 성공의 확실한 보증이다.

1238
□ profess ⓢ동 공언하다, 고백하다

[prəfés]

❖ profess Christianity
기독교에 대한 신앙을 고백하다
❖ He professed to have no connection with that affair.
그는 그 사건과 관계가 없다고 공언했다.

1239
□ incline ⓢ동 기울이다, 마음이 기울다 ⓢ명 경사, 비탈

[inkláin]

❖ incline to one side 한 쪽으로 기울다
❖ He is inclining toward my view.
그는 나의 의견으로 기울어지고 있다.

1240
□ land ⓢ동 하차하다(↔take off), 착륙하다 ⓢ명 육지

[lænd]

❖ approach land 육지에 가까워지다
❖ The boat is on land. 배가 상륙하고 있다.

1241
□ appreciate ⓢ동 감사하다, 감상하다

[əpríːʃièit]

❖ appreciate good wine
좋은 포도주를 음미하다
❖ I appreciate your help.
도와주신 데 대해 감사드립니다.

1242
□ retire ⓢ동 물러나다, 은퇴하다

[ritáiər]

❖ retire from political life 정계에서 은퇴하다
❖ I retired to my room. 나는 내 방으로 물러갔다.
ⓢ동 resign 직위 등을 사임하다

1243
□ influence ⓢ 영향력, 영향을 미치다(=affect)

[ínfluəns]

❖ exert influence 영향을 주다
❖ Don't let me influence your decision.
네 결정에 내가 영향을 미치지 않도록 해라.

1244
□ fade ⓢ (색이)바래다, 시들다

[feid]

❖ a faded flower 시든 꽃
❖ You'll never ever fade.
당신의 아름다움은 결코 바래지 않을 거예요.

1245
□ kindle ⓢ 불을 붙이다

[kíndl]

❖ kindle straw 짚에 불을 붙이다
❖ Kindle not a fire that you cannot put out.
끌 수 없는 불은 지피지 말라.

1246
□ attract ⓢ 끌다

[ətrǽkt]

❖ attract public gaze 뭇시선을 끌다
❖ A magnet attracts iron.
자석은 철분을 끌어당긴다.
㉮ attraction 유혹

1247
□ abolish ⓢ 폐지하다

[əbάliʃ / əbɔ́liʃ]

❖ abolish the system 제도를 폐지하다
❖ The death penalty should be abolished.
사형은 폐지되어야 한다.

1248
□ stretch ⓢ 잡아늘이다, 펴지다 ㉮ 뻗기

[stretʃ]

❖ stretch for a book
책을 집으려고 손을 뻗다
❖ He stretched the rope tight.
밧줄을 팽팽히 잡아당겼다.

1249
□ vote ⓢ 투표하다 ㉮투표

[vout]

❖ lose the vote 투표권을 잃다

❖ vote for the candidate
그 후보자에 대해 찬성 투표를 하다

1250
□ **languish** 동 원기가 없어지다, 시들다

[lǽŋgwiʃ]

❖ Conversation languished.
대화가 시들해졌다.

❖ The flowers languished from lack of water.
그 꽃들은 수분 부족으로 시들었다.

1251
□ **insist** 동 주장하다, 고집하다

[insíst]

❖ strenuously insist 강경히 주장하다

❖ She insisted that the book was hers.
그녀는 그 책이 자기 것이라고 주장했다.

1252
□ **argue** 동 논하다, 설득하다

[ɑ́ːrgjuː]

❖ argue along lines
일정한 줄거리를 따라 논하다

❖ He argued with his father about the matter. 그는 아버지와 그 일에 대해 논의하였다.

명 argument 논의

1253
□ **cover** 동 보도하다, 가다, ~에 걸치다, 충당하다

[kʌ́vər]

❖ cover a wide scope 넓은 범위에 걸치다

❖ Our company will cover the expenses.
비용은 우리 회사에서 부담할 것이다.

1254
□ **confer** 동 수여하다, 상담하다, 의논하다

[kənfə́ːr]

❖ confer a degree on 학위를 수여하다

❖ They conferred at great length last night.
그들은 지난밤 오래도록 상의했다.

1255
□ **manufacture** 동 제조하다(=make) 명 제조, 제품

[mæ̀njufǽktʃər]

❖ cotton manufactures 면제품

❖ Oil is used in the manufacture of many goods. 석유는 많은 상품의 제조에 사용된다.

1256
□ introduce ⓢ 소개하다, 도입하다

[ìntrədjúːs]

❖ introduce a new fashion in hats
모자에 새 유행을 도입하다

❖ I'd like to introduce you to my friend.
당신을 제 친구에게 소개하고 싶은데요.

㊐ introduction 소개

1257
□ fall ⓢ 해당하다, 떨어지다 ㊐ 가을, 멸망, 폭포

[fɔːl]

❖ Fall drifted into winter.
가을은 어느새 겨울이 되었다.

❖ Ripe apples fell off the tree.
익은 사과가 나무에서 떨어졌다.

1258
□ graduate ⓢ 졸업하다 ㊐ 졸업생

[grǽdʒuèit]

❖ a university graduate 대학 졸업생

❖ He graduated from Yale.
그는 예일 대학을 졸업했다.

❖ graduate students 대학원 학생

1259
□ starve ⓢ 굶어죽다, 갈망하다

[stɑːrv]

❖ starve for friendship 우정을 갈망하다

❖ The poor child starved for domestic affection.
그 가엾은 아이는 가정적인 애정에 굶주려 있었다.

㊐ starvation 굶주림

1260
□ attribute ⓢ ~ 의 탓으로 하다 ㊐ 속성, 특성

[ətríbjuːt]

❖ an intrinsic attribute 본질적 속성

❖ He attributed his longevity to two factors.
그는 자신의 장수 원인을 두 가지로 돌렸다.

Tip

introduce **어원** intro(중간에)+duce(도입하다) **참고** introduce a new product to the market 신제품을 시장에 내놓다. **유의어** introduce, present, present

Part Ⅱ 43일 Point up

1261
□ acknowledge ⓢ 인정하다, 알리다

[æknɑ́lidʒ]

❖ acknowledge the truth of it
그것을 진실이라고 인정하다
❖ He did not acknowledge his defeat.
그는 자기의 패배를 인정하지 않았다.
명 acknowledgement 인정

1262
□ uphold 동 지지하다, 돕다, 단언하다

[ʌphóuld]

❖ uphold the banner of the Republican Party 공화당을 지지하다
❖ Do you uphold the codes of Ethics?
당신은 도덕률을 지지합니까?

1263
□ illustrate 동 예증하다, 설명하다, 그림(삽화)을 넣다

[íləstrèit]

❖ illustrate a book 책에 삽화를 넣다
❖ The chart illustrates how the body works.
그 그림은 신체의 기능을 설명하고 있다.

1264
□ discard 동 버리다, (옷을) 벗어버리다 명 버림받은 것

[diskɑ́ːrd]

❖ discard one's belief 신념을 버리다
❖ Remove the skins from the tomatoes and discard them.
토마토에서 껍질을 벗겨내고 그것을 버리시오.

1265
□ affect 동 영향을 주다, 감동시키다, ~인 체하다

[əfékt]

❖ affect one's future 장래에 영향을 주다
❖ positive affect 긍정적 영향
명 effect 영향

1266
□ generate ㉢ 낳다, 발생시키다(=produce, cause)

[dʒénərèit]
- ❖ generate electricity 전기를 일으키다
- ❖ Friction generates heat.
  마찰하면 열이 생긴다.

1267
□ appeal ㉢ 호소하다, 항소하다 ㉣ 호소

[əpí:l]
- ❖ appeal earnestly 절절히 호소하다
- ❖ I'll appeal to the public.
  나는 여론에 호소할 것이다.

1268
□ negotiate ㉢ 교섭하다, 협상하다

[nigóuʃièit]
- ❖ negotiate a bill of exchange
  환어음을 돈으로 바꾸다
- ❖ negotiate a settlement 협상으로 해결하다
  ㉣ negotiation 교섭, 협상

1269
□ disdain ㉢ 경멸하다 ㉣ 경멸, 모멸

[disdéin]
- ❖ a look of disdain 경멸의 표정
- ❖ She disdains flattery.
  그녀는 아첨을 경멸한다.

1270
□ survey ㉢ 둘러보다, 개관(하다), 조사(하다)

[səːrvéi]
- ❖ survey a situation 상황을 살펴보다
- ❖ survey TV viewers TV 시청자를 조사하다

1271
□ distinguish ㉢ 구별하다, 두드러지다

[distíŋgwiʃ]
- ❖ distinguish good from evil 선악을 분간하다
- ❖ distinguish colors 색깔을 식별하다
  ㉣ distinction 구별

1272
□ gain ㉢ 얻다, (시계가)더 가다 ㉣ 이익

[gein]
- ❖ gain information 정보를 입수하다
- ❖ He gained everlasting fame.
  그는 불후의 명성을 얻었다.

1273
□ excel ㊍ 능가하다, 빼어나다

[iksél]

- excel as an orator 웅변가로서 탁월하다
- He excels others in character.
  그는 인격이 남보다 뛰어나다.
  ㊊ excellent 우수한 / ㊔ excellence 우수

1274
□ portray ㊍ 그리다, 묘사하다

[pɔːrtréi]

- This painting portrays the death of Nelson. 이 그림은 넬슨의 죽음을 그리고 있다.
- The film portrays Gandhi as a kind of superman.
  그 영화는 간디를 일종의 초인으로 묘사하고 있다.
  ㊔ portrayal 그리기, 초상

1275
□ sound ㊍ ~한 것 같다, 울리다 ㊊ 건전한, 무사히

[saund]

- The bell sounds. 종이 울린다.
- That sounds like a good idea.
  좋은 생각 같다.

1276
□ prescribe ㊍ 규정하다, 명령하다, 처방하다

[priskráib]

- prescribe medicine 약을 처방하다
- Do what the law prescribes.
  법이 정하는 바를 하여라.

1277
□ mold ㊍ 틀에 넣어 만들다 ㊔ 틀, 성질

[mould]

- of gentle mold 성질이 점잖은
- The bell smith poured the metallic liquid into the bell mold.
  종 만드는 대장장이는 금속 액체를 종 틀에 부었다.

1278
□ reform ㊍ 개혁하다, 개정하다 ㊔ 개혁

[riːfɔ́ːrm]

- social reform 사회 개혁
- reform the criminal codes 형법을 개정하다
  ㊔ reformation 개선 개혁

1279
□ **guarantee** 동 보증하다 명 보증

[gæ̀rəntíː]

❖ a money-back guarantee 환불 보증
❖ under the guarantee of ~의 보증 아래

1280
□ **invest** 동 투자하다, 부여하다

[invést]

❖ invest in stocks 주식에 투자하다
❖ invest a person with rank
~에게 지위를 주다
명 investment 투자

1281
□ **unify** 동 통일하다, 통합하다

[júːnəfài]

❖ unify public opinion 국론을 통일하다
❖ The country was unified in the 18th century. 그 나라는 18세기에 통일되었다.
명 unification 통일

1282
□ **letter** 동 문자, 문학, 편지

[létər]

❖ stamp a letter 편지에 우표를 첨부하다
❖ I've just got this letter from my sister.
나 방금 내 여동생으로부터 편지를 받았어.

1283
□ **contend** 동 다투다, 논쟁하다

[kənténd]

❖ contend for freedom 자유를 위해 싸우다
❖ He contended with his friends about trifles. 그는 친구들과 하찮은 일로 논쟁하였다.
명 contender 경쟁자

1284
□ **involve** 동 포함하다, 감싸다

[inválv]

❖ be involved in doubt 의문에 싸여 있다
❖ Clouds involved the mountain top.
구름이 산꼭대기를 감쌌다.

1285
□ **anticipate** 동 기대하다, 예상하다

[æntísəpèit]

❖ anticipate a good vacation

멋진 휴가를 예상하다
❖ We anticipated a good time at the party. 우리는 파티에서 재미있는 시간을 가질 것으로 예상했다.
명 anticipation 예감

1286
□ **intrude** 동 **침입하다, 밀어넣다, 끼어들다**
[intrúːd]
❖ intrude into a room 방으로 밀고 들어가다
❖ Don't intrude on her privacy.
그녀의 사생활에 끼어들지 마시오.

1287
□ **possess** 동 **소유하다, 가지고 있다**
[pəzés]
❖ possess a house and a car
집과 차를 가지고 있다
❖ He is possessed of a large fortune.
그는 큰 재산을 소유하고 있다.

1288
□ **publish** 동 **발표하다, 출판하다**
[pʌ́bliʃ]
❖ publish in a gazette 공보로 발표하다
❖ They published 50 titles last year.
작년에 그들은 50가지를 출판했다.
명 publication 발표 / 명 publisher 출판업자

1289
□ **contrive** 동 **연구해내다, 고안하다, 꾸미다**
[kəntráiv]
❖ contrive a stratagem 책략을 꾸미다
❖ The company contrived a new kind of engine.
그 회사는 신형 엔진을 고안했다.

1290
□ **seek** 동 **찾다, 구하다**
[siːk]
❖ seek to find an answer
해답을 찾으려고 애쓰다
❖ He is seeking employment.
그는 일자리를 찾고 있다.

Part Ⅱ 44일 Point up

1291
□ accompany ⓢ 동반하다, 수반하다
[əkʌ́mpəni]

❖ be accompanied by a friend
친구를 동반하다
❖ He was accompanied by his family.
그는 가족을 동반했다.

1292
□ taint ⓢ 더럽히다 ⓜ 오염
[teint]

❖ the air was tainted by smog
스모그로 오염된 공기
❖ Korean fish are tainted, too.
국산 생선도 역시 오염되었다.

1293
□ regulate ⓢ 규정하다, 조절하다
[régjulèit]

❖ regulate the traffic 교통을 정리하다
❖ regulate the temperature
온도를 조절하다

1294
□ operate ⓢ 작동하다, 수술하다
[ápərèit/op-]

❖ be operated upon 외과 수술을 받다
❖ Elevators are operated by electricity.
엘리베이터는 전기로 움직인다.
ⓜ operation 가동, 수술

1295
□ condemn ⓢ 비난하다, (형을)선고하다
[kəndém]

❖ condemn war as evil
전쟁을 악이라고 비난하다
❖ He was condemned.
그는 유죄 판결을 받았다.
ⓜ condemnation 비난

1296
□ **torment** 동 고문하다, 괴롭히다 명 고문, 고통

[tɔ́ːrment]
- be in torment 고민하다
- be tormented with violent headaches
  심한 두통으로 괴로워하다

1297
□ **sort** 동 분류하다, 골라내다 명 종류

[sɔːrt]
- these sorts of trees 이런 종류의 나무
- Has the mail been sorted yet?
  우편물 분류가 아직 안 끝났나요?

1298
□ **discharge** 동 짐을 부리다, 석방하다(= release)

[distʃɑ́ːrdʒ]
- discharge a ship of her cargo
  배에서 짐을 부리다
- discharge from a debt[labor]
  채무를[노역을] 면제하다

1299
□ **abide** 동 살다, 머무르다

[əbáid]
- abide in the same place
  같은 장소에 머물다
- She took up her abode in the country.
  그녀는 시골에 살았다.

1300
□ **consent** 동 동의하다, 승낙하다 명 동의, 승낙

[kənsént]
- consent to the marriage 결혼을 승낙하다
- They wrung consent from us.
  그들은 우리에게 억지로 동의하게 했다.

1301
□ **communicate** 동 전달하다, 통신하다

[kəmjúːnəkèit]
- communicate opinions to others
  의견을 남에게 전하다
- They communicate with each other by mail. 그들은 서로 편지로 연락하고 있다.
  명 communication 의사소통

1302
□ **interpret** ⓓ 통역하다, 해석하다

[intə́:rprit]
❖ interpret variously 여러 가지로 해석하다
❖ He interpreted difficult parts of the book. 그는 그 책의 어려운 부분들을 해석했다.

1303
□ **presume** ⓓ 상상하다, 생각하다

[prizú:m]
❖ be presumed innocent 무죄로 추정되다
❖ I presume (that) you are right.
나는 당신 말이 옳다고 생각합니다.

1304
□ **devote** ⓓ 바치다, 충당하다

[divóut]
❖ devote oneself 일신을 바치다
❖ He devoted his life to the study of physics.
그는 물리학 연구에 한평생을 바쳤다.
㊔ devotion 헌신

1305
□ **lose** ⓓ 지다, (시계가)늦게 가다, 잃다

[lu:z]
❖ lose one's life 목숨을 잃다
❖ You'll lose your status.
너는 너의 신분을 잃게 될 거야.

1306
□ **tend** ⓓ ~로 향하다, ~하는 경향이 있다

[tend]
❖ He tends toward selfishness.
그는 이기적인 경향이 있다.
❖ The road tends to the south here.
길은 여기서 남쪽으로 향한다.

1307
□ **praise** ⓓ 칭찬하다 ㊔ 칭찬

[preiz]
❖ praise the music highly 그 음악을 격찬하다
❖ The headmaster praised me for my work. 교장은 나의 작품을 칭찬해 주었다.

1308
□ **exceed** ⓓ 넘다, 초과하다

[iksí:d]
❖ exceed in eating 과식하다

❖ Gold exceeds silver in value.
금은 은보다 값어치가 있다.
명 excess 초과 / 형 excessive 과도한

1309
□ **exhaust** 동 다 써버리다 명 배출, 배기관
[igzɔ́ːst]
❖ exhaust a cask of liquor 술통을 비우다
❖ We have exhausted our money.
우리는 돈을 다 써버렸다.

1310
□ **divide** 동 나누다, 분할하다 명 분배
[diváid]
❖ divide equally 고루 나누다
❖ Divide these among you three.
이것을 너희들 셋이 나누어라.

1311
□ **perplex** 동 당황하게 하다
[pərpléks]
❖ I am perplexed with these questions.
나는 이들 문제로 골치를 앓고 있다.
❖ His strange silence perplexes me.
그의 기묘한 침묵이 나를 당황하게 한다.

1312
□ **defy** 동 도전하다, 무시하다
[difái]
❖ defy[ignore] public opinion
여론을 무시하다
❖ Are you defying my authority?
나의 권위에 도전하는 것이냐?

1313
□ **resume** 동 다시 시작하다, 되찾다 명 이력서
[rizúːm/-zjúːm]
❖ When did you mail your resume?
당신 이력서 언제 부쳤어요?
❖ The House resumed work.
의회가 재개되었다.

1314
□ **entitle** 동 권리(자격)를 주다
[entáitl]
❖ be entitled to ~의 권리가 있다
❖ At the age of 20 we are entitled to vote.
20세에 우리는 투표권이 부여된다.

1315
□ forgive 동 용서하다
[fərgív]
- forgive one's enemies 적을 용서하다
- He was forgiven for stealing the money. 그는 돈을 훔친 것을 용서받았다.

명 forgiver 용서하는 사람

1316
□ disregard 동 무시하다(=ignore), 경시하다 명 무시, 경시
[dìsrigɑ́:rd]
- in disregard of ~을 무시하고
- She disregarded my warnings. 그녀는 나의 경고를 무시했다.

1317
□ paralyze 동 마비시키다, 무력케 하다
[pǽrəlàiz]
- be paralyzed with fear 두려움 때문에 얼어붙다
- The general strike paralyzed the whole country. 총파업으로 전국의 기능이 마비되었다.

명 paralyzation 무력화

1318
□ beware 동 조심하다
[biwɛ́ər]
- Beware of pick pockets! 소매치기 조심!
- You must beware of strangers. 낯선 사람에게는 조심하여야 한다.

1319
□ endure 동 견디다, 참다
[endjúər]
- cannot endure the sight 차마 볼 수 없다
- I can't endure it any more. 나는 더 이상 그것을 참을 수 없다.

명 endurance 인내

1320
□ lure 동 유혹하다
[luər]
- the lure of the sea 바다의 유혹
- Don't let money lure you into a job you don't like. 돈에 유혹되어 좋아하지도 않는 직업을 갖지 마라.

Part Ⅱ 45일 Point up

1321
☐ **arise** ⓢ 일어나다, 발생하다

[əráiz]

❖ a riot arises 폭동이 일어나다
❖ A serious problem has arisen.
심각한 문제가 발생했다.

1322
☐ **steal** ⓢ 살짝 ~하다, 몰래가다(오다), 훔치다

[sti:l]

❖ steal a watch 시계를 훔치다
❖ The years stole by. 세월은 어느덧 지나갔다.

1323
☐ **usher** ⓢ 안내하다 ⓜ 수위, 접수원

[ʌ́ʃər]

❖ usher in a guest 손님을 안내하다
❖ The usher called the police.
안내원이 경찰을 불렀다.

1324
☐ **hesitate** ⓢ 주저하다, 망설이다

[hézətèit]

❖ hesitate about a matter
어떤 문제로 망설이다
❖ Don't hesitate. 주저하지 마라.
ⓜ hesitation 주저, 망설임

1325
☐ **summon** ⓢ 소환하다, 용기를 내다

[sʌ́mən]

❖ summon up one's courage 용기를 내다
❖ summon parliament 의회를 소집하다

1326
☐ **contain** ⓢ 포함하다(=hold)

[kəntéin]

❖ containing iron 철분이 함유된
❖ Sea-water contains much salt.
바닷물에는 다량의 염분이 포함되어 있다.
ⓗ containable 억누를 수 있는

1327
□ **owe** ㊍ 빚지고 있다(=be in debt)

[ou]

❖ owe 100,000 won 빚이 10만원 있다

❖ I owe my parents a lot.
나는 부모에게 많은 빚을 지고 있다.

1328
□ **attach** ㊍ 붙이다

[ətǽtʃ]

❖ attach a tag 꼬리표를 붙이다

❖ A curse is attached to this sword.
이 검에는 어떤 저주가 붙어 있다.

㊔ attachment 부착

1329
□ **deserve** ㊍ 받을 만하다, ~할 만하다

[dizə́ːrv]

❖ deserve attention 주목할 만하다

❖ His conduct deserves to be praised.
그의 행위는 칭찬 받을 만하다.

1330
□ **reject** ㊍ 거절하다, 거부하다

[ridʒékt]

❖ reject a vote 투표를 거부하다

❖ reject the offer of a better job
보다 나은 일의 제안을 거절하다

㊔ rejection 거절

1331
□ **ascribe** ㊍ (원인을)~으로 돌리다

[əskráib]

❖ The failure was ascribed to his fault.
실패의 책임이 그에게로 돌아갔다.

❖ ascribe one's ill luck to fate
불행을 팔자로 돌리다

1332
□ **say** ㊍ 말하다 ㊔ 주장

[sei]

❖ say a word 한 마디 말하다

❖ so to say 말하자면

1333
□ **award** ㊍ (심사하여)주다, 수여하다

[əwɔ́ːrd]

❖ be awarded a gold medal
금메달을 수여받다

❖ How often is the award given?
상은 얼마나 자주 수여되는가?

1334
☐ own ⓢ 소유하다 ⓗ 고유의

[oun]

❖ This is my own house.
이것은 내 소유의 집입니다.
❖ own up to a mistake 잘못을 자인하다

1335
☐ correspond ⓢ 일치하다, 교신하다

[kɔ̀:rəspάnd / -ɔ́nd]

❖ correspond with each other
편지를 주고받다
❖ His words and actions do not correspond.
그의 말과 행동은 일치하지 않는다.
ⓜ correspondence 일치

1336
☐ astound ⓢ 깜짝 놀라게 하다

[əstáund]

❖ I was astounded to hear the news.
나는 그 소식을 듣고 경악하였다.
❖ I was astounded at the sight.
나는 그 광경에 깜짝 놀랐다.

1337
☐ perish ⓢ 없어지다, 죽다, 소멸하다(=die)

[périʃ]

❖ perish in battle 전사하다
❖ a country perishes 나라가 망하다

1338
☐ vex ⓢ 초조하게 하다, 괴롭히다

[veks]

❖ a vexed point 논쟁점
❖ Don't vex the cat.
고양이를 괴롭히지 마라.

1339
☐ substitute ⓢ 대리하다, 대용하다 ⓜ 대리인

[sʌ́bstitjù:t]

❖ substitute food 대용식
❖ He substituted for the manager who was in hospital.
그는 입원중인 지배인의 대리 근무를 하였다.
ⓜ substitution 대체

1340
□ endow ⓢ 증여하다, 부여하다

[endáu]

❖ be endowed with talent 재능이 부여되다
❖ We are all endowed with a conscience. 우리 모두에게는 양심이 부여되어 있다.

1341
□ multiply ⓢ 증가하다, (수를)곱하다

[mʌ́ltəplài]

❖ multiply 5 by 3 5에 3을 곱하다
❖ Rats multiply rapidly. 쥐는 빨리 번식한다.

1342
□ thrive ⓢ 번영하다, 무성하다

[θraiv]

❖ thrive in trade 장사가 잘 되다
❖ Bank business is thriving. 은행업은 번창하고 있다.

1343
□ repose ⓢ 휴식, 쉬다, 쉬게 하다

[ripóuz]

❖ repose on a couch 긴 의자에서 쉬다
❖ Repose yourself for a while. 잠시 누워 쉬십시오.

1344
□ dispose ⓢ 처리하다, 배치하다

[dispóuz]

❖ dispose of skillfully (일을) 용하게 처리하다
❖ She disposed the furniture as she liked. 그녀는 가구를 자기 취향대로 배치했다.
ⓜ disposal 처분

1345
□ overlook ⓢ 간과하다

[òuvərlúk]

❖ overlook an offense 죄를 눈감아 주다
❖ We can't overlook his wild words. 우리는 그의 폭언을 간과할 수 없다.

1346
□ resemble ⓢ ~와 닮다, 공통점이 있다

[rizémbl]

❖ closely resemble 아주 닮다
❖ The brothers resemble each other in taste. 형제는 취미 면에서 서로 닮았다.

1347
□ **explore** ⓢ 탐험하다
[ikspl5́:r]
❖ an exploring expedition 탐험 여행
❖ explore a historic scene
유적지를 답사하다
명 exploration 탐험

1348
□ **guard** ⓢ 지키다, 조심하다 명 경계, 수위
[gɑ:rd]
❖ run the guard 보초의 눈을 피하여 지나가다
❖ The man is guarding the doorway.
남자가 출입구를 지키고 있다.

1349
□ **tax** ⓢ 무거운 부담을 지우다, 과세하다 명 세금
[tæks]
❖ the business tax 영업세
❖ tax imported goods
수입품에 과세하다

1350
□ **spare** ⓢ 절약하다, 아끼다 형 예비의
[spɛər]
❖ spare no effort[pain] 수고를 아끼지 않다
❖ Spare the rod and spoil the child.
매를 아끼면 아이를 버린다.

Tip

dispose **어원** dis(떨어져)+pose(놓다)
참고 dispose of 처분하다, 처리하다 dispose troops for immediate action 군대를 즉시 출동할 수 있게 배치하다 dispose one's employees to good effect 종업원을 효율적으로 배치하다.
유의어 discard, fling, toss, toss out

Part Ⅱ 46일 Point up

1351
□ protect ⓢ 보호하다, 지키다

[prətékt]

❖ protect right 권리를 보호하다
❖ This protects us and keeps us alive.
이것은 우리를 보호하고 생명을 유지하게 해준다.
ⓜ protection 보호

1352
□ prohibit ⓢ 금지하다

[prouhíbit]

❖ prohibit pupils' drinking
학생의 음주를 금하다
❖ The use of cribs is prohibited.
자습서 사용은 금지되어 있다.
ⓜ prohibiter 금지자

1353
□ subdue ⓢ 정복하다, 억제하다

[səbdjúː]

❖ subdue a desire to laugh 웃음을 참다
❖ Napoleon subdued much of Europe.
나폴레옹은 유럽의 상당 부분을 정복했다.

1354
□ compose ⓢ 작곡하다, 구성하다

[kəmpóuz]

❖ compose a piano concerto
피아노 협주곡을 작곡하다
❖ The team is composed of ten players.
그 팀은 열 명의 선수로 구성되어 있다.
ⓜ composition 구성

1355
□ grudge ⓢ 아까워하다, ~하기를 싫어하다

[grʌdʒ]

❖ grudge money 돈을 아까워하다
❖ I grudge you nothing.
너에겐 무엇을 주어도 아깝지 않다.

1356
□ recollect ⓢ 회상하다, 생각해내다

[rèkəlékt]

❖ be beyond recollect 생각이 나지 않다

❖ I recollect having heard the melody.
그 멜로디를 들은 것이 생각난다.

1357
□ crash ⓢ 와르르 무너지다, 충돌하다, 추락하다

[kræʃ]

❖ The stone wall crashed down.
돌담이 와르르 무너졌다.

❖ A dump truck crashed into our train.
덤프 트럭이 우리가 탄 열차와 충돌했다.

1358
□ reinforce ⓢ 보강하다, 강화하다

[rìːinfɔ́ːrs]

❖ reinforce an army 군대를 증강하다

❖ reinforce a wall with mud
진흙으로 벽을 보강하다
ⓜ reinforcement 강화

1359
□ quit ⓢ 떠나다, 그만두다

[kwit]

❖ quit drinking 술을 끊다

❖ I gave him money to be quit of him.
나는 그에게 돈을 주고 손을 끊었다.

1360
□ stick ⓢ 찌르다, 붙이다, 달라붙다 ⓜ 막대기

[stik]

❖ stick a beefsteak with a fork
비프스테이크를 포크로 찍다

❖ A stamp sticks to an envelope.
우표는 봉투에 들러붙으면 안 떨어진다.

1361
□ forbid ⓢ 금하다

[fərbíd]

❖ forbid the room 방의 출입을 금하다

❖ The school forbids us to go to the theater.
학교에서는 극장 출입을 금하고 있다.

1362
□ stroll ⓢ 한가롭게 거닐다 ⓜ 산책

[stroul]
- stroll along the beach 바닷가를 산책하다
- stroll about in the suburbs 교외를 한가롭게 거닐다

1363
□ fascinate ⓢ 황홀케하다, 매혹시키다

[fǽsənèit]
- be fascinated 매력을 느끼다
- Her beauty fascinated everyone. 그녀의 아름다움은 모두를 매혹했다.
  - ⓗ fascinating 매혹적인

1364
□ secure ⓢ 획득하다, 보증하다 ⓗ 안전한

[sikjúər]
- a secure hideout 안전한 은신처
- secure the copyright 판권을 획득하다
  - ⓜ security 안전

1365
□ display ⓢ 보이다, 나타내다, 전시하다 ⓜ 표시, 진열

[displéi]
- display nerve 배짱을 보이다
- Cards are on display. 카드들이 진열되어 있다.

1366
□ shoot ⓢ 싹이 트다, 우뚝 서다, 사격하다

[ʃuːt]
- The car shot ahead. 차가 휙 지나갔다
- shoot a gun 총을 쏘다

1367
□ discriminate ⓢ 구별하다 ⓗ 식별력 있는

[diskrímənèit/-nət]
- discriminate one thing from another 갑과 을을 구별하다
- Don't discriminate others. 다른 사람을 차별하지 말거라.
  - ⓜ discrimination 차별

1368
□ burst ⓢ 폭발하다, 파열하다 ⓜ 폭발, 파열

[bəːrst]
- a burst in the embankment 제방의 터진 곳

❖ A volcano burst into eruption.
화산이 폭발했다.

1369
□ **accuse** 동 고발하다, 비난하다

[əkjú:z]

❖ accuse a person of murder
~을 살인자로 고소하다
❖ They accused him for his selfishness.
그들은 그의 이기주의를 비난했다.
명 accusation 규탄

1370
□ **refrain** 동 ~을 그만두다 명 (노래의)후렴

[rifréin]

❖ refrain from greasy food
기름기 많은 음식을 삼가다
❖ That refrain is impressive.
저 노래의 후렴은 인상 깊다.

1371
□ **reveal** 동 드러내다, 보이다

[riví:l]

❖ reveal one's real shape 정체를 드러내다
❖ They began to reveal their true selves.
그들은 자기네 본성을 드러내기 시작했다.
형 revealable 드러낼 수 있는

1372
□ **concentrate** 동 집중하다, 전념하다, 농축하다

[kάnsəntrèit]

❖ concentrate rays to a focus
광선을 초점에 집중하다
❖ He is unable to concentrate his thoughts upon his academic work.
그는 학업에 전념할 수가 없다.
명 concentration 집중

1373
□ **sustain** 동 떠받치다, 부양하다, 견디다

[səstéin]

❖ a large family to sustain 많은 부양가족
❖ The breakwater sustained the shocks of waves. 그 방파제는 파도의 충격을 잘 견뎠다.
명 sustentation 지지

1374
□ overtake ⓢ 동 ~을 뒤따라잡다, 덮치다

[òuvərtéik]

❖ I ran to overtake him.
그는 그를 따라잡기 위해 뛰었다.
❖ Bad luck overtook them.
불행이 그들을 덮쳤다.

1375
□ relax 동 긴장을 풀다, 쉬다, 안도하다(=rest, relieve)

[rilǽks]

❖ relax the muscles 근육의 긴장을 풀다
❖ Before you begin, try to relax.
시작하기 전에 긴장을 푸십시오.

1376
□ restrict 동 제한하다, 한정하다

[ristríkt]

❖ restrict the water supply 급수를 제한하다
❖ be restricted within narrow limits
좁은 범위에 제한되다

1377
□ stir 동 분발시키다, 휘젓다

[stəːr]

❖ stir up one's desires 욕망을 북돋우다
❖ He is stirring the soup in the pot.
그는 냄비에 스프를 휘젓고 있다.

1378
□ worry 동 괴롭히다, 걱정하다 명 걱정, 고생

[wə́ːri/wʌ́ri]

❖ worry oneself 마음을 괴롭히다
❖ He worried himself ill.
그는 너무 걱정하여 병이 났다.

1379
□ lead 동 지내다, 이끌다(=guide) 명 납

[liːd]

❖ lead a happy life 즐거이 지내다
❖ A dog leads the blind man.
한 마리 개가 그 눈먼 사람을 인도한다.

1380
□ execute 동 실시하다, 성취하다

[éksikjùːt]

❖ execute a contract 계약을 실행하다
❖ Unable to execute search.
검색을 실행할 수 없습니다.

Part Ⅲ

기본단어

-형용사 / 부사 / 전치사 / 접속사편-

Day 47 ~ Day 60

Part Ⅲ 47일 Point up

1381
□ **aware** 형 알고 있는, 알아차린

[əwέər]

❖ be aware of danger 위험을 의식하다
❖ He was aware that it was a trick.
그는 그것이 속임수인 줄 알고 있었다.

1382
□ **ultimate** 형 최후의, 궁극적인

[ʌ́ltəmit]

❖ the ultimate end of life 인생의 궁극적 목적
❖ Win the ultimate victory
최후의 승리를 거두다
부 ultimately 결국, 마침내

1383
□ **irresistible** 형 억제할 수 없는

[ìrizístəbl]

❖ feel an irresistible yearning
그리움을 못 이기다
❖ He felt an irresistible impulse to cry out at the sight.
그는 그 광경을 보고 큰 소리로 외치고 싶은 억누를 수 없는 충동을 느꼈다.

1384
□ **notable** 형 주목할 만한, 유명한

[nóutəbl]

❖ a notable exception 주목할 만한 예외
❖ The area is notable for its pleasant climate.
그 지역은 상쾌한 날씨로 주목할 만하다.

1385
□ **military** 형 군대의, 육군의

[mílitèri / -təri]

❖ compulsory military service 강제 징병
❖ military affairs 군사
❖ military discipline 군대의 규범

1386
□ mental

㉭ 정신의

[méntl]

- a mental worker 정신 노동자
- mental effort 정신적 노력

1387
□ sensible

㉭ 지각 있는, 현명한

[sénsəbl]

- a sensible man 지각 있는 사람
- That is very sensible of him.
  그렇다니 그는 퍽 똑똑한 사람이다.

1388
□ official

㉭ 공식의, 공무상의

[əfíʃəl]

- the official price 공정 가격
- The committee held an official inquiry into the matter.
  위원회는 그 문제를 공식적으로 조사했다.

1389
□ trustworthy

㉭ 신뢰(신용)할 수 있는, 확실한

[trʌ́stwə̀ːrði]

- on trustworthy evidence
  확실한 증거에 따라서
- He is a trustworthy man.
  그는 신뢰할 만한 사람입니다.

1390
□ initial

㉭ 처음의, 최초의 ㉴ 머리글자

[iníʃəl]

- an initial signature 첫 글자만의 서명
- She wrote her initials.
  그녀는 자기 이름의 머리글자를 썼다.

1391
□ potent

㉭ 강력한, 유력한

[póutənt]

- potent reasoning 그럴싸한 논법
- This is a potent point. 이것은 유력한 논지이다.

1392
□ barren

㉭ 불모의, 메마른 ㉴ 메마른 땅

[bǽrən]

- barren soil 메마른 토지
- Do you know about Barren Island?
  불모의 섬을 아시나요?

  ㉴ barrenness 메마름

1393
□ **ignoble** ⓗ 천한, 비열한

[ignóubl]

❖ ignoble purposes 비열한 속셈
❖ To betray a friend is ignoble.
친구를 배신하는 것은 비열하다.

1394
□ **annual** ⓗ 해마다의

[ǽnjuəl]

❖ the annual mean temperature
연간 평균 온도
❖ A birthday is an annual event.
생일은 연례행사이다.

1395
□ **humble** ⓗ 겸손한, 하찮은

[hʌ́mbl]

❖ a humble request 겸손한 요구
❖ A man of humble origin
미천한 집안에 태어난 사람

1396
□ **shy** ⓗ 수줍어하는, 소심한

[ʃai]

❖ a shy smile 수줍은 미소
❖ He was presented as being very shy.
그는 아주 소심한 것처럼 보였다.

1397
□ **solemn** ⓗ 엄숙한, 근엄한

[sɑ́ləm / sɔ́l-]

❖ a solemn face 근엄한 얼굴
❖ They performed a solemn ceremony.
그들은 엄숙한 의식을 거행했다.

1398
□ **dismal** ⓗ 음울한, 적적한

[dízməl]

❖ a dismal room 음침한 방
❖ He is always in the dismals.
그는 항시 음침하다.

1399
□ **delicious** ⓗ 맛있는, 유쾌한

[dilíʃəs]

❖ a delicious dish 맛난 요리
❖ The dinner was delicious. 만찬이 맛있었어요.

1400
□ **frank** 형 솔직한, 숨김없는

[fræŋk]

- frank criticism 솔직한 비평
- To be frank with you 솔직히 말하면

1401
□ **manifest** 형 명백한 동 명시하다

[mǽnəfèst]

- a manifest error 명백한 잘못
- The evidence manifests his guilt.
  그 증거로 유죄가 명백해지다.

1402
□ **notorious** 형 소문난, 악명이 높은

[noutɔ́ːriəs]

- a notorious rascal 소문난 악당
- Be notorious for ~으로 악명이 높다

1403
□ **precise** 형 정확한, 정밀한

[prisáis]

- a precise brain 정확하고 치밀한 두뇌
- The precise meaning 정확한 의미
  부 precisely 정확하게

1404
□ **harsh** 형 거친, 가혹한

[hɑːrʃ]

- harsh to ear 거칠게 들리는
- The punishment was harsh. 처벌은 가혹했다.

1405
□ **eccentric** 형 별난, 괴벽스러운 명 괴짜

[ikséntrik, ek-]

- an eccentric person 괴짜
- There is something eccentric in his composition. 그의 성질에는 좀 별난 데가 있다.
  명 eccentricity 남다름

1406
□ **sublime** 형 숭고한, 웅대한 명 숭고함

[səbláim]

- sublime scenery 웅대한 경치
- There is but one step from the sublime to the ridiculous.
  숭고함과 우스꽝스러움은 종이 한 장 차이다.

1407

□ native ㉭ 타고난, 태어난

[néitiv]

✧ a native Bostonian 토박이 보스턴 사람
✧ native ability(talent) 천부적인 재능

1408

□ loyal ㉭ 충성스러운, 성실한

[lɔ́iəl]

✧ one' s loyal husband 성실한 남편
✧ The king has many loyal subjects.
왕은 충성스러운 부하들을 많이 거느리고 있다.

1409

□ predominant ㉭ 뛰어난, 우세한

[pridɑ́mənənt]

✧ the predominant color 주색(主色)
✧ Hangeul is the most predominant language in the world.
한글은 세계에서 가장 뛰어난 언어이다.
㉥ preeminence 탁월

1410

□ spontaneous ㉭ 자발적인, 자연적인

[spɑntéiniəs]

✧ spontaneous combustion 자연 연소
✧ They made a spontaneous offer of assistance.
그들은 자발적인 지원을 제의했다.

Tip

native **참고** non-native 토종이 아닌 one's native town 태어난 고향 native intelligence 천부의 지성 native musical ability 타고난 음악적 재능 a beauty native to her family 부모를 닮은 미인 with native caution 타고난 조심성으로. go native 현지의 풍습을 따르다 **유의어** aboriginal

Part Ⅲ 48일 Point up

1411
☐ **gradual** ⓗ 점진적인

[grǽdʒuəl]

- a gradual change 점진적 변화
- make gradual progress.
  점차 진보하다

1412
☐ **visible** ⓗ 눈에 보이는

[vízəbl]

- a visible change 눈에 보이는 변화
- Are there any visible symptoms?
  눈에 보이는 증상이 있나요?
  ⓑ visibly 눈에 보이게

1413
☐ **immemorial** ⓗ 태고의, 먼 옛날의

[ìməmɔ́ːriəl]

- from time immemorial 태고부터
- time immemorial 오랜 옛날

1414
☐ **voluntary** ⓗ 자발적인, 임의의

[vɑ́ləntèri]

- a voluntary contribution 자발적인 기부
- voluntary workers
  자진해서 일하는 사람들

1415
☐ **pathetic** ⓗ 측은한, 불쌍한

[pəθétik]

- a pathetic sight 슬픈 광경
- He was very pathetic. 그는 정말 불쌍했다.

1416
☐ **serene** ⓗ 고요한, 화창한

[səríːn]

- serene weather 맑은 날씨
- She looked as calm and as serene as she always did.
  그녀는 항상 그래왔듯이 차분하고 조용해 보였다.

1417
□ constant ㉻ 불변의(↔variable), 지속적인(=continual)

[kάnstənt]

❖ a constant stream of visitors
끊임없는 손님

❖ He was in constant pain.
그는 끊임없는 통증에 시달렸다.

1418
□ liberal ㉻ 개방적인, 자유로운

[líbərəl]

❖ liberal economy 자유주의 경제

❖ She was born into the liberal intelligentsia.
그녀는 자유주의적인 지식인 계급에서 태어났다.

㉼ liberty 자유

1419
□ male ㉻ 남자의, 수컷의

[meil]

❖ a male dog 수캐

❖ a male nurse 남자 간호사

1420
□ constructive ㉻ 건설적인, 적극적인

[kənstrʌ́ktiv]

❖ a constructive policy 건설적 정책

❖ She welcomes constructive criticism.
그녀는 건설적인 비판을 환영한다.

㉽ construct 건설하다

1421
□ concise ㉻ 간결한

[kənsáis]

❖ a concise statement 간명한 진술

❖ Make your answers clear and concise.
대답은 명료하고 간결하게 하시오.

1422
□ inferior ㉻ 보다 열등한 ㉼ 열등한 사람

[infíəriər]

❖ an inferior product 열등품

❖ He is inferior to me in scholarship.
그는 학문에는 나보다 열등하다.

1423
□ sanitary ㉻ 위생의, 보건상의

[sǽnətèri]

❖ sanitary science 공중 위생학

❖ sanitary fittings 위생 설비, 화장실

1424
□ stately ㉻ 위엄이 있는, 당당한 ㉾ 위엄 있게

[stéitli]
- the stately periods of Churchill
  처칠의 당당한 명문
- a stately mansion 으리으리한 저택

1425
□ destructive ㉻ 파괴적인, 해로운

[distrʌ́ktiv]
- destructive criticism 파괴적 비평
- a habit destructive to health
  건강에 해로운 습관

1426
□ proficient ㉻ 숙달한, 능숙한

[prəfíʃənt]
- a proficient swimmer 수영의 달인
- She is proficient at German.
  그녀는 독일어에 숙달되어 있다.

1427
□ ashamed ㉻ 부끄러워하는, 당황한(=embarrassed)

[əʃéimd]
- be ashamed of oneself for
  ~때문에 부끄러워하다
- I am ashamed to see you.
  부끄러워서 널 만나고 싶지 않다.
- be ashamed of ~이(을) 부끄럽다

1428
□ petty ㉻ 작은

[péti]
- a petty shop 조그마한 가게
- His sister is petty.
  그의 여동생은 작다.

  ㉾ pettily 인색하게

1429
□ moral ㉻ 도덕적인, 정신적인 ㉮ 교훈

[mɔ́:rəl/mɑ́r-]
- offend the moral sense
  도덕관념에서 벗어나다
- She is an extremely moral woman.
  그녀는 아주 도덕적인 여인이다.

  ㉮ morality 도덕, 윤리

  ㉾ morally 도덕적으로

1430

□ perpendicular ⓗ 수직의

[pə̀ːrpəndíkjələr] ❖ a perpendicular line 수직선
❖ perpendicular style 수직 양식

1431

□ capable ⓗ 능력있는, 유능한

[kéipəbl] ❖ a man capable of anything
무슨 짓이든 능히 할 사나이
❖ She is a capable teacher.
그녀는 유능한 교사다.
ⓑ capably 유능하게

1432

□ technical ⓗ 기술적인, 전문의

[téknikəl] ❖ technical reasons 기술적 이유
❖ We can learn technical knowledge in books.
우리는 서적에서 전문 지식을 배울 수 있다.
ⓜ technique 기술

1433

□ temporary ⓗ 임시의(↔permanent), 한때의

[témpərèri] ❖ temporary measures 임시조처
❖ temporary expedient 임시방편

1434

□ tropical ⓗ 열대의, 몹시 더운(=muggy)

[trɑ́pikəl] ❖ tropical storm 열대 폭풍우
❖ tropical plants 열대식물
❖ tropical climates 열대성 기후

1435

□ delicate ⓗ 미묘한, 민감한, 허약한

[délikət] ❖ a delicate difference 미묘한 차이
❖ in delicate health 병약하여

1436

□ simultaneous ⓗ 동시의, 동시에 존재하는

[sàiməltéiniəs/si-] ❖ simultaneous interpretation 동시 통역
❖ a simultaneous interpreter 동시통역사

1437
□ **superfluous** ⓗ 여분의, 남는

[suːpərfluəs]

- superfluous words 불필요한 말
- Superfluous wealth can buy superfluities only. 남아도는 부로는 사치품만 사게 할 뿐이다.

1438
□ **ambiguous** ⓗ 애매모호한(=vague), 막연한, 모호한

[æmbígjuəs]

- an ambiguous reply 애매모호한 대답
- That sentence is ambiguous.
  그 문장은 애매하다.

1439
□ **medieval** ⓗ 중세의

[mìːdiíːvəl]

- medieval literature 중세 문학
- Medieval Europeans had their great cathedrals.
  중세 유럽인들은 거대한 성당을 만들었다.

1440
□ **keen** ⓗ 날카로운, 민감한

[kiːn]

- keen sense 날카로운 감각
- This knife has a keen edge.
  이 칼은 날이 날카롭다.

Tip

ambiguous **어원** ambi(양쪽으로)+guous(이끌다)
참고 an ambiguous passage 뜻을 파악하기 어려운 절 an ambiguous position 이도 저도 아닌 입장.
유의어 ambiguous, equivocal, equivocal
※ambiguous 나타내고자 하는 뜻에 두 가지(이상의) 해석이 가능하여 애매한 경우를 말하나, 고의성에서 비롯된 것은 아니며, equivocal 두 가지(이상의) 해석이 가능한 표현을 가리키며, 고의로 상대방을 혼란시켜 발뺌을 하려는 의도를 수반한다.

Part Ⅲ 49일 Point up

1441
□ contemporary ⓗ 현대의, 동시대의(=modern) ⓜ 동시대의 사람

[kəntémpərèri]
- ❖ contemporary literature 현대 문학
- ❖ He was contemporary with Lincoln.
  그는 링컨과 동시대의 인물이었다.

1442
□ prominent ⓗ 눈에 띄는, 저명한

[prάmənənt/ prɔ́-]
- ❖ a prominent writer 특출한 작가
- ❖ Many a prominent man was purged from public office.
  많은 저명한 사람들이 공직에서 추방되었다.

1443
□ prime ⓗ 제일의, 주요한

[praim]
- ❖ of prime importance 가장 중요한
- ❖ His prime concern is the peace of the world. 그의 주요한 관심사는 세계 평화이다.
  ⓑ primely 훌륭하게

1444
□ exact ⓗ 정확한

[igzǽkt]
- ❖ the exact time 정확한 시간
- ❖ exact to the letter 대단히 정확한

1445
□ eminent ⓗ 저명한, 뛰어난

[émənənt]
- ❖ an eminent writer 저명 작가
- ❖ He is an eminent philosopher and mathematician.
  그는 저명한 철학자이자 수학자이다.

1446
□ **neutral** ⓗ 중립의, 중성의

[njú:trəl]
- a neutral nation 중립국
- The country remained neutral in the war.
  그 나라는 전쟁에서 중립을 유지했다.
  ⓜ neutrality 중립

1447
□ **steep** ⓗ 가파른, 급경사진, 험한 ⓓ 담그다

[sti:p]
- a steep slope 가파른 언덕
- The stairs are high and steep.
  계단이 높고 가파르다.

1448
□ **contrary** ⓗ 반대의 ⓜ 반대

[kάntreri / kɔ́n-]
- contrary to fact 사실과 반대로
- Quite the contrary. 전혀 정반대다.

1449
□ **indispensable** ⓗ 없어서는 안 되는(=necessary)

[ìndispénsəbl]
- things indispensable to life 생필품
- an indispensable member of the staff
  스태프에 절대 필요한 일원

1450
□ **sacred** ⓗ 신성한, 성전의

[séikrid]
- hold sacred 신성시하다
- Marriage is sacred. 결혼은 신성한 것이다.
  ⓜ sacredness 신성 불가침

1451
□ **prodigal** ⓗ 낭비하는, 방탕한

[prάdigəl]
- a prodigal son 방탕한 자식
- He took up a luxurious and prodigal lifestyle.
  그는 사치가 극에 달하는 방탕한 생활을 했다.

1452
□ **gloomy** ⓗ 어두운, 우울한

[glú:mi]
- the gloomy depth of the forest 어두운 숲속
- a gloomy prospect 암담한 전망

1453
□ prudent
㉻ 사려 깊은, 신중한

[prúːdənt]

- a prudent man 신중한 남자
- You must be more prudent in the future about what you do. 앞으로는 좀더 행동을 신중히 해야 되겠다.

1454
□ resolute
㉻ 결심이 굳은, 단호한

[rézəlùːt]

- a resolute will 불굴의 의지
- He was resolute in carrying out his plan. 계획을 실현할 결의가 확고하였다.

1455
□ narrow
㉻ 좁은, 인색한

[nǽrou]

- a narrow bridge 좁은 다리
- narrow with one's money 돈에 인색한

1456
□ feudal
㉻ 봉건적인

[fjúːdl]

- the feudal system 봉건 제도
- The custom can be traced back to the feudal period.
  그 풍습의 기원은 봉건 시대부터 시작된다.

1457
□ dumb
㉻ 벙어리의, 무언의

[dʌm]

- the dumb millions 무언의 대중, 민중
- the deaf and dumb 농아자

1458
□ partial
㉻ 부분적인, 불공평한

[pɑ́ːrʃəl]

- a partial judge 불공평한 재판관
- a partial eclipse of the sun 부분 일식

1459
□ juvenile
㉻ 소년(소녀)의, 나이 어린

[dʒúːvənl/-nàil]

- a juvenile adult 나이 많은 소년
- a juvenile part 어린이 역

1460
□ instructive ⓗ 교훈적인, 유익한

[instrʌ́ktiv]

- an instructive experience 유익한 경험
- The book is entertaining and instructive.
  그 책은 재미도 있고 교훈적이기도 하다.

1461
□ sullen ⓗ 뚱한, 시무룩한 ⓜ 언짢음

[sʌ́lən]

- a sullen face 뾰로통한 얼굴
- He kept a sullen silence.
  그는 뿌루퉁하니 말이 없었다.

1462
□ good ⓗ 뛰어난, 친절한 ⓜ 선, 이익, 상품

[gud]

- a good artist 뛰어난 화가
- be no good 아무 쓸모도 없다

1463
□ fertile ⓗ 비옥한(↔barren), 다산의

[fə́ːrtl/-tail]

- a fertile mind 창의성이 풍부한 마음
- The soil here is fertile. 이곳은 땅이 비옥하다.

1464
□ abnormal ⓗ 비정상적인

[æbnɔ́ːrməl]

- abnormal behavior 이상 행동
- They strike me as abnormal.
  그들은 이상하게 느껴진다.

  ⓜ abnormality 변칙

1465
□ accurate ⓗ 정확한, 빈틈없는

[ǽkjurət]

- to be accurate 정확히 말해서
- His account is very accurate.
  그의 설명은 매우 정확하다.

1466
□ stout ⓗ 튼튼한, 뚱뚱한

[staut]

- a stout, middle-aged gentleman
  뚱뚱한 중년 신사
- She became stout as she grew older.
  그녀는 나이가 들면서 뚱뚱해졌다.

1467 □ **fierce** ㊜ 사나운, 맹렬한

[fiərs]

❖ fierce looks 사나운 표정

❖ A lion is a fierce animal.
사자는 맹렬한 동물이다.
㊔ fierce animal 맹수

1468 □ **faint** ㊜ 희미한, 약한 ㊝ 기절하다

[feint]

❖ a faint light 희미한 불빛

❖ His strength grew faint.
그의 체력이 약해졌다.

1469 □ **engaging** ㊜ 매력있는, 애교있는

[engéidʒiŋ]

❖ an engaging smile 매력적인 미소

1470 □ **rational** ㊜ 합리적인, 이성적인

[rǽʃənl]

❖ a rational policy 합리적 방침

❖ Man is a rational animal.
인간은 이성적인 동물이다.

Tip

fierce **참고** fierce anger 격분 a fierce argument 격론 fierce competition 격렬한 경쟁 fierce rivals 격렬하게 맞서고 있는 경쟁자들 a fierce effort 극심한 노력 fierce loyalty 열성 fierce taste 지독한 악취미
유의어 ferocious, furious, savage, tearing

Part Ⅲ 50일 Point up

1471
□ intimate ⓗ 친밀한, 친한

[íntəmit]

❖ be intimate with ~와 친밀하다

❖ This led them to an intimate friendship.
이것이 기연으로 두 사람은 친밀해졌다.

1472
□ external ⓗ 외부의 ⓜ 외면

[ikstə́ːrnl]

❖ a medicine for external use 외용약

❖ judge by externals 외관으로 판단하다

1473
□ civil ⓗ 예의바른, 공손한, 문명의

[sívəl]

❖ do the civil 공손히 하다

❖ John seems unable to keep a civil tongue.
존은 공손하게 말할 수가 없을 것 같다.

1474
□ righteous ⓗ 바른, 공정한

[ráitʃəs]

❖ a righteous act 정리에 맞는 행동

❖ a righteous man 옳은 사람

1475
□ unanimous ⓗ 만장일치의, 이의 없는

[juːnǽnəməs]

❖ a unanimous vote 전원 일치의 표결

❖ with unanimous applause
만장의 박수 갈채로

❖ by a unanimous vote 만장일치로

1476
□ minute ⓗ 상세한, 사소한 ⓜ 분

[mínit]

❖ minute particles 미분자

❖ with minute attention
세심한 주의를 기울여

1477

□ rare ㊢ 드문, 진기한

[rεər]

❖ a rare disease 희귀병

❖ It is rare for him to go out.
그가 외출하는 일은 드물다.
㊔ rareness 희귀

1478

□ exquisite ㊢ 정교한, 우아한

[ikskwízit]

❖ an exquisite piece of music 정교한 음악

❖ She has exquisite taste.
그녀는 취미가 우아하다.

1479

□ decent ㊢ 고상한, 상당한, 버젓한

[dí:snt]

❖ a decent salary 상당한 봉급

❖ I'm after a decent job.
나는 남과 같은 버젓한 직장을 구하고 있다.

1480

□ sterile ㊢ 메마른, 불모의, 헛된

[stéril / -rail]

❖ sterile soil 메마른 토양

❖ The field is too sterile to yield anything.
이 밭은 메말라서 아무것도 할 수 없다.

1481

□ primary ㊢ 제일의, 주요한

[práimèri / -məri]

❖ the primary current 1차 전류

❖ There are two primary types of fiber.
두 가지 주요 섬유 종류가 있습니다.
㊕ primarily 첫째로, 처음으로, 주로

1482

□ affirmative ㊢ 긍정적인

[əfə́:rmətiv]

❖ answer in the affirmative
긍정적으로 대답하다

❖ an affirmative concept 긍정적 개념

1483
□ **local** ⓗ 지방의(=regional) ⓜ 보통열차

[lóukəl]

❖ a local market 지방 시장
❖ That is mere a local custom.
그것은 단지 지방의 관습일 뿐이다.

1484
□ **guilty** ⓗ 유죄의, 간악한

[gílti]

❖ be not guilty 무죄이다
❖ The judge pronounced him guilty.
판사는 그가 유죄라고 선언했다.

1485
□ **legal** ⓗ 법률상의(↔illegal 불법의), 합법적인

[lígəl]

❖ the legal profession 법조
❖ a legal reserve 법정 준비금
❖ legal age 법정 연령

1486
□ **transient** ⓗ 덧없는, 일시적인

[trǽnʃənt/-ziənt]

❖ transient affairs of this life 덧없는 인생
❖ Man's life is as transient as dew.
사람의 목숨은 이슬처럼 덧없는 것이다.

1487
□ **bright** ⓗ 영리한, 밝은

[brait]

❖ a bright child 영리한 아이
❖ The moon is bright tonight.
오늘 밤 달이 밝은데요.

1488
□ **enormous** ⓗ 엄청난, 거대한

[inɔ́ːrməs]

❖ an enormous difference 엄청난 차이
❖ an enormous sum of money 거액의 돈
ⓑ enormously 엄청나게

1489
□ **conservative** ⓗ 보수적인

[kənsə́ːrvətiv]

❖ conservative politics 보수적인 정책
❖ His views are conservative.
그의 의견은 보수적이다.

1490
□ main ㊕ 주요한

[mein]

❖ a main point 주요 사항
❖ What is the main topic of this passage?
이 구문의 주요 화제는 무엇인가?

1491
□ rigid ㊕ 단단한, 엄격한(=strict, stiff)

[rídʒid]

❖ a rigid piece of metal 단단한 쇳조각
❖ There's a very rigid social hierarchy in their society.
그들의 사회에는 매우 엄격한 사회 계급 제도가 있다.

1492
□ ancient ㊕ 옛날의, 고대의(↔modern)

[éinʃənt]

❖ ancient civilization 고대 문명
❖ He studies ancient civilization.
그는 고대 문명을 연구한다.
❖ in ancient times 고대에
㊖ anciently 옛날에

1493
□ happy ㊕ 행운의, 적절한, 매우 좋은

[hǽpi]

❖ a happy man 운좋은 사람
❖ I am happy that he has succeeded.
그가 성공해서 기쁘다.

1494
□ complex ㊕ 복잡한 ㊔ 복합체

[kəmpléks]

❖ a complex problem 복잡한 문제
❖ a complex system 복합 시스템

1495
□ disinterested ㊕ 사심없는, 공평한

[disíntəristid]

❖ be disinterested 사심이 없다
❖ The umpire makes disinterested decisions.
그 심판은 공평한 판정을 내린다.

1496
□ firm ㉻ 견고한, 단호한 ㉼ 회사(=company)

[fəːrm]

- firm friendship 굳은 우정
- a firm price 변동 없는 가격
- consulting firm 컨설턴트 회사

1497
□ principal ㉻ 주요한 ㉼ 장(長), 교장

[prínsəpl]

- a principal cause 주요한 원인
- a lady principal 여교장

1498
□ radical ㉻ 근본적인, 급진적인

[rǽdikəl]

- a radical difference 근본적인 차이점
- a radical party 급진파

1499
□ senior ㉻ 손위의 ㉼ 연장자, 선배

[síːnjər]

- a senior man 고참자, 상급생
- I respect him as my senior.
  나는 저 사람을 선배로서 존경하고 있다.

1500
□ bold ㉻ 대담한

[bould]

- a bold adventure 대담한 모험
- make bold to do
  대담하게도 ~하다, 실례지만 ~하다

Tip

complex **어원** com(함께)+plex(감은, 꼰)
참고 an inferiority[a superiority] complex 열등[우월]감, a guilt complex 죄의식
반의어 simple
유의어 composite, coordination compound

Part Ⅲ 51일 Point up

1501
□ pure ㉻ 순수한, 맑은

[pjuər]

❖ pure skin 깨끗한 피부

❖ pure in body and mind
몸과 마음이 청순한

1502
□ diverse ㉻ 다양한, 다른

[divə́ːrs / daivə́ːs]

❖ a man of diverse interests
취미가 다양한 사람

❖ Diverse opinions were expressed at the meeting.
모임에서는 다양한 의견들이 나왔다.

1503
□ choice ㉻ 고급의 ㉹ 선택

[tʃɔis]

❖ the liberty of choice 선택의 자유

❖ I approve your choice.
나는 네 선택에 찬성한다.

1504
□ precious ㉻ 귀중한(=valuable), 값진

[préʃəs]

❖ a precious object 값진 물건

❖ Her children are very precious to her.
그녀에게는 아이들이 대단히 소중하다.

1505
□ sinister ㉻ 불길한, 사악한

[sínistər]

❖ sinister symptoms 불길한 징후

❖ The rumor has a sinister sound.
그 소문에는 불길한 느낌이 있다.

1506
□ magnificent ㉻ 웅대한, 장엄한

[mægnífəsnt]

❖ a magnificent view 웅대한 경치

❖ The king had a magnificent palace.
그 왕은 장엄한 궁전을 갖고 있었다.
명 magnificence 장엄

1507
☐ **previous** 형 앞의, 이전의
[príːviəs]
❖ the previous quarter 이전의 3개월
❖ He demanded the reversal of a previous decision.
그는 예전의 결정을 뒤집을 것을 요구했다.

1508
☐ **stern** 형 엄한, 엄격한 명 고물
[stə́ːrn]
❖ a stern father 엄격한 아버지
❖ stern on 고물을 이쪽으로 돌리고

1509
☐ **similar** 형 비슷한
[símələr]
❖ similar tastes 비슷한 취미
❖ Your opinion is similar to mine.
자네의 의견은 내 것과 비슷하다.

1510
☐ **quaint** 형 진기한, 기이한
[kweint]
❖ the quaint notion that ~라는 기묘한 생각
❖ He has a quaint way of speaking.
그는 말투가 기이하다.

1511
☐ **absorb** 형 흡수하다, 열중하다
[əbsɔ́ːrb / -zɔ́ːrb]
❖ absorb heat 열을 흡수하다
❖ The dry earth absorbs water.
마른 대지가 물을 흡수한다.
명 absorption 흡수

1512
☐ **plain** 형 명백한, 검소한 명 평원, 벌판
[plein]
❖ in plain terms 명백하게 말하자면
❖ a plain meal 검소한 식사

1513
□ **crude** ㊔ 천연 그대로의, 거친 ㊐ 원료

[kruːd]
❖ crude material 원료
❖ crude reality 있는 그대로의 현실

1514
□ **queer** ㊔ 별난, 기묘한

[kwiər]
❖ a queer fish 괴짜
❖ I felt queer. 기분이 묘했다.
㊕ queerly 기묘하게

1515
□ **standard** ㊔ 표준의, 모범적인 ㊐ 표준, 모범

[stǽndərd]
❖ the standard language 표준어
❖ come up to the standard 표준에 달하다

1516
□ **sane** ㊔ 제정신의, 온전한

[sein]
❖ a sane idea 건전한 생각
❖ No sane person would support him.
제정신인 사람이라면 그를 지지하지 않을 것이다.
㊐ sanity 제정신

1517
□ **short** ㊔ 짧은, 부족한, ~에 미달한, 반바지

[ʃɔːrt]
❖ a short walk 단거리의 보행
❖ The coat is short on me.
이 코트가 내게는 짧다.

1518
□ **stupid** ㊔ 어리석은

[stjúːpid]
❖ pull a stupid trick 어리석은 수작을 부리다
❖ It was stupid of you to believe him.
네가 그를 믿은 것은 어리석었다.

1519
□ **sagacious** ㊔ 현명한, 영리한

[səgéiʃəs]
❖ be sagacious 지혜롭다
❖ a sagacious lawyer 명민한 변호사

1520
□ **polite** 형 예의바른, 공손한

[pəláit]

❖ a polite remark 공손한 말
❖ The waiter spoke politely.
웨이터는 정중하게 말했다.

1521
□ **prone** 형 납작해진, ~에 걸리기 쉬운

[proun]

❖ lie prone 엎드리다
❖ I am prone to all kinds of infections.
나는 각종 감염에 걸리기가 쉽다.

1522
□ **tranquil** 형 조용한, 평온한

[trǽŋkwil]

❖ a tranquil sea 고요한 바다
❖ a tranquil life 평온한 생활

1523
□ **silly** 형 어리석은, 양식없는

[síli]

❖ do a silly thing 어리석은 짓을 하다
❖ It is silly to ask a needless question.
불필요한 질문을 하는 것은 어리석은 짓이다.
부 sillily 바보같이

1524
□ **current** 형 유행의, 현재의

[kə́ːrənt/kʌ́r-]

❖ the current month 이달
❖ He's averaging 38.5 during his current streak. 그는 현재 평균 38.5 득점을 올리고 있다.
부 currently 일반적으로

1525
□ **plausible** 형 그럴듯한

[plɔ́ːzəbl]

❖ a plausible alibi 그럴듯한 알리바이
❖ sound plausible 그럴듯하게 들리다

1526
□ **genuine** 형 진짜의, 순수한

[dʒénjuin]

❖ a genuine writing 진필
❖ the genuine breed of bulldog 순종 불독
부 genuinely 진정으로

1527
□ net ㉧ 정미(正味)의 ㉨ 그물

[net]

❖ a net[clear] profit 순이익금
❖ a net price 정가

1528
□ fatal ㉧ 숙명적인, 치명적인(=mortal)

[féitl]

❖ the fatal day 운명의 날
❖ He suffered a fatal blow.
그는 치명적인 타격을 받았다.

1529
□ commonplace ㉧ 평범한, 진부한

[kɑ́mənplèis]

❖ a commonplace fellow 평범한 놈
❖ The beauty of today becomes commonplace tomorrow. 오늘날의 미모는 내일은 평범한 것이 되고 말 것이다.

1530
□ reverse ㉧ 반대의, 거꾸로 된 ㉣ 역전시키다 ㉨ 반대

[rivə́:rs]

❖ reverse the order 순서를 거꾸로 하다
❖ It is the reverse of kindness.
그건 친절이라기보다는 그 반대이다.
㉥ reversely 거꾸로 반대로

Tip

net **참고** a net profit 순이익 net weight 실중량 a net price 정가(正價) at 10 dollars net기 정가 10달러로. a fishing net 어망 cast[throw] a net 그물을 던지다 lay [spread] a net 그물을 치다 draw in a net 그물을 끌어당기다
반의어 gross **유의어** nett, final, last, network, internet

Part Ⅲ 52일 Point up

1531
□ **potential** ⓗ 잠재적인 ⓜ 잠재력, 가능성

[poutén∫əl/pə-]

- a potential genius 천재적 소질을 가진 사람
- What is the growth potential in that market?
  그 시장의 성장 가능성은 어떻습니까?

1532
□ **meet** ⓗ 만족시키다, 응하다, 만나다

[miːt]

- meet wishes ~의 희망에 부응하다
- What time can we meet today?
  오늘 몇 시에 만날까요?

1533
□ **vague** ⓗ 막연한(=unclear), 어렴풋한

[veig]

- yield to vague terrors
  막연한 공포에 사로잡히다
- Anne was very vague about her plans for the future.
  앤은 미래 계획에 관해 아주 막연했다.

1534
□ **simple** ⓗ 단일의, 검소한, 간소한

[símpl]

- the simple life 간소한 생활
- a simple operation 간단한 수술

1535
□ **artificial** ⓗ 인공적인, 인조의

[àːrtəfí∫əl]

- an artificial planet 인공 행성
- Artificial languages are not useful for us.
  인공언어들은 우리에게 유용하지 않다.
- artifact 인공물

1536
□ fluent ㉻ 유창한, 거침없는

[flúːənt]

- speak fluent English 영어를 유창하게 말하다
- She's always been a very fluent public speaker.
  그녀는 언제나 매우 유창한 연설가였다.
  ㉾ fluently 유창하게

1537
□ severe ㉻ 엄격한, 격렬한

[sivíər]

- a severe ache 격심한 아픔
- He is severe with his children.
  그는 자식들에게 엄격하다.

1538
□ individual ㉻ 개인적인, 개개의 ㉴ 개인

[ìndəvídʒuəl]

- each individual person 각 개인
- She wears very individual clothes.
  그녀는 매우 개인적인 취향의 옷을 입는다.

1539
□ slender ㉻ 가느다란(=thin), 호리호리한(=slim)

[sléndər]

- slender arms 가느다란 팔
- The drink is sold in a bottle with a slender neck.
  그 음료수는 목이 가느다란 병에 담겨 팔린다.

1540
□ entire ㉻ 완전한, 전체의 ㉴ 전체, 완전

[entáiər]

- entire freedom 완전한 자유
- I watched the entire ceremony on television.
  나는 텔레비전으로 전체 행사를 지켜봤다.
  ㉴ entireness 완전(무결)

1541
□ tolerable ㉻ 참을 수 있는, 상당한, 꽤 좋은

[tɑ́lərəbl/tɔ́-]

- His arrogance is no longer tolerable.
  그의 거만한 태도는 더 이상 참을 수 없다.
- He earns a tolerable income.
  그는 수입이 괜찮다.

1542
□ wretched
㉢ 불쌍한, 비참한, 야비한

[rétʃid]

- a wretched life 비참한 생활
- He lives a very wretched life.
  그는 매우 딱한 생활을 하고 있다.

1543
□ fit
㉢ 알맞은(=appropriate), 적당한(=proper)
㉢ 발작

[fit]

- a fit occasion 적당한 기회
- in a fit of anger 홧김에

1544
□ abound
㉢ 풍부하다

[əbáund]

- abound in color 색채가 풍부하다
- abound in marine products
  수산물이 풍부하다
  ㉢ abundance 부유

1545
□ remote
㉢ 먼, 먼곳의

[rimóut]

- a remote ancestor 먼 조상
- He lives in a remote town.
  그는 멀리 있는 마을에 산다.
  ㉢ severely 심하게

1546
□ sovereign
㉢ 최고의, 주권을 가진 ㉢ 주권자

[sávərn/sɔ́v-]

- a sovereign prince 군주, 원수
- Who was the sovereign of Great Britain then? 당시 영국의 주권자가 누구였나?
  ㉢ sovereignly 특히

1547
□ deliberate
㉢ 신중한, 계획적인 ㉢ 숙고하다

[dilíbərèit /dilíbərət]

- a deliberate choice 신중한 선택
- The making of a player is a deliberate process.
  한 명의 선수를 만들어 내는 것은 아주 신중한 과정입니다.

1548
□ absurd ㉲ 터무니없는, 불합리한

[æbsə́:rd/-zə́:rd]
❖ an absurd rumor 터무니없는 소문
❖ Don't be absurd. 터무니없이 굴지 마라.

1549
□ strenuous ㉲ 활기찬, 분투하는

[strénjuəs]
❖ a strenuous imagination 활발한 상상력
❖ make strenuous efforts
분투하다, 힘껏 노력하다

1550
□ robust ㉲ 건장한, 튼튼한

[roubʌ́st / rə-]
❖ a robust frame 우람한 체격
❖ He is in robust health.
그는 건장한 사람이다.

1551
□ mechanical ㉲ 기계의

[məkǽnikəl]
❖ a mechanical failure 기계의 고장
❖ A mechanical arm is unloading the truck.
기계의 팔이 트럭에서 짐을 부리고 있다.

1552
□ novel ㉲ 신기한 ㉻ 소설

[nɑ́vəl / nɔ́v-]
❖ a historical novel 역사 소설
❖ a novel idea 기발한 생각

1553
□ separate ㉲ 분리된 ㉣ 분리하다

[sépərèit]
❖ separate cream from milk
우유에서 크림을 분리하다
❖ Please separate the pencils from the pens.
연필을 펜과 분리하세요.

1554
□ staple ㉲ 주요한 ㉻ 주요산물

[stéipl]
❖ staple food 주식(主食)
❖ staple commodities 중요한 상품

1555
□ ample ⓗ 충분한

[ǽmpl]

❖ have an ample supply of food
양식이 충분하다
❖ We had ample time at our disposal.
우리는 우리 재량에 있는 시간이 충분했다.
ⓜ ampleness 풍부함

1556
□ futile ⓗ 효과없는, 헛된(↔useful)

[fjúːtl/-tail]

❖ make a futile attempt 헛된 시도를 하다
❖ Attempts to convince him are futile.
그를 설득시키는 것은 쓸데없는 짓이다.

1557
□ lonely ⓗ 고독한

[lóunli]

❖ feel lonely 쓸쓸함을 느끼다
❖ She led a lonely life.
그녀는 평생을 고독하게 보냈다.

1558
□ elastic ⓗ 탄력있는, 신축성이 있는(=flexible)

[ilǽstik]

❖ elastic force 탄력성
❖ A rubber band is elastic.
고무 밴드는 신축성이 있다.

1559
□ due ⓗ 당연한, 도착예정인, 지불할 때가 된

[djuː]

❖ a bill due next month 다음 달이 만기인 어음
❖ The train is due at two.
기차는 2시에 도착할 예정이다.

1560
□ akin ⓗ 동족의, 동류의

[əkín]

❖ be akin to ~에 가깝다, 유사하다
❖ A buffalo is akin to an ox.
들소는 황소와 비슷하다.

Part Ⅲ 53일 Point up

1561
□ vital
㉧ 생명의, 중요한, 필수적인(=necessary)

[váitl]

- a vital question 극히 중대한 문제
- Tear the vitals out of a subject
  문제의 핵심을 찌르다.
  ㉨ vitality 생명력

1562
□ physical
㉧ 육체의, 물질적인(↔mental) ㉨ 신체검사

[fízikəl]

- physical labor 육체 노동
- A physical impossibility
  물리적으로 불가능한 일

1563
□ upright
㉧ 똑바른(=vertical), 정직한

[ʌ́pràit/ʌpráit]

- an upright tree 곧은 나무
- She is past 70, yet upright in her carriage.
  그녀는 70세가 넘었는데도 아직 자세는 꼿꼿하다.
  ㉮ uprightly 똑바로

1564
□ trying
㉧ 괴로운, 고딘

[tráiiŋ]

- in trying circumstances 곤경에 처하여
- be trying to the health 몸에 나쁘다

1565
□ savage
㉧ 야만스러운, 잔인한

[sǽvidʒ]

- a savage temper 잔인한 성격
- a savage blow 무참한 일격

1566
□ raw
㉧ 날것의, 미숙한

[rɔː]

- swallow a raw oyster 날굴을 날름 삼키다
- Whereas I cook food in winter, I'll eat it raw in summer.

나는 겨울에는 음식을 익혀 먹지만 여름에는 날것으로 먹는다.
명 rawness 생것

1567
□ **eternal** 형 영원한
[itə́ːrnl]
❖ eternal life 영원한 생명
❖ eternal chatter 끝없는 지껄임
명 eternity 영원

1568
□ **cordial** 형 진심의, 마음에서 우러나오는
[kɔ́ːrdʒəl]
❖ a cordial welcome 마음에서 우러나는 환영
❖ Relations between the two leaders are said to be cordial.
두 지도자 사이의 관계는 진심에서 우러나온 관계라고들 한다.

1569
□ **permanent** 형 영구한(=everlasting), 내구성의(↔temporary)
[pə́ːrmənənt]
❖ a permanent peace 영구적 평화
❖ She is looking for a permanent place to stay.
그녀는 영구적으로 살 집을 찾고 있다.

1570
□ **wicked** 형 사악한
[wíkid]
❖ wicked habits 나쁜 습관, 악습
❖ He was wicked and dishonest.
그는 사악하고 부정직했다.
부 wickedly 심술궂게

1571
□ **moderate** 형 적당한, 온화한(=mild), 중용의
[mádərit/mɔ́-]
❖ moderate exercise 적당한 운동
❖ Temperate climate is a moderate climate.
온화한 기후란 적당한 온도의 기후를 말한다.

1572
□ unique 형 유일한, 독특한

[juːníːk]

❖ a unique artist 이색적인 화가
❖ a unique copy of an ancient manuscript
고대 필사본의 유일한 사본
명 uniqueness 특이함

1573
□ obscure 형 분명치 않은, 흐릿한(=vague)

[əbskjúər]

❖ an obscure death 원인 불명의 죽음
❖ I saw an obscure figure.
나는 흐릿한 사람 그림자를 보았다.
부 obscurely 어둡게

1574
□ coarse 형 조잡한, 야비한

[kɔːrs]

❖ a coarse man 조잡한 사람
❖ Why you pick such coarse cloth?
왜 그렇게 조잡한 옷을 골라?
동 coarsen 거칠게 하다

1575
□ hideous 형 무서운, 섬뜩한

[hídiəs]

❖ a hideous crime 소름 끼치는 범죄
❖ What if her husband were in fact a hideous monster?
그녀의 남편이 실제로 무서운 괴물이라면 어떡하겠어요?

1576
□ sheer 형 순전한, 얇은

[ʃiər]

❖ sheer stockings 얇은 스타킹
❖ This dogma is a sheer nonsense.
이 교리는 순전히 엉터리다.

1577
□ casual 형 우연한, 변덕스러운

[kǽʒuəl]

❖ a casual meeting 우연한 만남
❖ a very casual sort of person 심한 변덕쟁이
명 casualness 변덕

1578
□ fair ⓗ 공평한, 상당한, 맑은, 금발의

[fɛər]
- a fair decision 정당한 결정
- His prospects of future promotion are tolerably fair. 그의 승진 전망은 꽤 유망하다.

1579
□ dominate ⓗ 통치하다, 지배하다(=control)

[dɑ́mənèit / dɔ́mi-]
- dominate the world 세계를 지배하다
- The party is dominated by its right wing. 그 정당은 우익계가 지배한다.

ⓗ dominant 지배하는

1580
□ fine ⓗ 화창한, 좋은, 가느다란 ⓜ 벌금

[fain]
- a fine idea 좋은 생각
- fine wire 가느다란 철사
- a parking fine 주차 위반 벌금

1581
□ vehement ⓗ 열정적인, 맹렬한

[víːəmənt]
- vehement language 극렬한 언사
- vehement competition 심한 경쟁

1582
□ uniform ⓗ 같은 모양의, 일정한 ⓜ 제복

[júːnəfɔ̀ːrm]
- a uniform wage 획일적인 임금
- a man of uniform disposition 변덕스럽지 않은 사람

1583
□ stable ⓗ 안정된, 견고한 ⓜ 외양간

[stéibl]
- stable foundations 견고한 토대
- Lock the stable door after the horse has bolted. 소 잃고 외양간 고치다.

1584
□ intricate ⓗ 뒤얽힌, 복잡한

[íntrikət / íntrikit]
- an intricate machine 복잡한 기계
- The plot of this story is very intricate. 이 소설의 줄거리는 복잡하다.

1585
□ transparent ⓗ 투명한, 명료한

[trænspέərənt]
- transparent colors 투명 그림 물감
- Window glass is transparent.
  유리창은 투명하다.
  ⓜ transparency 투명

1586
□ hardy ⓗ 튼튼한, 강건한

[hɑ́ːrdi]
- a hardy constitution 강건한 몸
- This is very hardy.
  이것은 매우 튼튼하다.

1587
□ single ⓗ 독신의, 단하나의 ⓜ 단일, 한 개

[síŋgl]
- a single life 독신 생활
- A single instance is not enough.
  한 예만으로는 충분하지 않다.

1588
□ ardent ⓗ 열렬한, 열심인

[ɑ́ːrdənt]
- an ardent patriot 열렬한 애국자
- I've never met such an ardent pacifist as Terry.
  나는 테리처럼 열렬한 평화주의자는 만나 본 적이 없다.

1589
□ swift ⓗ 신속한

[swift]
- a swift decision 신속한 결단
- be as swift as an arrow
  화살처럼 빠르다

1590
□ royal ⓗ 왕의, 왕위의, 위엄있는

[rɔ́iəl]
- a royal library 왕립 도서관
- Royal blood flows in his veins.
  그의 몸에는 왕족의 피가 흐르고 있다.

Part Ⅲ 54일 Point up

1591
☐ **venerable** 형 존경할 만한, 유서 깊은

[vénərəbl]
- a venerable old tree 여년묵은 고목
- She is a very venerable friend.
  그녀는 정말 존경스러운 친구입니다.

1592
☐ **surplus** 형 과잉의 명 과잉, 잉여

[sə́ːrplʌs/-pləs]
- surplus wheat 잉여 밀
- a surplus population 과잉 인구

1593
☐ **vivid** 형 생생한, 발랄한

[vívid]
- a vivid blue 선명한 파란색
- a vivid personality 활발한 성격의 사람

1594
☐ **solid** 형 고체의, 견고한 명 고체

[sάlid/sɔ́l-]
- solid state 고체 상태
- a solid body 고체
- a man of solid build 체격이 단단한 사람

1595
☐ **tiny** 형 몹시 작은

[táini]
- little tiny 아주 작은
- The war started off with a tiny accident.
  전쟁은 조그만 사건에서 시작되었다.

1596
☐ **compatible** 형 양립할 수 있는(↔incompatible 호환성이 없는)

[kəmpǽtəbl]
- be compatible 양립할 수 있다
- His interests are not compatible with mine.
  그의 이해(利害)는 나의 이해와 양립하지 않는다.

1597
□ liable
[láiəbl]

형 ~하기 쉬운, 책임이 있는

- be liable to catch a cold 감기에 잘 걸리다
- be liable for damage
  손해에 대한 책임이 있다

1598
□ singular
[síŋgjələr]

형 이상한, 단수의

- a singular event 기괴한 사건
- a woman of singular beauty
  보기 드문 미인

1599
□ rural
[rúərəl]

형 시골의, 전원의(↔urban)

- delights of rural life 전원생활의 즐거움
- I prefer rural life.
  나는 전원생활이 더 좋다.

1600
□ arrogant
[ǽrəgənt]

형 거만한(↔modest)

- in an arrogant tone 거만한 어조로
- I resent his being too arrogant.
  나는 그가 너무 오만한 것이 불쾌하다.

1601
□ poor
[puər]

형 서투른, 초라한, 가난한

- a poor house 초라한 집
- The girl is poor at English.
  그 소녀는 영어를 잘 못한다.

1602
□ swear
[swɛər]

형 맹세하다, 선서하다

- swear on Heaven 하늘에 대고 맹세하다
- She swore to tell the truth.
  그녀는 진실을 말할 것을 맹세했다.

1603
□ weary
[wíəri]

형 피로한, 싫증나는

- weary eyes 피곤한 눈
- a weary journey
  지루한 여행

1604
□ discreet ⓗ 분별있는, 사려깊은, 신중한

[diskríːt]

❖ be discreet in word and deed
언행을 삼가다
❖ She is very discreet. 그녀는 매우 신중하다.

1605
□ sufficient ⓗ 충분한, 족한 ⓜ 충분한 양

[səfíʃənt]

❖ a sufficient sleep 충분한 잠
❖ He has sufficient qualifications for a team captain. 그는 팀의 주장으로서 충분한 자격이 있다.

1606
□ obstinate ⓗ 완고한(stubborn), 고집센

[ɑ́bstənit/ɔ́b-]

❖ obstinate resistance to
~에 대한 완강한 저항
❖ as obstinate as a mule 몹시 고집불통인

1607
□ tidy ⓗ 단정한

[táidi]

❖ tidy up one's dress 복장을 난정히 하나
❖ They are so clean and tidy.
그들은 깔끔하고 단정하다.

1608
□ informal ⓗ 비공식의

[infɔ́ːrməl]

❖ an informal talk 비공식 회담
❖ Our meetings are informal.
저희 회의는 비공식 행사입니다.

1609
□ stubborn ⓗ 완고한, 고집센

[stʌ́bərn]

❖ a stubborn resistance 완강한 저항
❖ bend stubborn heart 완고한 마음을 휘다

1610
□ exotic ⓗ 외국의, 이국풍의 ⓜ 외래품

[igzɑ́tik/-zɔ́t-]

❖ an exotic atmosphere 이국적인 정서
❖ It was an exotic bloom.
그것은 이국적인 꽃이었다.

1611
□ **complacent** ⓗ 자기 만족의

[kəmpléisənt]
- a complacent look 득의양양한 얼굴
- They become complacent if things are easy.
  그들은 일이 쉬워지면 자기만족에 빠진다.

1612
□ **free** ⓗ 무료의, 면세의, 자유로운

[friː]
- the free world 자유세계
- free imports 비과세(稅) 수입품

1613
□ **sly** ⓗ 교활한, 장난기 있는

[slai]
- a sly dog 교활한 녀석
- sly humor 장난스런 익살

1614
□ **daring** ⓗ 대담한, 용감한 ⓜ 대담무쌍

[dέəriŋ]
- a daring plan 대담한 계획
- She made a daring remark.
  그녀는 대담한 발언을 했다.

1615
□ **dense** ⓗ 짙은, 빽빽한

[dens]
- a dense fog 짙은 안개
- a dense population 조밀한 인구

1616
□ **extreme** ⓗ 극도의(=excessive), 맨끝의 ⓜ 극도

[ikstríːm]
- extreme case 극단적인 예
- the girl on the extreme right
  오른쪽 끝의 여자

1617
□ **flat** ⓗ 평평한 ⓜ 바람 빠진 타이어(=blowout)

[flæt]
- a flat dish 운두가 얕은 접시
- This house has a flat roof.
  이 집은 지붕이 평평하다.

1618
□ acute ㉿ **날카로운**

[əkjúːt]

❖ an acute pain 날카로운 아픔
❖ She can make acute judgments.
그녀의 판단력은 날카롭다.
㉿ acuteness 날카로움

1619
□ whimsical ㉿ **변덕스러운, 묘한**

[*h*wímzikəl]

❖ whimsical inventions 기발한 발명품
❖ He is so whimsical.
그는 변덕이 심하다.

1620
□ sober ㉿ **진지한, 냉정한, 술마시지 않은**

[sóubə*r*]

❖ sober restraint 냉정한 자세
❖ It requires sober reflection.
그 일은 진지하게 생각할 필요가 있다.

Tip

free **참고** tax-free 면세가 되는 fat-free 무지방의 run free 마음대로 돌아다니다 free fall 자유낙하 free people 자유로운 사람들 be free as a bird 새처럼 정말 자유롭다 a free economy 자유 경제 free competition 자유 경쟁 a free nation 독립 국가 be free of charge 무료이다 be free of responsibility 책임이 없다 be free of snow 눈이 없다 be free of debt 빚이 없다
반의어 captive, busy

Part Ⅲ 55일 Point up

1621
□ **frugal** ⓗ 검소한, 알뜰한

[frúːgəl]
- lead a frugal life 알뜰하게 살다
- a frugal farm family 알뜰한 농가

1622
□ **subjective** ⓗ 주관적인, 사적인

[səbdʒéktiv / sʌb-]
- a subjective evaluation 개인적인 평가
- be too subjective 주관에 치우치다

1623
□ **corrupt** ⓗ 썩은 ⓓ 타락시키다

[kərʌ́pt]
- corrupt flesh 부패된 고기
- corrupt society 사회를 타락시키다

ⓜ corruption 타락

1624
□ **familiar** ⓗ 익숙한, 친근한

[fəmíljər]
- a familiar road 익숙한 길
- I am familiar with him. 나는 그와 친하다.

1625
□ **imperative** ⓗ 명령적인, 긴급한

[impérətiv]
- an imperative tone of voice 명령하는 듯한 말투
- This is an imperative sentence. 이것은 명령문이다.

1626
□ **stiff** ⓗ 굳은, 뻣뻣한

[stif]
- stiff hands 굳어진 손
- He wore a stiff collar. 그는 뻣뻣한 칼라의 옷을 입었다.

ⓓ stiffen 딱딱하게 하다

1627
□ threat ㊗ 협박, 위협

[θret]

❖ make a threat 협박하다
❖ It was an explicit threat.
그것은 명백한 위협이었다.

1628
□ proof ㊗ ~에 견디는 ㊔ 증명, 증거

[pruːf]

❖ a water-proof coat 방수 코트
❖ proof against temptation 유혹에 안 넘어가는
㊐ prove 입증하다

1629
□ wholesome ㊗ 건전한, 건강에 좋은

[hóulsəm]

❖ wholesome environment 건전한 환경
❖ Jogging is a wholesome exercise.
조깅은 건강에 좋은 운동이다.

1630
□ aggressive ㊗ 공격적인(↔submissive), 적극적인

[əgrésiv]

❖ an aggressive gesture 공격적 몸짓
❖ Some dogs are naturally aggressive.
어떤 개들은 천성적으로 공격적이다.
㊔ aggressiveness 공격성

1631
□ ripe ㊗ 익은, 숙성한(↔unripe 덜 익은)

[raip]

❖ ripe fruit 익은 과일
❖ He is ripe in the business.
그는 일에 매우 숙달되어 있다.

1632
□ long ㊗ 길이가 긴 ㊐ 동경하다

[lɔːŋ / lɔŋ]

❖ a long distance 장거리
❖ It had been a long month.
기나긴 한 달이었습니다.

1633
□ shrewd ㊗ 영리한, 빈틈없는

[ʃruːd]

❖ a shrewd guess 예리한 추측
❖ shrewd in business 장사에 빈틈없는

1634
□ tame　　형 길든　동 길들이다

[teim]

- a tame porpoise
  사람에게 길든 돌고래
- tame a wild bird 야생의 새를 길들이다

1635
□ arctic　　형 북극의

[ɑ́ːrktik]

- an arctic wind 북극풍
- There is little life in the Arctic.
  북극에는 생물이 거의 없다.

1636
□ destitute　　형 빈곤한, ~이 결핍한

[déstətjùːt]

- be destitute of ~이 결여되다
- After a few months, he became destitute.
  몇 달 후 그는 빈곤해졌다.

1637
□ credulous　　형 (남의 말을)잘 믿는, 속기 쉬운

[krédʒələs]

- be credulous 남의 말을 잘 믿다
- I am a warm-hearted, credulous and simple-minded persons.
  나는 우유부단하고 남을 잘 믿으며 단순합니다.

1638
□ invalid　　형 허약한　명 병자

[ínvəlid / -lìːd]

- my invalid wife 병약한 아내
- the invalid is losing.
  그 병자는 쇠약해지고 있다.

1639
□ last　　형 지난, 최후의　동 지속되다(=continue)

[læst/lɑːst]

- last summer 작년 여름
- The lecture lasted two hours.
  강연은 두 시간 계속되었다.

1640
□ remarkable　형 현저한, 두드러진

[rimɑ́ːrkəbl]

- a remarkable discovery 주목할 만한 발견
- a remarkable change 현저한 변화

1641
□ tight
㊎ 단단한, 빈틈없는, 팽팽한

[tait]

❖ a tight knot 단단한 매듭
❖ A line is tight. 줄이 탱탱하다.

1642
□ punctual
㊎ 시간을 잘 지키는, 꼼꼼한

[pʌ́ŋktʃuəl]

❖ be punctual in the payment of one's rent 집세를 꼬박꼬박 내다
❖ punctual to the minute 꼭 제시간에
㊔ punctuality 기간

1643
□ parallel
㊎ 평행의, 유사한

[pǽrəlèl]

❖ parallel lines 평행선
❖ The roads are parallel to each other. 길들이 서로 평행하게 나있다.

1644
□ tough
㊎ 단단한, 질긴(↔tender 연한)

[tʌf]

❖ a tough worker 튼튼한 일꾼
❖ tough meat 질긴 고기
❖ Leather is tough. 가죽은 질기다.

1645
□ adequate
㊎ 적당한, 충분한

[ǽdikwit]

❖ an adequate supply of food 식량의 충분한 공급
❖ The water supply here is adequate. 이곳의 물 공급은 충분하다.
㊔ adequateness 충분함

1646
□ actual
㊎ 현실의

[ǽktʃuəl]

❖ actual money 현금
❖ He doesn't know your actual state. 그는 너의 현실의 상황을 모른다.

1647
□ **abrupt** ⓗ 갑작스러운

[əbrʌ́pt]

- make an abrupt appearance 갑자기 나타나다
- come to an abrupt end 갑자기 끝나다

1648
□ **terrible** ⓗ 무시무시한, 지독한, 서투른

[térəbl]

- a terrible crime 무서운 범죄
- Skunks smell terrible. 스컹크는 지독한 냄새가 난다.

1649
□ **steady** ⓗ 안정된, 확고한

[stédi]

- a steady faith 확고한 신념
- He still hasn't found a steady job. 그는 아직도 안정된 직업을 찾지 못했다.

ⓟ steadily 착실하게

1650
□ **brief** ⓗ 짧은(=short), 간결한(=concise)

[bri:f]

- a brief life 짧은 생애
- In brief, he loves you. 간단히 말해 그는 너를 사랑한다.

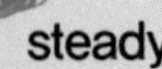

steady **어원** stead((서 있는) 장소)+y(~의)→장소에 머물러 있다
참고 a steady footstool 든든한 발판 a steady gaze 응시 a steady hand 떨리지 않는 손 go steady 데이트하다
유의어 sweetheart, sweetie, truelove

Part Ⅲ 56일 Point up

1651
□ **holy** ⓗ 신성한

[hóuli]

❖ a holy relic 성스러운 유물

❖ The nun led a holy life.
그 수녀는 성스러운 삶을 보냈다.

1652
□ **well** ⓗ 건강한 ⓜ 우물, 아주

[wel]

❖ an oil well 유정

❖ a well of information 지식의 샘

1653
□ **dissolute** ⓗ 방탕한, 타락한

[dísəlùːt]

❖ lead a dissolute life 허랑방탕한 생활을 하다

❖ Dissolute creatures - a lot of them!
그들 중 대다수가 방탕한 생물들입니다.

1654
□ **devoid** ⓗ ~이 전혀 없는

[divɔ́id]

❖ a book devoid of interest
전혀 흥미를 끌지 않는 책

❖ Their apartment is devoid of all comforts.
그들의 아파트는 설비가 전혀 없다.

1655
□ **rude** ⓗ 무례한, 버릇없는(=impolite)

[ruːd]

❖ a rude reply 무례한 대답

❖ a rude servant 예의를 모르는 하인

1656
□ **innumerable** ⓗ 무수한

[injúːmərəbl]

❖ be innumerable 헤아릴 수 없다

❖ He has invented innumerable excuses.
그는 무수한 변명들을 만들어냈다.

1657
□ **sensitive** ㊔ 민감한, 예민한

[sénsətiv]

❖ be sensitive to heat 더위를 잘 타다
❖ a sensitive thermometer 예민한 온도계
㊔ emotional 감성적인

1658
□ **alien** ㊔ 외국의, 성질이 다른

[éiljən, -liən]

❖ be of alien blood 외국인의 피가 섞여 있다
❖ They dislike aliens.
그들은 외국인을 좋아하지 않는다.

1659
□ **slight** ㊔ 적은, 근소한, 가냘픈

[slait]

❖ a slight increase 근소한 증가
❖ be slight of figure 몸이 가냘프다

1660
□ **mutual** ㊔ 상호의(=reciprocal), 공동의

[mjú:tʃuəl]

❖ mutual respect 상호 존경
❖ our mutual friend 서로의 친구

1661
□ **periodical** ㊔ 정기간행의, 정기간행물

[pìəriádikəl]

❖ periodical publications 정기 간행물
❖ The periodical highlights are the most recent developments in IT.
정기간행물 특집기사는 최근의 정보산업 발달에 관한 것이다.

1662
□ **earnest** ㊔ 열심인, 진지한 ㊎ 진심

[ə́:rnist]

❖ in good earnest 진지하게
❖ an earnest worker 성실히 일하는 사람

1663
□ **capricious** ㊔ 변덕스러운

[kəpríʃəs]

❖ be capricious 변덕스럽다
❖ She's very capricious.
그녀는 아주 변덕스럽다.

1664
□ splendid ⓗ 화려한, 훌륭한

[spléndid]

❖ a splendid accomplishment 찬란한 업적
❖ It was a splendid parade.
그것은 화려한 행진이었다.
ⓜ splendor 훌륭함

1665
□ ready ⓗ 준비가 된, 즉석에서의

[rédi]

❖ a ready reply 즉답
❖ Dinner is ready. 식사 준비가 되었습니다.

1666
□ steadfast ⓗ 확고한, 부동의

[stédfæ̀st / -fɑ́ːst]

❖ be steadfast in one's faith
신념을 확고히 하다
❖ He was steadfast to his principles.
그는 끝까지 주의를 일관했다.

1667
□ inevitable ⓗ 피할수 없는, 필연적인

[inévitəbl]

❖ an inevitable conclusion 당연한 결론
❖ resignation to the inevitable
피할 수 없는 것의 감수

1668
□ human ⓗ 인간의, 인간다운

[*h*júːmən]

❖ human beings' struggle for survival
생존을 위한 인간의 노력
❖ Trees are also being cut down by human hands.
나무들도 사람의 손에 의해서 잘려나간다.

1669
□ shabby ⓗ 초라한, 추레한

[ʃǽbi]

❖ a shabby house 초라한 집
❖ He was so shabby-looking that at first I thought him a hobo.
그는 아주 초라한 모습이어서 처음에 나는 그를 부랑자로 생각했다.

1670
□ panic ㉻ 당황케 하는 ㊐ 공포를 일으키다

[pǽnik]

❖ get into a panic
공황 상태에 빠지다
❖ Don't be shocked or panic.
놀래거나 당황하지 마십시오.

1671
□ perpetual ㉻ 영원한, 끊임없는

[pərpétʃuəl]

❖ perpetual noise 끊임없는 소음
❖ a perpetual stream of visitors
그칠 사이 없는 손님들의 방문

1672
□ timid ㉻ 겁많은, 소심한(=cowardly)

[tímid]

❖ a timid manner 주저하는 태도
❖ as timid as a rabbit 몹시 겁많은

1673
□ drastic ㉻ 강렬한, 맹렬한, 대담한

[drǽstik]

❖ a drastic measure 과격한 수단
❖ The change was drastic.
변화는 맹렬[과감]했다.

1674
□ typical ㉻ 전형적인, 대표적인(=characteristic)

[típikəl]

❖ a typical gentleman 전형적인 신사
❖ It is a typical folk song.
이것은 전형적인 민요다.
㊈ typically 전형적으로

1675
□ dead ㉻ 전혀, 매우, 죽은 듯이, 고요함

[ded]

❖ sham dead 죽은 체하다
❖ He is almost dead.
그는 죽은 것이나 다름없다

1676
□ reckless ㉻ 무모한, 분별없는

[réklis]

❖ reckless driving 무모한 운전
❖ He is reckless but very good.

그는 무모하지만 훌륭하다.
㊄ recklessly 무모하게

1677
□ **durable** ㊅ **오래 견디는, 튼튼한**
[djúərəbl]
❖ durable binding 견고한 장정
❖ I like whatever is durable.
나는 무엇이든 오래 견디는 것을 좋아한다.

1678
□ **vertical** ㊅ **수직의, 연직의**
[və́ːrtikəl]
❖ vertical motion 상하 운동
❖ out of the vertical 수직으로부터 벗어나

1679
□ **subject** ㊅ **받기 쉬운** ㊄ **복종시키다** ㊄ **피실험자, 주제**
[sʌ́bdʒikt]
❖ be subject to cold 감기에 걸리기 쉽다
❖ The prices are subject to change.
가격은 바뀌는 수가 있습니다.

1680
□ **numerous** ㊅ **다수의, 수많은**
[njúːmərəs]
❖ the numerous voice of the people
국민 다수의 목소리
❖ Numerous islands stud the bay.
수많은 섬들이 그 만에 산재해 있다.

Tip

perpetual **어원** per(~을 통하여)+pet(가다, 찾다)+al(~의)→계속 추구하다 perpetual snow 만년설 perpetual bliss 무궁한 지복(至福) the perpetual fires of hell 영원히 타는 지옥의 불 perpetual planning 원대한 계획
유의어 ageless, aeonian, eonian

Part Ⅲ 57일 Point up

1681
□ **dreary** ㉻ 쓸쓸한, 황량한

[dríəri]
- a dreary sight 황량한 경치
- How dreary nature would be!
  자연은 얼마나 쓸쓸할까!

1682
□ **sole** ㉻ 유일한, 혼자의 ㉽ 발바닥 구두의 밑창

[soul]
- the sole survivor 유일한 생존자
- feme sole 독신녀

1683
□ **rapid** ㉻ 속도가 빠른, 신속한, 급속한(=fast)

[rǽpid]
- rapid growth 빠른 성장
- a rapid worker 민첩하게 일하는 사람
  ㉾ rapidly 빠르게

1684
□ **outstanding** ㉻ 눈에 띄는, 우수한(=excellent)

[àutstǽndiŋ]
- an outstanding figure 두드러진 인물, 걸물
- The man is outstanding. 남자가 눈에 띈다.

1685
□ **selfish** ㉻ 이기적인, 이기주의의

[sélfiʃ]
- from a selfish motive 이기적 동기에서
- They blame young people for being selfish.
  그들은 젊은 사람들은 이기적이라고 비난한다.

1686
□ **conspicuous** ㉻ 유난히 눈에 띄는, 현저한

[kənspíkjuəs]
- conspicuous characteristics
  눈에 뜨이는 특징
- There was no conspicuous road sign on that highway.
  그 도로에는 눈에 들어오는 도로 표지가 없었다.

1687
□ vast ⓗ 막대한, 광대한

[væst/vɑːst]
- a vast sum of money 거액의 돈
- a vast expanse of desert 광대한 사막

1688
□ fundamental ⓗ 근본적인 ⓜ 원리, 원칙

[fʌ̀ndəméntl]
- the fundamental cause 근본적 원인
- That is a fundamental change in politics.
  그것은 정치상의 근본적인 변화이다.

1689
□ erroneous ⓗ 틀린, 잘못된

[iróuniəs/er-]
- an erroneous conclusion 잘못된 결론
- It is glaringly erroneous.
  그것은 분명히 틀렸다.

1690
□ inborn ⓗ 타고난, 선천적인

[ínbɔ́ːrn]
- an inborn talent of art 타고난 예술적 재능
- That statesman has an inborn ability to lead the masses.
  저 정치가는 대중을 이끄는 타고난 재능을 가지고 있다.

1691
□ intense ⓗ 강렬한

[inténs]
- an intense light 강렬한 빛
- an intense gale 맹렬한 강풍

1692
□ brisk ⓗ 활발한

[brisk]
- a brisk step 활발한 보조
- Trade is brisk. 상황이 활발하다.

1693
□ immense ⓗ 막대한

[iméns]
- an immense wealth 막대한 재산
- The woman left an immense fortune.
  그 여자는 막대한 재산을 남겼다.

1694
□ **vile** ㊊ 비열한, 험한

[vail]

❖ vile weather 험한 날씨
❖ What vile weather! 지독한 날씨군!

1695
□ **alert** ㊊ 빈틈없는 ㊐ 경계 ㊔ 경고하다

[əlǝ́:rt]

❖ be on the alert 빈틈없이 경계하다
❖ The three cats are alert and watchful.
세 마리의 고양이가 경계를 하고 있다.
❖ red alert 최종단계의 공습경보
㊂ alertly 민첩하게

1696
□ **essential** ㊊ 본질적인, 중요한(=crucial), 근본적인 (=key)

[isénʃəl]

❖ an essential difference 본질적 차이
❖ the essential character 본질적 형질

1697
□ **primitive** ㊊ 원시의 ㊐ 원시인

[prímətiv]

❖ a primitive society 원시 사회
❖ a primitive country 미개국

1698
□ **tremendous** ㊊ 엄청난, 무서운

[triméndəs]

❖ We saw a tremendous scene.
우리는 무시무시한 광경을 보았다.
❖ She has tremendous ambition.
그녀는 엄청난 야심이 있다.

1699
□ **vain** ㊊ 헛된(=futile), 허영심이 강한

[vein]

❖ a vain hope 헛된 희망
❖ She was very vain about her own beauty.
그녀는 자신의 아름다움에 대한 허영심이 강했다.

1700
□ **pensive** ㊊ 생각에 잠긴, 구슬픈

[pénsiv]

❖ pensive mood 처량한 기분
❖ She was in a pensive mood.
그녀는 생각에 잠긴 분위기에 빠졌다.

1701
□ innocent [ínəsnt]
형 순결한, 결백한(=pure, naive)
- an innocent child 순진한 어린이
- Let us suppose that he is innocent.
  그가 결백하다고 가정해 보자.

1702
□ figurative [fígjurətiv]
형 비유적인, 화려한
- a figurative use of a word
  낱말의 비유적인 용법
- in the figurative sense 비유적인 의미로

1703
□ obvious [ábviəs/ɔ́b-]
형 명백한, 명료한(=clear, obvious)
- an obvious drawback 명백한 약점
- The set of his mind was obvious.
  그의 마음은 명백했다.

1704
□ forlorn [fərlɔ́:rn]
형 고독한, 쓸쓸한, 버림받은
- a forlorn child 버림받은 아이
- He felt forlorn and helpless on the death of his wife.
  부인이 죽어서 그는 외로웠다.

1705
□ superficial [sù:pərfíʃəl]
형 표면의, 외면의
- a superficial wound 외상
- a superficial resemblance 외견상의 유사

1706
□ distinct [distíŋkt]
형 명백한, 명확한
- in a distinct voice 똑똑한 목소리로
- There are distinct differences between the two. 그 둘 사이에는 명백한 차이가 있다.

1707
□ idealist [aidí:əlist]
형 이상주의적인, 관념론적인
- an idealist 이상주의자
- He was a young and idealistic lecturer.
  그는 젊고 이상주의적인 강사였다.

1708
□ appropriate ㉻ 적절한(=suitable), 타당한(proper)

[əpróuprièit]

❖ an appropriate choice 적절한 선택

❖ Your clothes are not appropriate for the party.
네 옷은 파티용으로는 적당하지 않다.

㊔ appropriation 충당

㊕ appropriately 적절하게

1709
□ brilliant ㉻ 빛나는, 훌륭한

[bríljənt]

❖ a brilliant performance 멋진 연주

❖ The chest was full of brilliant gold.
보석 상자는 빛나는 금으로 가득 차 있다.

1710
□ divine ㉻ 신성한, 비범한 ㊔ 성직자

[diváin]

❖ divine beauty 성스러운 아름다움

❖ the divine Being 신, 하느님

Tip

appropriate 어원 ap(~을 위해)+propri(자기 자신의 것)+ate(~으로 하다)→(목적에) 맞다
참고 appropriate technology 적합 기술 appropriate to the occasion 그 경우에 어울리는 appropriate for 승인하다. appropriate price 적정 가격

Part III 58일 Point up

1711
□ particular ㉻ 특수한, 까다로운

[pərtíkjələr]

❖ in this particular case 특수한 이 경우는
❖ She is particular about who she dates.
그녀는 데이트 상대를 매우 까다롭게 가린다.

1712
□ gorgeous ㉻ 화려한, 멋진

[gɔ́ːrdʒəs]

❖ a gorgeous room 화려한 방
❖ a gorgeous meal 훌륭한 음식
㉾ gorgeously 호화롭게

1713
□ subtle ㉻ 미묘한, 엷은

[sʌ́tl]

❖ a subtle humor 미묘한 유머
❖ a subtle smile 엷은 미소

1714
□ tedious ㉻ 지루한, 싫증나는

[tíːdiəs/-dʒəs]

❖ a tedious talk 지루한 이야기
❖ I was bored stiff by his long tedious talk.
나는 그의 지루한 이야기에 아주 질렸다.

1715
□ indebted ㉻ 은혜를 입고 있는, 부채가 있는

[indétid]

❖ be indebted 부채가 있다
❖ He himself says that he is indebted to his parents. 그는 자신이 부모님 은혜를 입었다고 말한다.

1716
□ imprudent ㉻ 뻔뻔스러운, 염치없는, 경솔한

[imprúːdənt]

❖ imprudent behavior 경솔한 행동
❖ He was impudent enough to ask me for a holiday.
그는 뻔뻔스럽게도 내게 휴가를 달라고 했다.

1717
□ undaunted ㊕ 굽히지 않는, 용감한

[ʌndɔ́ːntid]

❖ undaunted by failur 실패에 끄떡없는
❖ He pushed on undaunted by a single failure.
그는 한 번의 실패에 굴하지 않고 맹진했다.

1718
□ conscious ㊕ 의식적인(↔unconscious) ㊔ 의식

[kɑ́nʃəs/ kɔ́n-]

❖ with conscious superiority
우월감을 의식하고
❖ He is conscious of his own faults.
그는 자기의 결함을 알고 있다.

1719
□ domestic ㊕ 가정의(↔foreign), 국내의 ㊔ 하인

[dou*m*éstik]

❖ a domestic tragedy 가정의 비극
❖ This domestic case is important.
이번 국내 사건은 중요하다.

1720
□ approximate ㊕ 대략의

[əprɑ́ksəmèit]

❖ an approximate estimate 대강의 추산
❖ He made off with approximately $500.
그는 대략 500달러를 털어서 도망쳤습니다.

1721
□ pertinent ㊕ 적절한, 타당한

[pə́ː*r*tənənt]

❖ a pertinent remark 적절한 말
❖ What he proposes is most pertinent to the matter in hand.
그의 제의는 이 사건을 해결하는데 가장 적절하다.

1722
□ maximum ㊕ 최대의(↔minimum)

[mǽksəməm / -si-]

❖ the maximum water stage 최고 수위
❖ maximum temperature 최고 기온

1723
□ indifferent
㊖ 무관심한 ㊔ 무관심한 사람

[indífərənt]

- pretend to be indifferent
  무관심한 체하다
- She is indifferent to politics.
  그녀는 정치에 대해 무관심하다.

1724
□ abstract
㊖ 추상적인(↔concrete)

[æbstrǽkt]

- abstract noun 추상명사
- Her works are abstract art.
  그녀의 작품들은 추상 예술이다.
  ㊝ abstractly 추상적으로

1725
□ vacuum
㊖ 진공의 ㊔ 진공

[vǽkjuəm]

- absolute vacuum 절대 진공
- The loss left a vacuum in his heart.
  상실감으로 그의 마음에 구멍이 생겼다.
  ㊔ vacuum cleaner 진공청소기

1726
□ ordinary
㊖ 평범한(↔extraordinary), 정규의

[ɔ́ːrdənèri]

- an ordinary man 보통 사람
- An ordinary business envelope.
  평범한 서류봉투이다.

1727
□ vulgar
㊖ 저속한, 상스러운

[vʌ́lgər]

- a vulgar fellow 저속한 사내
- use vulgar language 상스럽게 말하다

1728
□ concrete
㊖ 구체적인 ㊍ 구체적으로 하다

[kɑ́nkríːt]

- a concrete example 구체적인 예
- Her plan is very concrete.
  그녀의 계획은 매우 구체적이다.

1729
□ timely
㊖ 때맞춘, 적시의

[táimli]

- timely hit 적시 안타
- a timely warning 적시의 경고

1730
□ flexible ⓗ 구부리기 쉬운, 유연한

[fléksəbl]

❖ a flexible system 융통성 있는 제도
❖ In children, these muscles are still flexible.
아이들에게 이러한 근육들은 아직 유연합니다.
ⓜ flexibility 유연성

1731
□ huge ⓗ 거대한(=vast), 막대한

[hjuːdʒ/juːdʒ]

❖ a huge man 거인
❖ The impact of a collision was huge.
그 충돌의 충격은 거대했다.

1732
□ frivolous ⓗ 경박한, 경솔한

[frívələs]

❖ frivolous conduct 경박한 행동
❖ Frivolous attitude won't help you in this profession.
경솔한 태도는 이 직업에는 도움이 되지 않는다.

1733
□ preferable ⓗ 차라리 나은, 더 바람직한

[préfərəbl]

❖ Death is preferable to dishonor.
수모를 당할 바엔 차라리 죽는 편이 낫겠다.
❖ Poverty is preferable to ill health.
가난이 병보다 낫다.

1734
□ smart ⓗ 재치있는, 멋진, 영리한

[smɑːrt]

❖ smart hotels 멋진 호텔
❖ make a smart job of it 재치 있게 해치우다

1735
□ prompt ⓗ 신속한, 즉시의

[prɑmpt]

❖ a prompt reply 즉답
❖ They were prompt to volunteer.
그들은 즉시 지원했다.

1736
□ profound ⓗ 깊이가 있는, 심오한

[prəfáund]

- a profound abyss 심연
- make a profound study ~을 깊이 연구하다
  - ⓜ profundity 깊음
  - ⓑ profoundly 깊이

1737
□ genial ⓗ 따뜻한, 친절한

[dʒíːnjəl/-niəl]

- a genial climate 온화한 풍토
- Our neighbor has a genial personality.
  우리 이웃은 친절한 인품을 지녔다.

1738
□ colloquial ⓗ 구어(체)의

[kəlóukwiəl]

- a colloquial style 구어적 문체
- It was a colloquial expression.
  그것은 구어체 표현이었다.

1739
□ clumsy ⓗ 어색한, 모양 없는

[klʌ́mzi]

- a clumsy gait 어색한 걸음걸이
- I am clumsy with you.
  나는 너랑 있으면 어색해.

1740
□ strict ⓗ 엄격한, 엄밀한

[strikt]

- a strict interpretation of a law
  법률의 엄밀한 해석
- Products must conform to strict standards.
  제품은 엄격한 기준에 합격해야 한다.
  - ⓜ strictness 엄격함

Tip

prompt **어원** pro(앞에)+emere(취하는)→앞으로 가지고 나오다
참고 take a prompt 신호에 따라 말하다
유의어 immediate, quick, straightaway

Part Ⅲ 59일 Point up

1741
□ gallant ⓗ 용감한, (여자에게)상냥한 ⓜ 호남자

[gǽlənt]

❖ a gallant sight 장관
❖ play the gallant 호남자인 체하다

1742
□ supreme ⓗ 최고의, 최종의

[sjuːpríːm/su-]

❖ supreme happiness 더없는 행복
❖ He is the supreme commander.
그가 최고 사령관이다.
ⓜ supremacy 우위

1743
□ insolent ⓗ 오만한, 무례한

[ínsələnt]

❖ an insolent reply 무례한 답변
❖ You insolent fellow!
이 무례한 녀석!

1744
□ vacant ⓗ 텅빈, 멍한

[véikənt]

❖ a vacant expression 멍한 표정
❖ There are no vacant seats on this train.
이 열차에는 빈자리가 없다.
ⓑ vacantly 멍하니

1745
□ haughty ⓗ 거만한, 건방진

[hɔ́ːti]

❖ use haughty language 건방진 말을 쓰다
❖ He has a haughty bearings.
그는 태도가 거만하다

1746
□ naked ⓗ 나체의, 벌거벗은

[néikid]

❖ go naked 벌거벗고 살다
❖ I would rather go naked than wear fur.

나는 모피를 입고 다니느니 벌거벗고 다니겠다.
㈜ nakedly 적나라하게

1747
□ reluctant ㉻ 달갑지 않은, 내키지 않는
[rilʌ́ktənt]
❖ make a reluctant answer
떠름하게 대답하다
❖ She seemed reluctant to go with him.
그녀는 그와 함께 가는 게 내키지 않는 것 같았다.

1748
□ indolent ㉻ 게으른, 나태한
[índələnt]
❖ an indolent disposition 게으른 성품
❖ He was a fat and indolent person.
그는 뚱뚱하고 나태한 사람이었다.

1749
□ imperial ㉻ 제국의, 황제의, 훌륭한
[impíəriəl]
❖ the imperial army 제국의 육군
❖ imperial tea 질좋은 차

1750
□ trivial ㉻ 시시한, 하찮은
[tríviəl]
❖ a trivial loss 작은 손실
❖ I am not concerned with such trivial matters.
나는 그런 하찮은 문제에는 관심이 없다.

1751
□ astray ㉻ 길을 잃어, 길을 잘못 들어
[əstréi]
❖ go astray 길을 잃다, 타락하다
❖ The gate is open and all the cows have gone astray. 문이 열려 있어 모든 소들이 흩어져 모두 길을 잃었다.

1752
□ ruthless ㉻ 무자비한, 무정한
[rú:θlis]
❖ a ruthless tyrant 무자비한 폭군
❖ ruthless persecution 부당한 박해

1753
□ atomic ㉿ 원자력의

[ətάmik]

❖ an atomic reactor 원자로
❖ A new atomic age is aborning.
새로운 원자력 시대가 출현하려 하고 있다.

1754
□ apparent ㉿ 명백한, 외관상의

[əpǽrənt]

❖ apparent to the naked eye
육안으로도 똑똑히 보이는
❖ That's an apparent reason.
그것은 표면상의 이유에 불과하다.

1755
□ sceptical ㉿ 회의적인

[sképtikəl]

❖ I was sceptical about what Sue supposedly said.
나는 수가 가상적으로 말한 것에 대해 회의적이었다.

1756
□ feminine ㉿여성의(↔masculine), 연약한

[fémənin]

❖ feminine attraction 여성적인 매력
❖ It was a feminine voice.
그것은 여자 목소리였다.

1757
□ awkward ㉿ 어설픈, 귀찮은

[ɔ́ːkwərd]

❖ an awkward movement 어색한 동작
❖ It's an awkward business.
그것은 귀찮은 일이다.

1758
□ consistent ㉿ 변함없는, 시종일관된

[kənsístənt]

❖ a consistent attitude 한결같은 태도
❖ The issue of the assessment is our consistent policy.
과세의 문제는 우리의 일관된 정책이다.

1759
□ deficient ㉿ 부족한, 불충분한

[difiʃənt]

❖ be deficient in mathematics
수학 실력이 달리다

❖ She is deficient in common sense.
그녀는 상식이 부족하다.

1760
□ **intent** 형 열중한 명 의지

[intént]

❖ come to be intent 열심히 ~하게 되다
❖ He is too intent on making money to think any thing else.
그는 돈벌이에 열중한 나머지 딴 일을 돌보지 않는다.

1761
□ **attentive** 형 주의 깊은, 친절한

[əténtiv]

❖ an attentive audience 주의 깊은 청중
❖ She is very attentive.
그 여자는 아주 자상하다.

1762
□ **incessant** 형 끊임없는, 간단없는

[insésənt]

❖ an incessant noise 끊임없는 소음
❖ We had incessant rain last month.
지난달에는 끊임없이 비가 왔었다.
부 incessantly 끊임없이

1763
□ **thorough** 형 철저한, 완벽한

[θə́ːrou/θʌ́r-]

❖ a thorough reform 완전한 개혁
❖ He is a thorough vegetarian.
그는 철저한 채식주의자이다.

1764
□ **myriad** 형 무수한 명 무수

[míriəd]

❖ a myriad activity 다채로운 활동
❖ a myriad of stars 무수한 별들

1765
□ **scanty** 형 부족한, 인색한

[skǽnti]

❖ scanty means 얼마 안 되는 재산
❖ be scanty of ~이 적다

1766
□ athletic ㊎ 체력의, 운동의

[æθlétik]

- an athletic meeting 경기 대회, 운동회
- Our athletic meeting was very interesting.
  우리 운동회는 매우 재미있었다.
  ㊔ athletics 운동경기

1767
□ tender ㊎ 부드러운, 상냥한 ㊔ 돌보는 사람

[téndər]

- a baby tender 아이 보는 사람
- His voice was tender.
  그의 목소리는 부드러웠다.

1768
□ private ㊎ 개인의, 사립의 ㊔ 사병

[práivit]

- private property 사유 재산
- All the rich children had private tutors.
  부유한 애들은 모두 개인 가정교사를 두고 있었다.
  ㊔ privacy 사적자유

1769
□ compulsory ㊎ 강제적인, 의무적인

[kəmpʌ́lsəri]

- compulsory education course
  의무 교육 과정
- compulsory execution
  강제 집행

1770
□ ingenious ㊎ 교묘한, 발명의 재능이 있는

[indʒíːnjəs]

- an ingenious device
  교묘한 장치
- an ingenious trick
  묘한 수법

Tip

tender **참고** tender meat 연한 고기 tender corn 즙이 많은 옥수수 a tender shoot 연약한 싹 **유의어** sensitive, sore, raw

Part Ⅲ 60일 Point up

1771
□ **legitimate** ⓗ 합법적인, 정당한

[lidʒítəmit]

❖ a legitimate government 합법적 정부

❖ His claim was quite legitimate.
그의 요구는 아주 정당한 것이었다.

1772
□ **incurable** ⓗ 고칠 수 없는, 불치의

[inkjúərəbl]

❖ an incurable disease 불치병

❖ be pronounced incurable
불치의 병임을 선고받다

1773
□ **positive** ⓗ 적극적인, 긍정적인(↔negative)

[pázətiv]

❖ take up a positive attitude
적극적인 태도로 나오다

❖ Seek the positive rather than the negative.
부정적인 것보다 긍정적인 것을 찾아라.

1774
□ **equal** ⓗ 감당할 수 있는, 같은, ~와 같다

[íːkwəl]

❖ all men are equal. 모든 사람은 평등하다

❖ I can't possibly equal his achievements.
나는 도저히 그의 업적을 따를 수가 없다.

1775
□ **inherent** ⓗ 타고난, 고유의

[inhíərənt]

❖ her inherent modesty
그녀의 타고난 정숙함

❖ It is an inherent part of human nature to avoid pain.
고통을 피하려는 인간의 성질은 타고난 것이다.

ⓑ inherently 선천적으로

1776
□ absolute ㊒ 절대적인

[ǽbsəlù:t]

❖ absolute power 절대적인 권력
❖ I have absolute trust in him.
나는 그를 절대적으로 믿는다.

1777
□ extravagant ㊒ 사치스러운, 터무니없는

[ikstrǽvəgənt]

❖ an extravagant meal 사치스러운 음식
❖ He indulges himself in extravagant tastes and habits.
그는 사치스러운 취미와 습성에 젖어 있다.

1778
□ infinite ㊒ 무한의

[ínfənit]

❖ an infinite quantity 무한대
❖ an infinite of possibilities 무한한 가능성
㊔ infinity 무한

1779
□ naughty ㊒ 장난꾸러기인, 행실이 나쁜

[nɔ́:ti / nɑ́:ti]

❖ a naughty boy 행실이 나쁜 소년
❖ I was quite a naughty boy when I was his age. 나도 저맘때는 무척 장난꾼이었다.

1780
□ wistful ㊒ 탐내는 듯한, 생각에 잠긴

[wístfəl]

❖ in a wistful mood 생각에 잠겨서
❖ She looked with wistful eyes at the dolls in the window.
그녀는 쇼윈도의 인형을 탐나는 듯이 쳐다보았다.

1781
□ lofty ㊒ 매우 높은, 거만한

[lɔ́:fti / lɔ́fti]

❖ lofty mountains 우뚝 솟은 산들
❖ He said in a lofty tone.
그는 거만하게 말했다.

1782
□ **meager** ⓗ 여윈, 빈약한

[míːgər]

❖ a meager meal 빈약한 식사
❖ She was a small, meager woman.
그녀는 작고 빈약한 여자였다.

1783
□ **aloof** ⓑ 따로 떨어져서

[əlúːf]

❖ keep aloof 떨어져 있다, 초연하다
❖ She stood aloof from the rest of the group.
그녀는 그룹의 나머지 사람들에게서 떨어져 서있었다.

1784
□ **very** ⓑ 바로 대단히, 매우 ⓗ ~조차

[véri]

❖ in very deed 틀림없이
❖ She worked very hard.
그녀는 매우 열심히 일했다.

1785
□ **otherwise** ⓑ 그렇지 않으면, 다른 방법으로

[ʌ́ðərwàiz]

❖ We hoped his behavior would be otherwise.
그가 그런 행동을 하지 않으면 좋겠다고 우리는 생각했다.

1786
□ **possibly** ⓑ 아마, 어쩌면

[pásəbli / pɔ́s-]

❖ cannot possibly do it 도저히 할 수 없다
❖ as soon as I possibly can
어떻게든 되도록 빨리

1787
□ **barely** ⓑ 겨우, 간신히, 거의 ~않다

[bέərli]

❖ barely escape from death
간신히 목숨을 건지다
❖ He showed barely any interest in it.
그는 그것에 거의 관심을 보이지 않았다.
ⓗ bare 발가벗은

1788
□ practically ㊕ 거의, 실제로

[prǽktikəli]

❖ There is practically nothing left.
사실상 아무 것도 남아 있지 않다.

❖ practically speaking 실질적으로 말하면

1789
□ altogether ㊕ 전혀, 전적으로

[ɔ̀:ltəgéðər]

❖ Altogether, it was a successful party.
대체로 성공적인 파티였다.

❖ That is not altogether false.
아주 거짓말은 아니다.

1790
□ presently ㊕ 이내, 곧

[prézəntli]

❖ The professor will be back presently.
교수님은 곧 돌아올 것이오.

❖ She is presently away from home.
지금 집에 없다.

1791
□ till ㊕ ~할 때까지, ~까지

[til]

❖ from morning till night 아침부터 밤까지

❖ He waited till I returned.
그는 내가 돌아올 때까지 기다렸다.

1792
□ abroad ㊕ 외국에(=overseas), 널리

[əbrɔ́:d]

❖ live abroad 해외에서 살다

❖ send abroad 해외에 파견하다

1793
□ concerning ㊖ ~에 관하여

[kənsə́:rniŋ]

❖ concerning the matter 그 일에 관하여

❖ We made inquiries concerning his past.
그의 과거에 관해서 조사를 했다.

1794
□ but ㊖ ~을 제외하고, 다만, ~하지 않은

[bʌt/bət]

❖ But it still works, doesn't it?
하지만 아직 쓸 만하잖아요?

❖ But I left it at home.
하지만 집에 놓고 왔어요.

1795
□ **over** — 전 ~이상, ~위에

[óuvər]

❖ all over the country 전국 도처에
❖ the bridge over the river
강에 걸려 있는 다리

1796
□ **within** — 전 안에, 이내에 명 내부

[wiðín/wiθ-]

❖ within two hours 2시간 이내에
❖ within and without 안에도 밖에도

1797
□ **above** — 전 ~을 초월하여, ~을 부끄러워하여

[əbʌ́v]

❖ rise above petty quarrels
사소한 싸움 등을 초월하다
❖ You are above selfishness.
당신은 이기심을 초월하고 있소.

1798
□ **after** — 전 ~을 구하여, ~을 본떠서 부 ~뒤에

[ǽftər/ɑ́:f-]

❖ five days after 5일 뒤에
❖ The people are going after their umbrellas.
사람들이 우산을 구하려 하고 있다.

1799
□ **save** — 전 ~을 제외하고 동 구하다, 저축하다

[seiv]

❖ save money 저축하다
❖ All dead save him.
그를 제외하고는 모두 죽어.

1800
□ **despite** — 전 ~에도 불구하고(=in spite of)

[dispáit]

❖ They went for a walk despite the rain.
그들은 비가 오는 데도 불구하고 산책을 나갔다.

국제 기구

APEC	Asia-Pacific Economic Cooperation Conference	아시아 태평양 경제협력 회의
ASEAN	Assocaition of southeast Asian Nations	동남 아시아 제국 연합
CTBT	ComprehensiveTest ban Trety	포괄적 핵실험 금지 조약
ECU	European Currency Unit	유럽 통화 단위
EFTA	European Free Trade Association	유럽 자유 무역 연합
EU	European Union	유럽 연합
G8	Group of Eight	주요 8개국
GATT	General Agreement on Tariffs and Trade	관세 및 무역에 관한 일반 협정
IEA	International Energy Agency	국제 에너지 기구
ILO	International Labor Organization	국제 노동 기구
IMF	International Monetary Fund	국제 통화 기금
NAFTA	North American Free Trade Agreement	북미 자유 무역 협정
NATO	North Atlantic Treaty Organization	북대서양 조약 기구
OECD	Organization for Economic Cooperation and Development	경제 협력 개발 기구
PKF	Peace-Keeping Forces	(유엔)평화 유지군
PKO	Peace-keeping Operation	(유엔의)평화 유지 활동
PLO	Palestine Liberation Organization	팔레스타인 해방 기구
SALT	Strategic Arms Limitation Talks	전략 병기 제한 교섭
UNCTAD	United Nations Conference on Trade and Development	국제연합무역개발협의회
UNESCO	United Nations Educational, Scientific and Cultural Organization	국제연합교육과학문화기구
UNICEF	United Nations Children Fund	국제 연합 아동 기금
WHO	World Health Organization	세계 보건 기구
WWF	World Wide Fund for Nature	세계 자연 호보 기금

부록

- 불규칙 동사 · 조동사 변화표
- 필수 영어 속담
- 필수 영숙어
- 핵심 동의어
- 혼동하기 쉬운 어휘
- 다의어
- 반대 부정
- 찾아보기

불규칙 동사 · 조동사 변화표

P·o·i·n·t·u·p P·o·i·n·t·u·p

현재	과거	과거분사
am 이다	was	been
are 이다	were	been
arise 일어나다, 생겨나다	arose	arisen
awake 깨우다, 깨닫다	awoke / awaked	awoke / awaked
bear 낳다	bore	born / borne
beat 치다, 때리다	beat	beaten / beat
become ~가 되다	became	become
begin 시작하다	began	begun
behold 보다(look, watch)	beheld	beheld
bend 구부리다	bent	bent
bet 내기하다, (돈 등을) 걸다	bet	bet
bid 명령하다, 말하다	bade	bidden
bind 묶다, 감다	bound	bound
bite 물다, 깨물다	bit	bitten
bleed 피흘리다	bled	bled
blow (바람이) 불다	blew	blown
break 깨뜨리다	broke	broken
breed (새끼를)낳다, 기르다	bred	bred
bring 가져오다	brought	brought
broadcast 방영하다	broadcast	broadcast
build 세우다	built	built
burn 불태우다, 불타다	burned / burnt	burned / burnt
burst 폭발하다, 파열하다	burst	burst
buy 사다	bought	bought
can ~할 수 있다	could	—
cast 던지다	cast	cast
catch 잡다	caught	caught
choose 선택하다, 고르다	chose	chosen
cleave 쪼개다	cleft	cleft
cling 달라붙다, 집착하다	clung	clung
come 오다	came	come
cost (비용이) 들다	cost	cost
creep (바닥에 붙여) 기다	crept	crept
cut 자르다	cut	cut
deal 분배하다, 취급하다	dealt	dealt
dig 파다	dug	dug
do 하다	did	done
draw 끌다	drew	drawn
dream 꿈꾸다	dreamt / dreamed	dreamt / dreamed
drink 마시다	drank	drunk

drive 운전하다, 몰다	drove	driven
dwell ~에 살다	dwelt	dwelt
eat 먹다	ate	eaten
fall 떨어지다	fell	fallen
feed 먹을 것을 주다	fed	fed
feel 느끼다	felt	felt
fight 싸우다	fought	fought
find 찾다, 발견하다	found	found
flee 도망치다	fled	fled
fling 내던지다	flung	flung
fly 날다	flew	flown
forbid 금지하다	forbade	forbidden
forecast 예고(예언)하다	forecast	forecast
forget 잊다	forgot	forgotten / forgot
forgive 용서하다	forgave	forgiven
forsake 버리다	forsook	forsaken
freeze 얼다	froze	frozen
get 얻다, ~시키다	got	gotten / got
give 주다	gave	given
go 가다	went	gone
grow 자라다, 성장하다	grew	grown
hang 걸다, 매달다	hung	hung
has/have 가지고 있다	had	had
hear 듣다	heard	heard
hide 숨기다, 감추다	hid	hidden / hid
hit 때리다, 부딪히다	hit	hit
hold 손에 들다	held	held
hurt 다치게 하다	hurt	hurt
is 이다	was	been
keep 유지하다, 지키다	kept	kept
kneel 무릎을 꿇다	knelt	knelt
knit 짜다, 뜨다	knitted / knit	knitted / knit
know 알다	knew	known
lay ~을 눕히다, 놓다	laid	laid
lead 이끌다	led	led
learn 배우다	learned / learnt	learned / learnt
leave 떠나다	left	left
lend 빌려주다	lent	lent
let ~하게 해주다, 시키다	let	let
lie 거짓말하다	lied	lied
lie 눕다, 놓여있다	lay	lain

불규칙 동사 · 조동사 변화표

P·o·i·n·t·u·p·P·o·i·n·t·u·p

현재	과거	미래
light 점화하다, 비추다	lit / lighted	lit / lighted
lose 잃어버리다	lost	lost
make 만들다	made	made
may ~해도 좋다	might	—
mean 의미하다, ~할 예정이다	meant	meant
meet 만나다	met	met
mistake 틀리다	mistook	mistaken
must ~해야 한다	must	—
pass 지나가다	passed	passed / past
pay 지불하다	paid	paid
put ~에 놓다	put	put
quit ~을 그만두다	quit	quit
read 읽다	read	read
rend 박살내다, 쥐어뜯다	rent	rent
rid 제거하다	rid	rid
ride 타다	rode	ridden
ring (종을) 울리다	rang	rung
rise 일어서다, 출세하다	rose	risen
run 달리다	ran	run
say 말하다	said	said
see 보다	saw	seen
seek (이익, 명예 등을) 찾다	sought	sought
sell 팔다	sold	sold
send 보내다	sent	sent
set 설치하다, 놓다	set	set
sew 바느질하다, 꿰매다	sewed	sewed / sewn
shake 흔들다	shook	shaken
shall ~일 것이다	should	—
shine 구두를 닦다	shined	shined
shine 빛나다	shone	shone
shoot 쏘다	shot	shot
show 보여주다	showed	shown / showed
shrink 오그라들다	shrank	shrunk
shut 닫다	shut	shut
sing 노래하다	sang / sung	sung
sink 가라앉다	sank / sunk	sunk / sunken
sit 앉다	sat	sat
sleep 자다	slept	slept
slide 미끄러지다	slid	slid
smell (냄새) 맡다	smelt / smelled	smelt / smelled

speak 말하다, 연설하다	spoke	spoken
spell 철자하다	spelt / spelled	spelt / spelled
spend 소비하다, 쓰다	spent	spent
spit (침) 뱉다	spat	spat
split 쪼개다, 분할하다	split	split
spoil 망쳐놓다	spoilt	spoilt
spread 펴다, 벌리다	spread	spread
spring 뛰다, 도약하다	sprang / sprung	sprung
stand 일어서다	stood	stood
steal 훔치다	stole	stolen
stick 찌르다, 붙이다	stuck	stuck
sting (벌레) 쏘다	stung	stung
stink 악취	stank	stunk
strike 치다	struck	struck / stricken
strive 노력하다, 싸우다	strove	striven
swear 맹세하다, 악담하다	swore	sworn
sweep 쓸다	swept	swept
swim 수영하다	swam	swum
swing 흔들리다	swung	swung
take 손에 쥐다, 받다	took	taken
teach 가르치다	taught	taught
tear 찢다	tore	torn
tell 말하다	told	told
think 생각하다	thought	thought
thrive 번영하다, 성공하다	throve	thriven
throw 던지다	threw	thrown
thrust 밀어붙이다, 찔러 넣다	thrust	thrust
tread 밟다, 짓밟다(유린하다)	trod	trodden
understand 이해하다	understood	understood
upset 뒤엎다, 전복시키다	upset	upset
wake 깨다, 눈을 뜨다	waked / woke	waked / woken
wear 입다	wore	worn
weave (천을) 짜다	wove	woven
weep 울다, 한탄하다	wept	wept
will ~일 것이다	would	—
win 이기다	won	won
wind 감다	wound	wound
withdraw 보류하다, 억누르다	withheld	withheld
withhold 보류하다, 억누르다	withheld	withheld
wring 비틀다	wrung	wrung
write 쓰다	wrote	written

필수 영어 속담

P·o·i·n·t·u·p· P·o·i·n·t·u·p

A burnt child dreads the fire.	자라보고 놀란 가슴 솥뚜껑 보고 놀란다.
A cat has nine lives.	쉽사리 죽지 않는다.
A friend in need is a friend indeed.	어려울 때 친구가 진정한 친구이다.
A guilty conscience needs no accuser.	도둑이 제 발 저린다.
A heavy purse makes a light heart.	지갑이 든든하면 마음이 가벼워진다.
A leopard can't change its spots.	본성은 고치지 못한다.
A little knowledge is dangerous.	선무당이 사람 잡는다.
A miss is as good as a mile.	오십 보 백 보.
A pie in the sky.	그림에 떡.
A piece of cake.	누워 떡먹기.
A poor musician blames his instrument.	서툰 직공이 연장을 탓한다.
A rolling stone gathers no moss.	한 우물을 파라.
A sound mind in a sound body.	건강한 신체에 건전한 정신.
A trouble shared is a trouble halved.	함께 한 고통은 반으로 준다.
A watched pot never boils.	일을 서두르지 마라.
Absence makes the heart grow fonder.	안 보면 그립게 된다.
Actions speak louder than words.	행동이 말보다 낫다.
After the storm comes the calm.	태풍이 지나가면 고요함이 따른다.
All roads lead to Rome.	모든 길은 로마로 통한다.
Bad news travels fast.	발 없는 말이 천리 간다.
Barking dogs seldom bite.	짖는 개는 물지 않는다.
Beggars must not be choosers.	거지가 찬밥 더운밥 가릴 수 없다.
Better be alone than in bad company.	나쁜 친구와 있느니 혼자 있는게 낫다.
Birds of a feather flock together.	같은 깃털을 가진 새끼리 모인다.
Call a spade a spade.	이실직고하다.
Cast not your pearls before swine.	돼지에게 진주를 던지지 마라.
Charity begins at home.	자비는 가정에서 시작된다.
Climbing a tree to catch a fish.	고기를 잡으러 나무에 오른다.
Clothes make the man.	옷이 날개다.
Cut your coat according to your cloth.	분수에 맞게 살아라.
Dead men tell no tales.	죽은 자는 말이 없다.
Don't count your chickens before they hatch.	병아리가 부화되기 전에 세지 마라.

Don't put all your eggs in one basket.	한 사업에 모든 것을 걸지 마라.
Easier said than done.	행하는 것보다 말하기가 쉽다.
Easy come, easy go.	쉽게 얻은 것은 쉽게 잃는다.
Empty sacks will never stand upright.	수염이 석자라도 먹어야 양반.
Empty vessels make the greatest noise.	빈 수레가 요란하다.
Even Homer sometimes nods.	원숭이도 나무에서 떨어질 때가 있다.
Every dog has his day.	쥐구멍에도 볕들 날이 있다.
Every Jack has his Jill.	짚신도 짝이 있다.
Everything comes to those who wait.	모든 것은 기다리는 자에게 온다.
Fine feathers make fine birds.	옷이 날개다.
Haste makes waste.	서두르면 일을 망친다.
He that thieves an egg will thieve an ox.	바늘 도둑이 소도둑 된다.
Health is better than wealth.	건강이 재산보다 낫다.
Heaven helps those who help themselves.	하늘은 스스로 돕는 자를 돕는다.
Honesty is the best policy.	정직은 최선의 방책이다.
Ignorance is bliss.	모르는 게 약이다.
It takes two to make a quarrel.	손뼉도 마주쳐야 소리난다.
Laughter is the best medicine.	웃음은 명약이다.
Let sleeping dogs lie.	잠자는 개를 내버려 두라.- 긁어 부스럼
Like father, like son.	그 아버지에 그 아들.
Likes attract, dislikes repel.	끼리끼리 모인다.
Little strokes fell great oaks.	열 번 찍어 안 넘어가는 나무 없다.
Lock the stable door after the horse has bolted.	소 잃고 외양간 고친다.
Make hay while the sun shines.	기회를 놓치지 마라.
Many go out for wool and come home Shorn them selves.	혹 떼러 갔다가 혹 붙이고 온다.
Many hands make light work.	백짓장도 맞들면 낫다.
Men and melons are hard to know.	열 길 물속은 알아도 한 길 사람 속은 모른다.
Might is right.	힘이 곧 정의이다.
Misfortune never comes alone.	불행은 겹쳐오기 마련이다.
Money makes money.	돈이 돈을 번다.
Never put off till tomorrow what you can do today.	오늘에 할 일을 내일로 미루지 마라.

필수 영어 속담

Point up Point up

No news is good news.	무소식이 희소식이다.
Nothing ventured, nothing gained.	호랑이 굴에 가야 호랑이를 잡는다.
One swallow does not a summer make.	성급히 판단하지 마라.
Opportunity only knocks once.	기회는 한 번만 온다.
Reap what you sow.	뿌린 대로 거두리라.
Rome was not built in a day.	로마는 하루 아침에 이루어지지 않았다. – 大器晩成
Speak of the devil and he will appear.	호랑이도 제말 하면 온다.
Stabbed in the back.	믿는 도끼에 발등 찍힌다.
Step by step one goes far.	천리길도 한 걸음부터.
Still waters run deep.	조용한 물이 깊이 흐른다.
Strike while the iron is hot.	기회를 놓치지 마라.
The crow thinks its own bird white.	고슴도치도 제 새끼는 귀여워한다.
The early bird catches the worm.	일찍 일어나는 새가 벌레를 잡는다.
The good pills are hard to swallow.	좋은 약은 입에 쓰다.
The grass is greener on the other side of the fence.	남의 떡이 더 커 보인다.
The longest way round is the shortest way home.	바쁠수록 돌아가라.
The news spreads fast.	발 없는 말이 천리 간다.
The sparrow near a school sings a primer.	서당개 삼 년이면 풍월을 읊는다.
The walls have ears.	낮말은 새가 듣고 밤말은 쥐가 듣는다.
There is no smoke without fire.	아니 땐 굴뚝에 연기 나랴.
Three women make a market.	여자 셋이 모이면 접시가 깨진다.
Time heals all wounds.	시간이 약이다.
Tomorrow never comes.	오늘 일을 내일로 미루지 마라.
Too many cooks spoil the broth.	요리사가 많으면 국을 망친다.
United we stand, divided we fall.	뭉치면 살고, 흩어지면 죽는다.
Water off a duck? back.	쇠귀에 경 읽기.
Where there is a will, there is a way.	뜻이 있는 곳에 길이 있다.
While there is life, there is hope.	생명이 있는 한 희망이 있다.
You should not burn the candle at both ends.	낭비하지 마라.

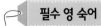

필수 영 숙어

P·o·i·n·t·u·p· P·o·i·n·t·u·p

A as well as B B뿐만 아니라 A도
a lot of 많은(many)
a number of 많은(many)
a sheet of 한 장의
according to ~에 의하면
add up to 합계 ~이 되다
after a while 잠시 후에
after all 결국
after school 방과 후에
again and again 몇 번이고, 되풀이하여
agree to+사물 동의하다, 승낙하다
agree with 동의하다
ahead of ~의 앞에
all around 도처에
all at once 갑자기(suddenly)
all day 온종일
all in tears 온통 눈물을 흘리며
all one? life 한평생
all over the world 전 세계적으로
all the time 언제나, 항상(always)
all the way 도중 내내
all the year round 일 년 내내
along with ~와 더불어
and so on 기타 등등
apply for 지원하다(volunteer for)
as ~ as ~ ~만큼 ~하다
as a matter of fact 실은, 실제로는
as for ~에 관한 한
as if 마치 ~처럼
as long as ~하는 한, ~하는 동안은
as soon as ~하자마자
as well 역시
ask for ~을 요구하다, 청구하다(inquire)
at a time 한 때에
at dawn 새벽에
at first 처음에는, 최초로
at first sight 첫눈에
at last 마침내, 드디어(finally)
at least 적어도
at once 즉시(immediately)
at play 놀고 있는
at that time 그 당시에는(then)
at the age of ~의 나이에
at the rate of ~의 비율로
at the same time 동시에
attend on[upon] 시중들다, 담당하다
back and forth 앞뒤로, 이리저리
be able to ~ ~을 할 수 있다(can)
be absent from ~에 결석하다
be afraid of ~을 두려워하다
be anxious about 걱정하다, 불안해하다
be apt at 잘하다, 적절하다
be badly off 가난하다, 궁핍하다
be born 태어나다, 탄생하다
be bound for ~로 향하다
be busy + ~ing ~하느라고 바쁘다
be busy with ~로 붐비다
be called to ~에 초대되다
Be careful of ~을 조심하다
be certain that ~ ~라고 확신하다
be covered with ~으로 덮이다
be different from ~와는 다르다
be due to+명사 ~에 기인하다
be engaged to ~와 약혼하다
be famous for ~으로 유명하다
be filled with ~으로 가득 차다
be fond of ~을 좋아하다
be free to ~ 마음대로 ~해도 좋다
be freed from ~로부터 해방되다
be from ~출신이다, ~에서 오다
be full of ~으로 가득 차다
be glad to ~ 기꺼이 ~하다
be going to ~ ~하고자 한다,
be good to ~에게 친절히 대하다
be in trouble 곤경에 빠지다
be inclined to 경향이 있다

필수 영 숙어

Point up Point up

be interested in ~에 흥미가 있다	be late for ~에 지각하다
be made from ~으로 만들어지다	be made of ~으로 만들어지다
be made up of ~으로 구성되다	be obliged to+명사 고마워하다
be on the way 방해가 되다	be over 끝나다
be patient with ~에게 너그럽다	be pleased with ~에 기뻐하다
be possessed of 소유하다(have/own)	be proud of ~을 자랑하다
be ready for ~의 준비가 되어 있다	be ready to + 동사 ~할 준비가 되다
be supposed to ~ ~하기로 되어 있다	be thankful to ~에게 감사하다
be tired of ~에 싫증이 나다	be tired of 싫증나다
be up 끝나다	be used up 다 소모되다
be well-known for 잘 알려져 있다	because of ~때문에
before long 머지않아	begin with ~부터 시작하다
behind time 시간이 늦은(late)	bend down 허리를 구부리다
between ourselves 우리끼리 얘긴데	break into ~에 침입하다
break into 침입하다	break out (화재, 전쟁 등이) 일어나다
burst into 갑자기 ~하기 시작하다	by all means 어떤 일이 있어도, 반드시
by chance 우연히	by oneself 홀로(alone)
by the way 말이 나온 김에, 그런데	by train 기차로(on foot; 도보로)
call for ~을 필요로 하다	call on 방문하다
call up 전화하다	can not help + ~ing ~하지 않을 수 없다
cannot ~ too 아무리 ~해도 지나치지 않다	care for ~을 돌보다, ~을 좋아하다
carry out ~을 실행하다	catch(get, take) a cold 감기에 걸리다
check with ~에 자세히 알아보다	climb up and down 오르내리다
close to ~에 가까이	come about 일어나다(happen)
come to ~ ~하게 되다	come to a stop 정지하다
come true 실현되다	come up to ~에게 다가오다
come upon an idea 생각이 떠오르다	compare A to B A를 B에 비유하다
compare A to B A를 B에 비유하다	compare A with B A를 B와 비교하다
consist in ~에 있다(lie in)	correspond to 일치하다
count on 믿다, 신뢰하다(rely on)	count up to ~까지 세다
day after day 매일 매일(every day)	deal in 장사하다, 사업하다
depend on ~에 의지하다, ~에 달려 있다	depend on[upon] 의지하다, 믿다
deprive A of B A로부터 B를 빼앗다	devote oneself to 헌신하다
die from ~때문에 죽다	die of ~때문에 죽다
do one? best 최선을 다하다	don? mention it 천만에
drop in[on] 방문하다	each other (둘일 때) 서로
earn one? living 생계를 유지하다	eat up 먹어치우다
enjoy oneself 즐기다, 재미있게 지내다	every few minutes 2, 3분마다

except for ~을 제외하고	excuse me 실례합니다
fall asleep 잠이 들다	fall down 넘어지다
fall in love with ~와 사랑에 빠지다	fall off (나무 등에서) 떨어지다
familiar to 잘 알려져 있는	figure out 계산해 내다, 생각해 내다
first of all 무엇보다 먼저	for a long time 오랫동안
for a moment 잠시 동안(for a while)	for all ~에도 불구하고(in spite of)
for certain 틀림 없이(certainly)	for example 예를 들면
for joy 기뻐서	for one? life 필사적으로
for one' age 나이에 비해서	for oneself 자신의 힘으로
for the first time 처음으로	for the sake of ~을 위해서
for this purpose 이 목적을 위하여	frankly speaking 솔직히 말한다면
furnish A with B A에게 B를 공급하다	generally speaking 일반적으로 말한다면
get ~ in time 제때에 도착하다	get away ~에서 떠나다
get back 되찾다	get down on one? knees 무릎을 꿇다
get dressed 옷을 차려 입다	get in touch with ~와 접촉하다
get into ~속으로 들어가다	get married 결혼하다
get off (차에서) 내리다	get on 타다
get promoted 승진하다, 진급하다	get ready for ~의 준비를 하다
get rid of ~을 세거하다, ~을 없애다	get the better of 이기다(win)
get through 끝내다(finish)	get to ~에 도착하다
get together 함께 모이다	get up (잠자리에서) 일어나다
get well (병이) 낫다	give a big hand 박수 갈채를 보내다
give a shot 주사를 놓다	give away 주다, 분배하다(give freely)
give birth to (아기를) 낳다	give in 양보하다
give up 포기하다, 단념하다(abandon)	glad to meet you 만나서 기뻐
go for a ride 타러 가다	go off 폭발하다, 갑자기 떠나다
go on ~ing 계속 ~하다	go on a picnic 소풍가다
go on with ~을 계속하다	go through 겪다, 경험하다, 통과하다
go to sea 선원이 되다	go to work 일하러 가다
graduate from ~를 졸업하다	grow up 성장하다
guard against ~로부터 지키다	had better ~ ~하는 것이 좋다
hang up (벽 등에) 걸어 놓다	have ~ stolen ~을 도난당하다
have a blast 즐거운 시간을 보내다	have a good ear ~을 잘 이해하다
have a good time 즐거운 시간을 보내다	have fun 재미있게 놀다
have got to ~해야 한다(have to)	have got to ~해야 한다(have to)
have nothing to do with ~와는 아무 관계가 없다	have something to do with ~와 관계가 있다
have to ~ ~해야 한다(must)	head for ~로 향하여 가다
hear about ~에 대하여 듣다	hear from ~로 부터 소식을 듣다

필수 영 숙어

P·o·i·n·t·u·p P·o·i·n·t·u·p

hear of ~의 소식을 듣다	help ~ with ~ ~에게 ~을 돕다
help oneself (음식을) 마음껏 들다	help oneself to 마음껏 먹다
here (문두에서) 자 여기에	here we are 자 도착했다
hit ~ on the shoulder 어깨를 맞히다	hold ~ by the arm 팔을 잡다
hold out 내밀다	How about~? ~은 어떻게 생각하는가?
how much 얼마	I bet ~ 틀림없이 ~라고 생각한다
if necessary 필요하다면	in a hurry 서둘러, 급히
in a measure 어느 정도	in advance 미리(beforehand)
in all 모두, 도합	in common 공통적인
in danger 위태로운	in fact 사실은(as a matter of fact)
in front of ~의 앞에	in good health 건강이 좋은
in great astonishment 대단히 놀라서	in less than a minute 순식간에
in line 줄을 서서	in memory of ~을 기념하여
in need of 필요로 하다	in order to ~ ~하기 위하여
in other words 바꿔 말하면	in search of ~을 찾아서, ~을 추구하여
in short 한마디로 해서, 요컨대	in some ways 몇 가지 점에서
in the beginning 처음에는	in the course of ~의 과정에서
in the future 장차, 미래에	in the long run 결국에는, 결국
in the middle of ~의 한가운데에	in the same way 같은 방법으로
in this way 이런 방식으로	in time 조만간, 시간에 맞추어
in vain 헛되게	inquire after ~의 안부를 묻다
instead of ~대신에	It seems that ~ ~처럼 보이다
jump over 뛰어넘다	just as ~대로 꼭 같이, ~와 꼭 마찬가지로
keep ~ in mind 명심하다	keep a diary 일기를 쓰다
keep A from ~ing A로 하여금 ~하지 못하게 하다	keep an eye on 지켜보다, 눈을 떼지 않다
keep on ~ing 계속 ~하다	keep out 막다
last year 작년에	later on 나중에
laugh at ~을 비웃다, ~을 듣고 웃다	leave for ~을 향하여 떠나다
leave off 그치다, 그만두다	lest ~ should ~하지 않도록
let alone ~은 물론, ~은 말할 것도 없이	lie awake 뜬눈으로 날을 새다
lie down 드러눕다	line up 한 줄로 서다, 정돈하다
listen to ~을 경청하다	look ~ in the eyes ~의 눈을 들여다보다
look down one? nose at ~을 깔보다	look for ~을 찾다
look forward to 고대하다, 기대하다	look into ~을 들여다 보다
look into 조사하다, 살펴보다	look like ~을 닮다
look over 훑어보다	look to ~쪽을 보다
look up 찾아보다, 올려다보다	lose one' temper 화내다, 이성을 잃다
lots of 많은(many)	make a fire 불을 피우다

make A of B B로 A를 만들다	make a plan 계획을 세우다
make a point of 습관화하다, 고집하다	make a speech 연설을 하다
make a telephone call 전화를 걸다	make an appointment with ~와 약속을 하다
make believe ~인 체하다(pretend)	make friends with 친하게 사귀다
make light[little] of 경시하다, 얕보다	make sure 확인하다
make the bed 잠자리를 정리하다	make up one? mind 결심하다
make up one' mind 결심하다, 결정하다	many kinds of 여러 가지 종류의
may as well ~하는 편이 낫다	neither A nor B A도 아니고 B도 아니다
never have to 조금도 ~하지 않아도 좋다	no less than ~만큼이나, ~과 마찬가지로
no longer 더 이상 ~않다	not ~ any longer 더 이상 ~아니다
not A but B A가 아니고 B다	not a few 적지 않은, 꽤 많은
not only A but also B A뿐 아니라 B도	nothing but 다만
nothing but 겨우, ~뿐(only)	now that ~한 이상
of course 물론	of itself 저절로
off and on 때때로, 불규칙적으로	off duty 비번인, 휴일의
on behalf of ~을 대표하여, 대신하여	on board 승선하다
on earth 도대체	on foot 걸어서, 도보로
on one? way back home 집에 돌아가는 도중에	on the other hand 한편, 그와 반대
on the other side of ~의 건너편에	on timc 정각에
on vacation 휴가 중에	once (and) for all 최종적으로(finally)
once upon a time 옛날에	one after another 하나씩 차례로
one another 서로	one by one 하나씩
or more ~이상	or so ~정도
other than ~을 제외하고(except)	out of question 의심할 바 없는
over there 저쪽에	owe A to B A는 B의 덕분이다
owe A to B A는 B의 덕택이다	part from ~와 관계를 끊다(separate
oneself from)	pass through 통과하다
pay attention to ~에 주의를 기울이다	pay attention to ~에 주의를 기울이다
pay off (빚을) 갚아 버리다	pick up (도중에서) 차에 태우다
play a joke on ~를 놀리다	play a trick on ~에게 장난질치다
plenty of 많은	point of view 관점
prevent A from -ing A가 ~하는 것을 막다	pull out (마개 따위를) 뽑다
put ~ on ~을 조롱하다	put away 치우다
put on 입다, (모자 등을) 쓰다	put out (불을) 끄다
put up (텐트 등을) 치다	put up at ~에 숙박하다(stop at)
quite a few (꽤) 많은(a good many)	regardless of ~에 상관없이
remind A of B A에게 B를 회상하게 하다	result from ~에서 생기다
right now 지금 당장	run a business 사업을 경영하다

필수 영 숙어

P·o·i·n·t·u·p P·o·i·n·t·u·p

run across ~을 우연히 만나다	run for 출마하다
run into ~와 충돌하다	run out of 다 떨어지다, 다 써버리다
run over (차가) 치다	say good-bye 이별을 고하다
search for ~을 찾다(seek/try to find)	second to none 어느 누구에게도 뒤지지 않다
see off ~을 전송하다	set out (배 등이) 출발하다
set up (벽 등에) 걸다	shake hands 악수하다
show around 안내하다	show up 나타나다
shut out 막다, 차단하다	side by side 옆으로 나란히
slow down 속도를 늦추다	so ~ that 매우 ~이기 때문에 ~하다
so far 지금까지	so long as ~하는 한(if only)
so that ~ can ~할 수 있도록	so that ~ may ~하기 위하여
some day 언젠가는	speak ill of ~을 나쁘게 말하다(abuse)
speak well of ~을 자랑하다	stand by 지지하다, 편들다
stand for ~을 나타내다, 상징하다	stay in bed 자리에 누워 있다
succeed in ~에 성공하다	such ~ that ~ 매우 ~이므로 ~하다
such as ~와 같은(like)	take ~ for granted ~을 당연하게 여기다
take ~ to ~ ~를 ~로 데려가다	take a bath 목욕하다
take a look at ~을 힐끗 바라보다	take a picture 사진을 찍다
take a rest 휴식을 취하다	take a swim 수영을 하다
take advantage of+사람 ~을 속이다	take advantage of+사물 이용하다
take back 되찾아오다	take care of ~을 돌보다
take in 속이다(deceive), 구독하다	take it easy 푹 쉬다, 여유를 갖다
take off 벗다(put on : 입다)	take off (비행기가) 이륙하다
take out 꺼내다	take part in ~에 참가하다
thanks to ~의 덕택으로	the day before yesterday 그저께
think highly of ~을 중시하다	throw up 토하다(vomit)
to make matters worse 설상가상으로	to one? surprise 놀랍게도
too ~ to ~ 너무 ~하여 ~할 수 없다	turn off (TV, 전등 따위를) 끄다
turn on (라디오 따위를) 켜다	upon ~ing ~하자마자
upside down 거꾸로	used to ~ 과거에 ~하곤 했다
wait for ~을 기다리다	wait for 기다리다(await)
what about ~은 어떤가?	with interest 흥미 있게
without fail 틀림없이, 꼭(certainly)	work out (문제를) 풀다, 연구해 내다
worry about ~에 대하여 걱정하다	yield to 굴복하다(surrender)

핵심 동의어 Point up Point up

1. 약화시키다 · 약화되다
debilitate 약화시키다
devitalize 약화시키다
incapacitate 무능력하게하다
wither 시들다, 약해지다
enervate 약화시키다
unnerve 무기력하게하다
enfeeble 약화시키다
attenuate 가늘게 · 약하게하다
extenuate 줄여주다, 경감하다
languish 나른해지다, 약해지다
wane 약해지다,

2. 줄(이)다,
lessen 적게하다, 줄이다,
decline 쇠퇴 · 하락하다, 거절하다,
diminish 줄이다, 감소시키다,
dwindle 점차감소하다,
curtail 줄이다, 삭감하다,
retrench 단축하다, 절감 · 긴축하다,
slash 대폭삭감하다, 혹평하다,
abate 감소시키다, 줄이다

3. (가치를)떨어뜨리다
degrade 격하 · 좌천 · 강등시키다
depreciate 가치가 떨어지다
devalue 가치를 떨어뜨리다
demote 격하 · 강등시키다
abase 지위 · 품격을 떨어뜨리다
debase 품질 · 가치를 떨어뜨리다
relegate 좌천시키다, 격하하다

4. 주장하다
affirm 단언 · 확언 · 주장하다
protest 단언 · 주장, 항의
declare 선언 · 단언, 세관에 신고
allege 단언 · 주장하다
assert 단언 · 주장하다
persist 고집 · 주장하다, 지속하다
contend 싸우다, 다투다, 주장하다

5. 선언 · 공언하다
pronounce 선언 · 단언하다
enunciate 선언 · 발표하다
proclaim 선언 · 선포하다
profess 공언하다, 명백히 말하다
predicate 단정 · 선언하다

6. 강요하다
constrain 강요하다
enforce 시행 · 집행하다, 강요하다
oblige 강제하다, 의무를 지우다
compel 강요하다
impel 재촉하다, 강요하다
coerce 강제 · 강요하다
intrude 강요, 침입, 참견
obtrude 강요하다

7. 가능성있는
potential 가능한, 잠재하는
latent 잠재하는
dormant 잠자는, 휴지의, 잠재의
plausible 그럴듯한(likely)
feasible 가능한, 그럴듯한
prospective 앞으로의, 가망성있는

8. 강한 · 힘센 · 확고한
mighty 강한, 힘센
hardy 강한, 튼튼한
firm 견고한, 확고한
solid 견고한, 튼튼한
steely 강철의, 단단한, 무정 · 냉혹한
steadfast 확고한, 흔들리지 않는
emphatic 강한, 강조된
robust 강한, 튼튼한

핵심 동의어

P·o·i·n·t·u·p P·o·i·n·t·u·p

masculine 남자다운, 힘센
muscular 근육의, 강한, 힘센
stout 튼튼한, 견고한, 뚱뚱한
staunch 견고한, 튼튼한
virile 남자다운, 힘센, 강한

9. 어려운 · 힘드는

demanding 힘드는, 어려운
laborious 힘드는, 어려운, 근면한
strenuous 분투를 요하는
arduous 어려운, 힘드는

10. 신랄한 · 통렬한

bitter 쓰라린, 혹독한, 신랄한
acid 신맛의, 산성의, 신랄한
acute 날카로운, 신랄한, 격심한, 급성의
acrid 신랄한, 혹독한
acrimonious 통렬한, 신랄한
trenchant 날카로운, 통렬한
incisive 날카로운, 신랄 · 통렬한
poignant 날카로운, 신랄한
pungent 날카로운, 신랄한

11. 고통 · 고뇌 · 괴로움

affliction 고통, 괴로움
agony 고통, 고민, 고뇌
anguish 고민, 고뇌, 고통
angst 걱정, 고뇌
torment 고통, 고뇌, 괴롭히다
woe 고뇌, 괴로움, 고통

12. 역경 · 시련 · 어려움

hardship 곤란, 어려움
trial 시련, 고난, 시도, 재판
adversity 역경, 시련
ordeal 시련
tribulation 고난, 시련
crucible 시련

13. 곤경 · 궁지 · 곤란

distress 고뇌, 고통, 곤궁, 곤란
jam 곤란, 궁지
impasse 막다른골목, 난국, 곤경
bind 곤경
fix 곤경
pinch 위기, 곤경
plight 곤경, 궁지, 맹세, 서약
predicament 곤경, 궁지
quagmire 수렁, 곤경
quandary 곤경, 난국

14. 불안한 · 걱정스러운

anxious 걱정스러운, 열망하는
concerned 걱정스런, 관계하고
uneasy 불안한, 걱정되는
apprehensive 걱정 · 염려 하는

15. 칭찬하다

applaud 박수치다, 칭찬하다
laud 칭찬 · 칭송하다
glorify 찬양 · 찬미하다
commend 칭찬하다
compliment 칭찬하다, 무료로 주다
eulogize 칭찬 · 칭송하다
exalt 높이다, 칭찬하다
extol 칭찬 · 찬양하다

16. 고치다 · 변경하다

remedy 고치다
revise 교정 · 수정하다
transform 변형시키다
(a)mend 고치다, 수정하다
vary 바꾸다, 변경하다
alter 변경하다, 바꾸다
modify 변경 · 수정하다
rectify 개정 · 수정하다

convert 전환 · 개조하다
redress 바로잡다, 교정하다

17. 떼어놓다 · 멀어지게하다

distance 멀어지게 하다
dissociate 떼어놓다, 분리하다
separate 떼어놓다, 멀어지게 하다
sever 자르다, 떼어놓다
detach 떼어내다, 분리하다
estrange 떼어놓다, 멀어지게 하다
alienate 소원케하다, 양도하다
insulate 격리하다, 고립시키다
split 쪼개다, 분리 · 이간시키다
segregate 분리 · 격리하다
seclude 차단 · 격리시키다
sequester 격리하다, 은퇴시키다

18. 물러서다 · 후퇴하다

recede 물러가다(retroced)
retreat 후퇴(하다)
flee 달아나다, 도망치다
flinch 도망치다, 꽁무니빼다
recoil 후퇴하다, 꽁무니빼다
abscond 도망치다, 자취를감추다
wince 주춤하다, 꽁무니빼다

19. 관대한 · 너그러운

beneficent 자선의, 관대한
benevolent 자선의, 인자한
generous 관대한, 풍부한
liberal 관대한, 자유주의의, 교양의
indulgent 관대한, 엄하지 않은
lenient 너그러운, 관대한
magnanimous 관대한, 도량이 큰
lavish 아끼지않는, 관대한, 낭비하는
는munificent 아낌없이주는, 관대한

20. 친절한 · 상냥한

considerate 친절한, 신중한
gracious 품위있는, 정중한, 상냥한
good-humored 상냥한
amiable 친근한, 상냥한
amicable 우호적인, 친선의
benign 친절 · 상냥한, 온화한, 양성의
affable 상냥한
genial 친절한, 상냥한, 온화한

21. 사교적인 · 외향적인

sociable 사교적인
outgoing 외향적인
extrovert 외향적인
gregarious 군거성의, 사교적인
convivial 어울리기 좋아하는, 즐거운

22. 내성적인 · 수줍어하는

introvert 내성적인
reserved 내향적인, 수줍은
bashful 수줍어하는, 부끄럼타는
timid 겁많은, 내성적인, 수줍어하는

23. 겁

coward(ly) 겁많은, 소심한
diffident 자신없는, 소심한
timid 겁많은, 내성적인, 수줍어하는
timorous 겁많은, 소심한
chickenhearted 겁많은, 소심한
fainthearted 소심한, 겁많은

24. 호전적인 · 싸우기

는warlike 호전적인
militant 투쟁 · 전투적인
argumentative 논쟁적인
belligerent 호전적인
bellicose 호전적인
contentious 다투기 좋아하는

핵심 동의어

P·o·i·n·t·u·p P·o·i·n·t·u·p

pugnacious 싸움하기 좋아하는

25. 인위 · 인공적인

artificial 인조의, 인공적인
factitious 인위적인, 인공적인
synthetic 합성의, 인조의
manmade 인조의, 인공의

26. 능숙한 · 솜씨있는

skillful 숙련된, 능숙한
handy 손재주있는, 편리한, 가까이의
proficient 익숙한, 능숙한
ingenious 재간있는, 창의적인
adept 숙달한, 정통한
deft 손재주있는, 솜씨좋은
adroit 손재주가있는
dexterous 손재주있는, 솜씨있는
versed 숙달한, 정통한, 조예깊은

27. 솜씨없는 · 서투른

inapt 서투른, 부적당한
inept 서투른, 부적당한
maladroit 서투른, 솜씨없는
clumsy 꼴사나운, 어색한, 서투른
awkward 꼴사나운, 어색한, 서투른

28. 자세히 설명하다

depict 묘사 · 설명하다(describe)
illuminate 해명하다, 명백히하다
manifest 명백히하다
narrate 이야기하다
articulate 명료히 표현하다
elucidate 해명 · 설명하다
expound 상세히설명하다
specify 명기하다, 상술하다
explicate 설명하다
amplify 확대하다, 상세히 설명하다

29. 명백한 · 분명한

definite 명확한
distinct 별개의, 뚜렷한, 명확한
evident 분명한, 명백한
obvious 명백한, 분명한
visible 가시의, 명백한
manifest 명백한
plain 평평한, 명백한, 솔직한
transparent 투명한, 명백한
pronounced 명백한, 뚜렷한
lucid 빛나는, 명쾌한
luminous 빛나는, 명쾌한
articulate 명료한
unequivocal 모호하지 않은, 명백한
conspicuous 명백한, 현저 · 저명한
perspicuous 명료한, 명쾌한
explicit 명백한
overt 명백한, 공공연한
tangible 만져 알수 있는, 명백한
palpable 촉지 할수 있는, 명백한

30. 모호한 · 불분명한

cloudy 흐린, 애매한
indefinite 불분명한
indistinct 뚜렷하지않은
obscure 불분명한, 모호한
vague 막연한, 모호한
ambiguous 모호한
equivocal 불분명한, 모호한
inarticulate 불명료한
inexplicit 불명료한, 모호한
intangible 만질수없는, 막연한
impalpable 불분명한
nebulous 성운의, 불명료한
blurry 흐릿한

혼동하기 쉬운 어휘 P·o·i·n·t·u·p· P·o·i·n·t·u·p

a great deal of 다량의	abandon 버리다, 단념하다
abundant 풍부한, 풍요로운	account for 설명하다, 차지하다
accountable for ~에 대해 책임이 있는	acknowledge 인정하다, 사례하다
aspire 열망하다	assemble 모으다, 조립하다
assumption 가설, 억측	circumstance 상황, 사건, 환경
complement 보완하는 것, 보충하다	compliment 찬사, 칭찬하다
compose 구성하다, 작곡하다	consequence 결과, 중요성, 영향력
considerable 상당한, 중요한	considerate 이해심 있는, 신중한
consumption 소비, 소모	convention 협정, 관습, 전통
conviction 신념, 설득(력), 확신	correspond 일치하다, 대응하다
deal with 처리하다, 다루다	distinct 독특한, 뚜렷한
eternal 영원한	impose 부과하다, 강요하다
inspire 고무하다, 영감을 주다	instinct 본능, 소질, 직감
internal 내면적인, 국내의	knowledge 지식, 인식
look up 찾아보다	look upon as ~으로 간주하다
magnify 확대하다, 과장하다	modify 변경하다, 수정하다
outweigh 능가하다	place 놓다, 두다, 배치하다
practical 실제의, 실용적인	practice 관습, 연습, 실행하다, 연습하다
preserve 보호하다, 보존하다	regarding ~에 관해서
regardless (of) 고려되지 않는	replace 교체하다, 대체하다
resemble ~을 닮다	reserve 비축하다, 예약하다
respectful 정중한, 존중하는	respective 저마다의, 각자의
respond 대답하다	result from …에서 기인[유래]하다
result in ~으로 끝나다, ~의 결과를 낳다	wander 돌아다니다, 두리번거리다
weigh 무게를 달다, 심사숙고 하다	wonder ~을 알고 싶다, 이상하게 여기다

다의어

Point up Point up

abuse	학대하다, 남용하다, 매도하다
against	기대어, 대항하여, 향하여, 반대하여
agent	대리인, 중개인, 행위자, 작용물
apply	지원하다, 적용하다, 작용하다
appreciate	진가를 알다, 올바로 이해하다, 감상하다, 감사하다
art	예술, 기술, 요령, 책략
article	물품, 항목, 기사, 논문
attend	참석하다, 돌보다, 주의를 기울이다, 수반하다
capital	자본, 대문자, 수도
charge	책임, 부담, 요금
common	공통의, 공동의, 흔한
concrete	구체적인, 콘크리트의, 콘크리트
conduct	지휘하다, 시행하다, 안내하다
content	내용, 목차, 만족, 만족한
cost	비용, 가격, 대가, 희생, 손실, 비용이 들다
count	세다, 간주하다, 중요하다, 포함하다
cover	덮다, 망라하다
credit	신용, 학점, 명예
critical	비평적인, 중대한, 위험한
cross	지나가다, 지우다, 가로지르다, 교차시키다, 엇갈리다, 화난
current	흐름, 경향, 현재의
date	(시대를) 거슬러 올라가다, 데이트하다, 날짜, 시대, 데이트
deal	거래, 계획, 양, 거래하다, 다루다, 대하다
decline	거절하다, 하락하다, 하락
deliver	전달하다, 구원하다, 분만하다
direction	방향, 방위, 지시, 명령, 지도, 감독
draw	그리다, 매혹하다, 꺼내다, 비기다
drive	운전하다, 몰아가다, 쫓아내다, 추진하다, 추진력, 욕구
due	~로 인한, 마땅한, (마감, 지급 등이) 예정된
engagement	약혼, 계약, 교전, 채무

P·o·i·n·t·u·p·P·o·i·n·t·u·p·P·o·i·n·t·u·p

even	고른, 짝수의, 평평한, 훨씬, ~조차도
execute	실행하다, 수행하다, 처형하다
exercise	운동, 연습, 행사, 훈련, 운동하다, 연습하다
favor	호의, 부탁, 지지, 편애, 선호하다
feature	특징, 특집 기사, 얼굴의 일부분
field	밭, 경기장, 분야, 현장의, 잘 대처하다
figure	모양, 모형, 삽화, 인물, 숫자
flat	평평한, 단조로운, 김빠진, 단호한
free	자유로운, 무료의, 비어 있는
fresh	신선한, 색다른, 풋내기의, 경험 없는, 소금기 없는
grade	등급, 학년, 성적, 비탈, 등급을 매기다
hand	손, 도움, 일손, 기술
hard	딱딱한, 어려운, 엄한, 열심히
head	머리, 지도자, 재능, 이끌다, 향하다
identify	확인하다, 동일시하다
issue	논쟁점, 발행, ~호, 발행하다, 지급하다
last	지속하다, 견디다, ~을 충족시키다
leave	떠나다, 두다, 휴가
letter	편지, 글자, 문학
maintain	유지하다, 주장하다
majority	대다수, 성년, 격차
match	맞수, 상대, 시합, 조화, 성냥
material	물질, 재료, 자료, 물질의, 구체적인
matter	문제, 일, 물질, 중요하다
means	재산, 수단
measure	측정, 대책, 방법, 측정하다, 판단하다
medicine	의학, 의약품
meet	만나다, 직면하다, 충족하다
miss	놓치다, 그리워하다, 빗맞히다, 빼먹다, 모면하다
move	움직이다, 이동시키다, 감동시키다, 움직임, 조치

다의어

Point up Point up

nature	자연, 본질, 기질, 특성, 본성
note	메모, 음표, 주석, 지폐, 주목하다
object	물체, 대상, 목적
odd	이상한, 홀수의, 나머지의
order	순서, 질서, 주문, 명령, 정렬하다, 주문하다, 명령하다
outline	윤곽, 개요
pattern	무늬, 방식, 경향, 본보기, 본받다
power	힘, 전력, 동력, 권력, 동력을 내다
present	현재, 선물, 현재의, 참석한, 존재하는, 제출하다
propose	청혼하다, 제안하다, 계획하다
pupil	눈동자, 학생
quarter	4분의 1, 1분기, 지역, 막사
raise	올리다, 기르다, 재배하다
range	거리, 범위, 다양성, 한계, 산맥, ~에 걸치다, 배치하다
rate	비율, 속도, 요금, 정도, 평가
raw	가공되지 않은, 날것의, 미숙한, 쓰라린, 아픈
recall	기억하다, 상기시키다, 소환하다, 취소하다, 회상하다
refer	나타내다, 참고하다, 언급하다, 탓하다
reflect	반영하다, 반성하다, 숙고하다, 반사하다
relative	상대적인, 관련이 있는, 친척
reservation	예약, 보호구역, 의구심, 제한, 조건, 단서
resolve	용해하다, 분해하다, 해결하다, 결심하다
respect	존경, 존중, 측면, 관심, 고려, 존경하다, 존중하다
run	달리다, 흐르다, 운영하다, 도망가다, 입후보하다
save	구하다, 절약하다, 저장하다, 저축하다, 덜어주다
scale	규모, 등급, 저울
seek	찾아보다, 노력하다, 추구하다
sentence	문장, 판결, 형벌, 형을 선고하다
serve	봉사하다, 시중들다, 음식을 내다, 역할을 하다, 근무하다
settle	정착하다, 해결하다

shape	모양, 윤곽, 상태, 몸매
sheer	절대적인, 순수한, 얇은, 가파른
single	단 하나의, 독신의, 뽑다
slip	미끄러짐, 종잇조각, 미끄러지다, 빠져나가다, 실수하다
solid	고체의, 순수한, 단단한, 연속된, 분별 있는, 고체
sound	소리, 들리다, 건전한, 건강한, (수면이) 깊은
spot	장소, 지점, 얼룩, 곤경, 찾아내다
spring	봄, 샘, 용수철, 싹트다, 튀어 오르다
square	사각형, 제곱, 광장, 사각형의, 제곱하다
stage	무대, 단계, 국면, 계획하다, 연출하다
stand	서다, 두다, 참다, 입장을 취하다, 입장, 관람석
state	주, 국가, 상태, 진술하다
steady	일정한, 지속적인, 성실한, 균형을 잡다, 침착해지게 하다
stick	붙이다, 달라붙다, 꼼짝못하다, 고수하다, 튀어나오다
still	훨씬, 여전히, 아직, 그러나, 정지된, 고유한
stir	휘젓다, 움직이다, 자극하다, 동요시키다
subject	주제, 제목, 피험자, 국민, 대상
suit	옷 한 벌, 정장, 소송, 짝패
suspend	중지하다, 정학시키다, 유예하다, 매달다
term	용어, 기간, 관점
tongue	혀, 언어
touch	촉감, 접촉, 기미, 느낌, 솜씨, 만지다, 감동시키다
treat	대하다, 대접하다, 치료하다
trial	재판, 시험, 실험, 시행, 시련, 고난
trunk	나무의 줄기, 여행용 가방, 코끼리 코
turn	차례, 회전, 전환, 모퉁이, 재능, 성격
volume	부피, 양, 음량
wear	입다, 몸에 걸치다, 마모시키다, 피곤하게 하다
well	잘, 완전히, 상당히, 건강한
yield	양보하다, 산출하다, 생산하다, 생산물

반대 부정

Point up Point up

contr-: 반대로, 적대하여

contradict 반론하다

contrary 반대의

contrast 대비하다

controversy 쟁론

dis-: 떨어져서 〈부정〉

disadvantage 불리

disagree 일치하지 않다

disappear 사라지다

discard 버리다

discover 발견하다

disgrace 불명예

disorder 무질서

distract 주의를 돌리다

in-,ig-,il-,im-,ir-: 〈부정〉

incredible 믿을 수 없는

inevitable 피할 수 없는

ignorance 무지

illegal 불법의

impatient 성급한

impolite 무례한

impossible 불가능한

irregular 불규칙한

mis-: 나쁘다, 틀리다

misfortune 불운,불행

mislead 잘못 인도하다

mistake 틀리다

misunderstand 오해하다

re-: 반대로, 원래대로, 다시

recover 회복하다

reflect 반사하다

regain 회복하다

remind 생각나게 하다

repair 수리하다

reply 대답하다

resist 저항하다

retreat 퇴각하다

return 돌아가다

revenge 복수하다

revise 개정하다

revive 소생하게 하다

un-: 〈부정, 반대의 동작〉

unable 할 수 없는

uncertain 불확실한

uncountable 셀 수 없는

unfair 불공평한

unfortunately 불행하게도

uncover 폭로하다

undo 풀다, 원상태로 되돌리다

·o·i·n·t·u·p·P·o·i·n·t·u·p·P·o·i·n·t·u·p

A

B

E

Q

R

S